教育部高等学校道路运输与工程教学指导分委员会"十三五"规划教材

Xiandai Wuliuxue
现代物流学

毛海军　覃运梅　马成林　孙佳然　主编
张晓东　主审

人民交通出版社股份有限公司
北京

内 容 提 要

本书是教育部高等学校道路运输与工程教学指导分委员会"十三五"规划教材。全书共分为12章,分别从现代物流概述、物流系统论、运输、储存、配送、包装、装卸搬运、流通加工、物流信息、物流节点、物流运作和企业物流等方面,介绍了现代物流的基本概念、功能特征、运行规律和发展前沿。

本书可作为交通运输、物流工程、物流管理、工业工程等本科专业的教材,也可作为相关专业研究生的教材,同时也可作为广大物流从业人员和研究人员的参考指导书。

图书在版编目(CIP)数据

现代物流学/毛海军等主编. —北京:人民交通出版社股份有限公司,2023.1

ISBN 978-7-114-18383-6

Ⅰ.①现… Ⅱ.①毛… Ⅲ.①物流—高等学校—教材 Ⅳ.①F252

中国版本图书馆 CIP 数据核字(2022)第 252202 号

书　　名:	现代物流学
著 作 者:	毛海军　覃运梅　马成林　孙佳然
责任编辑:	时　旭
责任校对:	赵媛媛　魏佳宁
责任印制:	刘高彤
出版发行:	人民交通出版社股份有限公司
地　　址:	(100011)北京市朝阳区安定门外外馆斜街3号
网　　址:	http://www.ccpcl.com.cn
销售电话:	(010)59757973
总 经 销:	人民交通出版社股份有限公司发行部
经　　销:	各地新华书店
印　　刷:	北京市密东印刷有限公司
开　　本:	787×1092　1/16
印　　张:	15.5
字　　数:	368 千
版　　次:	2023年1月　第1版
印　　次:	2023年1月　第1次印刷
书　　号:	ISBN 978-7-114-18383-6
定　　价:	45.00 元

(有印刷、装订质量问题的图书,由本公司负责调换)

前言

为深入贯彻落实《国家中长期教育改革和发展规划纲要(2010—2020年)》及国务院关于《统筹推进世界一流大学和一流学科建设总体方案》,根据教育部《深化教育教学改革的指导意见》及教育部、科技部《关于加强高等学校科技成果转化工作的若干意见》,进一步提高(道路)交通运输本科专业核心课程教材的质量,打造高质量、高水平的精品教材,充分发挥教材建设在人才培养过程中的基础性作用,教育部高等学校道路运输与工程教学指导分委员会启动了"十三五"规划教材的编写申报工作。经过各高校老师申报及材料初审、专家评审和教指委秘书处审定,(道路)交通运输专业第一批有9本教材被列为教指委"十三五"规划教材计划出版发行。

本教材根据教育部高等学校道路运输与工程教学指导分委员会审定通过的《现代物流学》"十三五"规划教材撰写大纲要求组织编写,立足新工科建设要求,立足融合性、实践性、前瞻性,在内容编排、呈现方式、章节安排上进行了精心组织。本教材的具体特色主要体现在以下几方面:

(1)响应新工科要求,强调融合性。新工科建设要求现代物流的教学从学科导向转向产业需求导向、从专业分割转向跨界交叉融合、从适应服务转向支撑引领。本教材在现代物流内涵、物流节点等内容中,突出物流与制造、商贸流通等产业的互促互融;对物流各功能的介绍,突出与信息技术、管理的融合。从学生的实际诉求出发,使学生对现代物流学科的复合型、交叉型特点有更宏观的认知。

(2)植入丰富案例,突出实践性。现代物流是综合性、实践性很强的学科,本教材植入了丰富的物流实践案例,使学生能够对实践中的物流模式与知识体系建立很好的联系,更直观、生动地理解相关概念和运作方式。例如,共同配送案例能够对共同配送的成本价值、服务价值有更好的理解。教学过程中,也可以通过案例研讨等方式,设计具有实践意义和启发性的内容,引导学生开发创造性思维。

(3)紧跟前沿趋势,体现前瞻性。本教材在基本理论和内容的基础上,用案例和最新的趋势、资讯作为拓展阅读材料,体现深度、厚度,力求将最新的行业动态呈现其中,引导学生关注时事、了解行业发展前沿。例如,在装卸搬运章节,加入了自动化装卸搬运设施的内容,在物流信息章节,介绍了区块链、物联网等新技术在物流领域的应用,有利于学生掌握最新的行业发展前沿。

在内容编排上,本教材首先从现代物流内涵入手,介绍了现代物流产生发展、分类和发展趋势,从系统论的角度介绍了物流系统的功能结构、要素冲突和集成关系。教材按照现代物流七大功能,分章节介绍了各功能的概念特征、物流组织等内容,从而对现代物流形成全面概述。在此基础上,在物流节点一章,阐述物流节点对物流功能集成、网络构建发挥的关键作用。

在分功能、分模块地介绍了现代物流的知识内容后,又从第三方物流、第四方物流、专业物流和跨境物流的运作角度,深入阐述了物流功能串联、融合后的运行方式,体现了现代物流的运作规律和机制,从而使本教材串起了"现代物流概述——系统论视角下的现代物流——物流功能——物流节点串接成网——物流运作组织"的主线,同时还对企业物流进行了介绍,从物流运作主体层面体现出社会物流和企业物流的两条主线。

本教材由东南大学毛海军教授、广西科技大学覃运梅副教授、东北林业大学马成林副教授、江苏省物流与供应链研究院研究员孙佳然担任主编。毛海军教授负责教材框架构建、思路确定、内容组织,第一、二章的编写,以及书稿的修改、审阅与定稿工作。覃运梅副教授主要负责第三、四、五、十二章的编写,马成林副教授主要负责第六、七、八、九、十一章节的编写,孙佳然研究员负责第十、十一章的编写以及全书内容的统筹协调、相关章节的内容修改、案例筛选等工作。在全书的资料收集、整理、编辑过程中,东南大学交通学院研究生高静、张潜力、徐步、陈明雅、朱梓豪等同学做了大量的工作,付出了辛勤的劳动,在此编者对他们一并表示衷心的感谢。

由于在编写过程中参考的各类资料数量较大,所以在本书的各章节中未能全部采取直接标注的方法来注明所引用相关参考文献的出处,仅在书后用参考文献的方式来表明。同时,相关文献资料尽可能在参考文献中列出,个别参考文献由于种种原因难免产生遗漏,凡此种种,在此表示歉意,并且衷心感谢本教材有关参考文献的原作者。

由于本教材综合了编者的一些研究成果,有些内容还是首次提出,再加上时间仓促,因此难免会存在失误,欢迎读者批评指正,也欢迎广大同仁共同探讨,齐力推进我国现代物流业的发展和物流教育的改革。

编 者
2022 年 11 月

目录

第一章 现代物流概述 … 1
- 第一节 物流的定义 … 1
- 第二节 物流的作用与分类 … 5
- 第三节 现代物流学学科 … 9
- 第四节 现代物流研究领域 … 10
- 第五节 现代物流相关重要学说 … 12
- 第六节 现代物流发展趋势 … 15
- 复习思考题 … 17

第二章 物流系统论 … 18
- 第一节 物流系统 … 18
- 第二节 物流系统要素 … 21
- 第三节 物流系统要素冲突 … 24
- 第四节 物流系统要素集成 … 27
- 复习思考题 … 30

第三章 运输 … 31
- 第一节 运输概述 … 31
- 第二节 运输方式 … 32
- 第三节 运输组织 … 38
- 第四节 运输合理化 … 47
- 复习思考题 … 51

第四章 储存 … 52
- 第一节 储存概述 … 52
- 第二节 储存设施设备 … 55
- 第三节 储存组织方式 … 64
- 第四节 储存合理化 … 72
- 复习思考题 … 74

第五章 配送 …… 76
第一节 配送概述 …… 76
第二节 配送的分类 …… 77
第三节 共同配送 …… 80
第四节 配送路径规划 …… 85
第五节 配送合理化 …… 89
复习思考题 …… 92

第六章 包装 …… 93
第一节 包装概述 …… 93
第二节 包装技术和方法 …… 96
第三节 包装材料 …… 100
第四节 包装合理化 …… 102
复习思考题 …… 105

第七章 装卸搬运 …… 106
第一节 装卸搬运概述 …… 106
第二节 集装单元与装卸搬运设备 …… 108
第三节 装卸搬运的合理化 …… 116
复习思考题 …… 119

第八章 流通加工 …… 120
第一节 流通加工概述 …… 121
第二节 流通加工主要形式 …… 123
第三节 流通加工合理化 …… 128
复习思考题 …… 129

第九章 物流信息 …… 130
第一节 物流信息概述 …… 130
第二节 物流信息技术 …… 135
第三节 物流信息系统 …… 149
复习思考题 …… 153

第十章 物流节点 …… 154
第一节 物流节点概述 …… 154
第二节 物流节点功能与作用 …… 156
第三节 物流节点的类型 …… 157

第四节　物流节点的层次布局 ··· 167
　　复习思考题 ·· 170

第十一章　物流运作 ·· 171
　　第一节　第三方物流 ·· 171
　　第二节　专业物流 ·· 180
　　第三节　跨境物流 ·· 205
　　第四节　特殊物流 ·· 214
　　复习思考题 ·· 221

第十二章　企业物流 ·· 222
　　第一节　企业物流概述 ·· 222
　　第二节　采购物流 ·· 224
　　第三节　生产物流 ·· 225
　　第四节　销售物流 ·· 231
　　第五节　回收物流 ·· 233
　　复习思考题 ·· 237

参考文献 ·· 238

第一章 现代物流概述

第一节 物流的定义

一、物流的概念

"物流"一词最早起源于20世纪30年代美国的英文词汇"Physical Distribution",原意为"实物分销、分销物流、实体分配"。1963年被引入日本,译为"物的流通"。20世纪70年代后,日本用"物流"一词逐渐取代了"物的流通"。我国"物流"名词的专业称谓是1978年从日本引进来的。

国家标准《物流术语》(GB/T 18354—2021)对物流的定义为:根据实际需要,将运输、储存、装卸、搬运、包装、流通加工、配送、信息处理等基本功能实施有机结合,将物品从供应地向接收地进行实体流动的过程。

1985年,美国物流管理协会对物流的定义为:物流是以满足顾客要求为目的,对货物、服务和相关信息在产出地和消费地之间实现高效且经济的正向和反向的流动和储存所进行的计划、执行和控制过程。

在日本,最有代表性的是1981年日本日通综合研究所给出的物流定义:物流是将货物由供应者向需求者的物理性位移,是创造时间价值和场所价值的经济活动,包括包装、搬运、保管、库存管理、流通加工、运输、配送等活动领域。

1994年,欧洲物流协会发表的《物流术语》中,对物流的定义为:物流是在一个系统内对人员或商品的运输、安排及与此相关的支持活动的计划、执行与控制,以达到特定的目的。

虽然物流不限于经济领域,但经济领域的物流是现代社会关注的重点,所以,我们可能更关注现代经济领域的物流,即"现代物流"。现代物流与传统物流有着本质上的区别,现代物流以满足消费者和市场的需求为目标,将运输、储存、装卸、搬运、包装、流通加工、配送、信息处理等许多相关活动整合在一起,作为现代经济领域的新兴产业支撑国家和世界的发展。

二、物流的产生和发展过程

从物体的流动来理解,物流是一种客观存在的活动。自从人类社会有了商品交换,就有了物流活动,如运输、仓储、装卸、搬运等。物流概念的产生和发展是社会、经济、政策、技术变革综合作用的产物,物流内涵随着交易对象和外界环境的变化而不断丰富和延伸,呈现出一种动态的发展过程。

1. 20世纪30年代前:物流的萌芽、起源阶段

我们所言的"物流",无论从科学形态还是产业形态来讲,都源于美国曾经广泛采用过的词汇

Physical Distribution。Physical Distribution,我们过去直译为"实物分销、分销物流、实体分配",后来也称之为"物流";英文单词 Logistics,过去习惯将其称之为"后勤",现在直译为"物流"。

1905年,美国陆军少校琼西·贝克(Chauncey B. Baker)在其所著的《军队和军输品运输》一书中,从军事后勤的角度提出物流(Logistics)的概念,称 Logistics 是与军备的移动与供应有关的战争科学之一,主要研究物资的供应保障、运输储存等。1915年,美国市场营销学者阿齐·萧(Arch W. Shaw)在《市场分销中的若干问题》一书中,从市场营销的角度提出了物流的概念 Physical Distribution(实物分销、分销物流、实体分配)是主要研究企业产品如何更有效地分送到客户手中的活动。

这一阶段,Logistics 和 Physical Distribution 两个概念存在于军事后勤和市场营销领域,分别研究军备物资和流通领域的产品的流动。1918年,英国犹尼里佛的利费哈姆勋爵成立了即时送货股份有限公司。其公司宗旨是在全国范围内把商品及时送到批发商、零售商以及用户的手中,这一举动被一些物流学者誉为有关早期文献记载的物流活动。

2. 20世纪30—80年代:Physical Distribution 概念的普及和传播

第二次世界大战结束后,世界各国开始提高机械化水平和生产效率,恢复经济建设。庞大的消费需求导致企业的经营思想以生产制造为中心,根本无暇顾及流通领域中的物流问题。产业界也仅把运输、保管、包装、装卸等物流活动作为销售的辅助性活动。美国产业界真正认识到物流的重要性基本是在1950年前后。机械化生产水平提高,产品数量急剧增加,生产成本相对下降,产品流通成本相对上升,严重影响了产品销售。因此,降低流通成本、提高流通效率成为美国社会和企业共同面临的重要课题。

这一阶段,由于整个市场早期处于卖方市场环境下,后期美国社会对商品流通的关注点和研究点开始转移到"买"这一领域。"物流"的概念也源于市场营销领域。1935年,美国销售协会最早对物流进行了定义:物流(Physical Distribution,PD)是包含于销售之中的物质资料服务,是从生产地到消费地流动过程中伴随的种种活动。从20世纪50年代中期到80年代中期,Physical Distribution 的物流概念在美国以及世界范围内获得公认与发展。1963年,全球首个物流专业协会组织——美国物流管理协会(National Council of Physical Distribution Management,NCPDM)成立。

1956年,日本生产性本部派出流通技术专门考察团,由早稻田大学教授宇野正雄等一行7人去美国考察,弄清楚了日本以往叫作流通技术的内容,相当于美国叫作 PD(实物分销)的内容,至此,"PD"概念引入日本。1964年,日本池田内阁中五年计划制订小组成员平原谈到 PD 这一术语时说:"比起来,叫作'PD'不如叫作'物的流通'更好。"1965年,日本在政府文件中正式采用"物的流通"这个术语,简称为"物流"。1981年,日本日通综合研究所编著的《物流手册》中对物流的表述是:物质资料从供给者向需要者的物理性位移,是创造时间价值、场所价值的经济活动。从物流的范畴来看,包括包装、搬运、保管、库存管理、流通加工、运输、配送等活动领域。

我国开始使用物流一词始于1979年。1979年6月,我国物资工作者代表团赴日本参加第三届国际物流会议,回国后在考察报告中第一次引用和使用物流这一术语。1981年,北京物资学院王之泰教授在物资部专业刊物《物资经济研究通讯》上发表了"物流浅谈"一文,首次较为完整地将物流概念引入我国。1989年4月,第八届国际物流会议在北京召开,物流一词的使用日益普遍。此后,国内学者和组织对"物流"的研究不断扩大与深入。然而,直至20世纪90年代初,我国经济仍以计划经济为主导,企业经营管理体制条块分割的状态依然存在。因此,现代意义上的物流仍然没有进入企业管理者的视野。

这一阶段,PD的概念在国际得到传播和普及,企业和社会逐渐意识到物流的重要性。物流不再是流通和营销领域的附属品,而是真正关系企业运营成本和效率的重要环节。

3. 20世纪80年代后期:物流技术和管理革新

"Physical Distribution"概念得到普及的同时,Logistics所代表的军事领域的物流得到丰富和发展。第二次世界大战后期(20世纪30—40年代),美国军方运用运筹学和刚刚问世的计算机技术,建立了军事后勤(Logistics)保障体系,对于军需物资的生产、采购、运输、仓储、配送进行科学规划,以实现军需物资由后方基地到前线供应点的合理配置,各级仓库库存量的合理确定,以及运输路线、运输工具的合理安排,保证了军需物资的有效供给。这一军事后勤保障模式,被称为"后勤管理"(Logistics Management)。从此,后勤业务逐渐形成了单独的学科,并不断发展为后勤工程(Logistics Engineering)、后勤管理(Logistics Management)和后勤分配(Logistics of Distribution)。Logistics的概念不仅仅局限于军事领域,还延伸到商品流通、物流管理领域。

20世纪60—70年代,美国相继经历了70年代初的美元危机、1973年的粮食危机及第一次石油危机、1978年的第二次石油危机等,同时西欧、日本等经济体的快速崛起开始占领国际市场。经济停滞、企业大量库存积压,经济环境的巨大变化,迫使企业开始考虑生产及销售之外的重要环节,以降低从生产到流通全过程的物流成本,改善企业经营状况。

20世纪80年代以后,企业纷纷加大物流投入,注重物流管理,物流在企业经营中的作用得以充分体现——降低成本、增加利润、提升竞争力。物流从一种客观的活动,上升到企业战略不可缺少的一部分。物流成为继生产、销售后的企业第三利润源。物流效率直接影响社会经济发展。

经济理论研究和经济活动的实践都证明,物流效益的取得,单靠销售领域是不行的,必须有更大的系统和更强的综合战略,也即不仅存在于销售领域,同样也存在于销售领域之前的、影响销售领域的生产和产前的供应领域。而这些领域围绕着用户这个主体,必须按照更广泛的领域建立新的概念和综合战略才能够提升总体效率。

1985年,美国物流管理协会由"National Council of Physical Distribution Management"更名为"Council of Logistics Management"(CLM),并使用"Logistics"对物流概念作了修订。其理由是PD的领域较狭窄,Logistics的概念则较宽广、连贯、整体,其内涵为"物流是完成对原材料、在制品、产成品以及相关信息,从供应地到消费地的有效率、有效益地流动和储存而进行的计划、实施和控制,以满足客户需求为目的的过程。"1991年,CLM将1985年定义中的"原材料、在制品、产成品"修改为"产品、服务",从而把物流的范围从生产制造企业扩大到了生产与运作活动的所有领域,既包括了生产制造企业,也包括服务行业的物流。

从20世纪80年代中期开始,"Logistics"逐渐取代"PD",成为物流的代名词,这一变化是物流科学这一新兴学科走向成熟的标志之一。

4. 20世纪90年代:第三方物流(3PL)与供应链(Supply Chain)引领传统物流向现代物流转变

第三方物流是专业分工发展的产物,起源于西方发达国家20世纪80年代的业务外包

(out sourcing)。为了降低产品的储存成本和管理成本、减少投资、提高运营效率,企业开始从供应链管理的角度以及为企业创造经济附加值的角度,来衡量物流的作用。制造企业和商贸流通企业开始逐渐将运输、仓储等非核心业务外包,这样能够使企业运作更具弹性,同时可以腾出更多的精力和物力从事企业核心业务,提升企业核心竞争力。第三方物流凭借规模效应、专业化的物流服务为客户创造了经济价值,从而实现了快速发展。

供应链的概念问世于20世纪80年代末期。1998年,美国物流管理协会关于物流概念的解释,加入了供应链元素:物流是供应链的一部分,是为了满足客户需求而对商品、服务及相关信息从原产地到消费地的高效率、高效益地正向和反向流动及储存而进行的计划、实施与控制的过程。

2005年1月1日,美国物流管理协会正式更名为美国供应链管理专业协会(Council of Supply Chain Management Professionals,CSCMP)。这次更名进一步体现了物流与供应链之间的紧密联系,标志着物流管理已进入到供应链一体化时代。美国供应链管理专业协会关于供应链管理的定义是:"供应链管理包括了涉及外包和获取、转化的计划和管理活动,以及全部的物流管理活动。更重要的是,它也包括与渠道伙伴之间的协调与合作,这些渠道伙伴包括供应商、分销商、第三方服务提供商和客户。从本质上来说,供应链管理是企业内部和企业之间的供给和需求的集成。"国家标准《物流术语》(GB/T 18354—2021)关于供应链的定义是:生产及流通过程中,围绕核心企业的核心产品或服务,由所涉及的原材料供应商、制造商、分销商、零售商直到最终用户等形成的网链结构。

供应链是企业战略联盟的一个运作载体,包含所有加盟的企业以及由此而形成的企业价值链。在供应链的视角下,物流的地位和作用十分突出:物流是供应链的重要环节以及供应链关联企业之间合作经营的纽带,物流活动贯穿供应链运作的始终,物流管理是供应链管理的重要组成部分。

第三方物流和供应链概念的出现,是传统物流向现代物流转变的开端和标志。现代物流最典型的特征是物流过程的信息化、服务一体化和增值性。第三方物流企业运作中,在客户要求和市场竞争的双重压力下,第三方物流公司为了自身的生存和发展,已经在信息技术方面持续投资和发展。物流不再是单一环节的单一功能,而是充分利用信息技术,贯通供应链过程的各个环节和合作伙伴,以实现信息互通和服务增值。现代物流成为了一种先进的组织方式和管理技术,是适应经济全球化发展趋势的客观要求,是市场经济发展的必然趋势。

5. 21世纪:以新一代信息技术和供应链一体化为核心的数字物流时代

进入21世纪,伴随经济全球化和供应链全球化趋势不断加深,资源在全球范围内的流动和配置范围逐步扩大,全球供应链的资源组织方式随之产生了新的变化。在超级全球化时代,全球国家和地区间竞争与合作的主线已日益演变为全球供应链之间的竞争与合作。现代供应链已经成为跨国企业提升核心竞争力的重要手段,政府间深入参与国际分工、不断加大全球经济秩序中自身话语权的重要举措。现代物流发展水平成为衡量一个国家和地区综合竞争力的重要标志。

物联网、大数据、云计算等新一代信息技术使得企业可以摆脱中间商找到并直接服务最终用户,用户也可以越过中间商发现商品的实际生产和提供者,生产过程呈现去中介化的趋势,业务流程由生产商驱动转向用户需求驱动,用户直连制造(Customers to Manufacturers, C2M)模式成为可能。数字化的设计工具、可重构的生产系统、人工智能、虚拟现实、3D 打印等技术使企业创新链、供应链、价值链更具柔性。物流网络布局与客户消费习惯结合得更为精准,物流自动化、智能化水平将逐步提高。

大数据、云计算等新一代信息技术实现了物流的可视化、自动化,使得物流大数据从理念变为现实,对物流大数据进行处理与分析,挖掘对企业运营管理和政府决策有价值的信息,从而科学合理地进行决策管理,数据驱动推动物流产业的智能化变革,大幅度提高生产效率。

纵观物流的发展历史,可以看出,物流概念的每一次拓展、延伸、丰富和变革,都是两股力量共同推动的结果:一是消费和产业的升级;二是技术的突破。这两股力量交互作用,使物流在整个经济运行体系中承担的作用和角色也在不断升级,进而推动物流不断演化。以物流与商业之间的关系为例,最初,工业革命带来了规模化的生产,催生批量运输需求。在卖方市场条件下,物流主要围绕制造业而设计。随着商业不断发展,逐渐变为买方市场,渠道成为新的中心,物流开始围绕商贸企业而设计。信息时代到来后,消费者成为新的中心。互联网不断削减商品流通的中间环节,物流触达产业的广度和深度不断加强,物流开始围绕用户体验而设计。

第二节　物流的作用与分类

一、物流的作用与价值

物流过程,实质上是价值创造过程和价值实现过程的有机组合:生产企业、物流企业、消费者都是这一价值运动链条的利益主体,他们共同构成一个完整的以物的流动为外在表现形式的价值运作系统。

时空差异是产生物流的主因,也是创造物流价值的潜在动力。供需双方对物品存在着时间、空间上的定位差异,有这个差异才会有物流。对于解决时空差异来说,运输创造了"物"的空间价值,仓储创造了"物"的时间价值,这两种价值是物流价值的核心部分。伴随信息技术在物流领域中的应用不断扩大,物流与其他产业融合程度加深,物流的网络化、规模化、数据化和服务链条延伸,又进一步衍生了其他价值。

1. 时间价值

物流的时间价值主要体现在两方面。一是通过压缩物流时间、提高物流效率,促进生产、增加产出、加速货物周转、节约资金而获得收益,还体现在物流与生产的高效协同为客户提供高质量的服务从而增加顾客忠诚度而带来的效益等。尤其对于高价值、高时间敏感性的产业,缩短物流时间意味着企业竞争力的提高。二是通过弥补和延长时间差创造价值。许多商品的生产有严格的季节性和周期性,而消费者对这些商品的需求却是持续性的。例如,秋季集中产出的粮食、水果等,通过物流的储存、储备活动,有意识延长物流的时间,可以克服生产与消费在时间上的差异,保障均衡需求;商品的待机销售,在储存中寻找进入市场的最理想时间,使得商品在更好的时间点上获得更高的效益;备战、备荒所形成的战略性储备;这就是物流弥补集中供给和分散需求的时间差创造出的时间效益。

2. 空间价值

供给者和需求者往往处于不同的场所,由于改变"物"的不同场所位置所创造的价值,称为"场所价值",也称"空间价值"。物流创造空间价值是现代社会产业结构、社会分工和商品生产的地理分布差异所决定的,主要原因是供给和需求之间的空间差,商品在不同地理位置有不同的价值,通过物流将商品由低价值区转到高价值区,便可以获得价值差,即场所价值。

例如,农村生产粮食、蔬菜而在城市集中消费;"北煤南运";南方生产的荔枝运输到各地消费,通过商品地理差异创造价值;通过在一个地区集中化大规模生产提高生产效率,降低生产成本,通过物流覆盖大面积的需求地区。复杂的供给和需求的空间差都是靠物流来弥合,物流也创造了更多价值。在经济全球化的浪潮中,全球采购、全球销售与本土化生产的趋势越来越明显,在国际分工和全球供应链构筑的过程中,一个基本原则是在成本最低的地区进行生产,通过有效的物流系统和全球供应链,在价值最高的地区销售,现代物流技术为此创造了更多有利条件,使物流得以创造价值。

3. 形态价值

在流通领域内,通过物流过程中的加工、包装、组装等特殊生产形式,使处于流通加工过程中的物品增加价值,就是物流创造的形态价值。例如,根据消费者的要求对生鲜食品进行加工;鲜奶通过专用罐体散装运输至主要消费地,进行灌装后销售;按照用户体验个性化需求对家具定制组装等;这些均改变了物品的形质状态,从而产生增值。

4. 网络价值

为了使物流系统高效率地运转,必须采取现代化技术和管理方法,合理布局和调度物流过程中的人、货物、设备、场站,以达到系统最优,于是物流空间布局或网络化呈现出新的价值。一是要满足物流总体资源和空间布局与外部的需求相匹配;二是对分布好的资源进行合理调度,使资产始终能够有效利用;三是通过信息技术提高对物流网络的管控能力,降低物流过程中的风险。网络增值本质在于物流资源利用率的提升、均衡和风险管控,这就是物流网络的管理和管控价值。

5. 附加服务价值

物流作为商品交付的最后环节,具有直接接触用户的独特优势,能够将物流服务链延伸至客户端,实现供应链设计、运营、技术和环境等全方位的重塑。例如,物流企业为健身器材销售企业提供健身器械配送到户、安装调试和健身课程规划等;为家具销售商,提供全屋家具设计、安装、回收等服务,同步收集用户反馈数据,反过来这些数据能够影响前端生产的设计和销售。这让物流行业不再是其他商业的附庸,形成独立、特有的商业模式。又如,利用物流信息平台积累的运单交易、资金流水、驾驶员信息、车辆基本信息、税务数据、路线信息等数据,规划物流企业业务发展,实现数据服务创造价值。

二、物流的分类

社会经济领域之中,许多领域都具有自身特征的物流活动。这种物流活动中基本要素是共同的,但由于物流对象、物流目的、物流范围不同,以及推进和实施物流的主体不同,所采用的方式、方法和设备工具不同,形成了不同层面的物流分类。物流主要有以下几种分类。

1. 按物流的覆盖范畴和观察物流的角度分类

(1)宏观物流。宏观物流是指社会再生产总体的物流活动。宏观物流研究的是社会再生产总体物流、产业或集团的物流活动和物流行为。具体来讲,国民经济各种经济活动和经济领域之间、区域之间以及国家(或地区)之间的物流活动都属于宏观物流。如国际物流、社会物流等,都属于宏观物流。

(2)微观物流。基础、简单而具体的物流活动,称为微观物流。在整个物流活动之中的一个局部、一个基础环节、一个小地域空间发生的具体的物流活动,针对某一种具体产品所进行的物流活动都是微观物流。通常,企业物流、销售物流、回收物流、生活物流等都属于微观物流。

(3)中观物流。在宏观和微观之间,还存在既不属于基础性的、局部的、小范围的物流活动,相对于宏观,也没有涉及全局的宏观性,可将其确定为中观物流。如区域物流、行业物流等属于中观物流。

2. 按物流在生产流通环节的作用分类

(1)供应物流。供应物流是为生产企业提供原材料、零部件或其他物品时,物品在提供者与需求者之间的实体流动。

(2)生产物流。生产物流是在生产过程中,原材料、在制品、半成品、产成品等在企业内部的实体流动。

(3)销售物流。销售物流是生产企业、流通企业出售商品时,物品在供应方与需求方之间的实体流动。

(4)回收物流。回收物流是指不合格物品的返修、退货,以及周转使用的包装容器从需求方返回到供应方所形成的物品实体流动。

(5)废弃物物流。废弃物物流是将经济活动中失去原有使用价值的物品,根据实际需要进行收集、分类、加工、包装、搬运、储存等,并分送到专门处理场所时所形成的物品实体流动。

3. 按物流运行的具体区域分类

(1)国际物流。国际物流是不同国家(或地区)之间的物流。国际贸易和跨国企业的迅速发展已经让国际物流成为现代物流系统中的重要物流分支。

(2)区域物流。区域物流有狭义和广义之分,狭义的区域物流指一个国家(或地区)之内一定经济区域范围内的物流;广义的区域物流超出了一个国家(或地区)的范围,是指在由若干个政治、经济、文化等具有某些共性的国家(或地区)的一定区域范围内发生的物流。

(3)城市物流。城市物流是指物品在城市内部或在城市内部与城市郊区之间的实体流动。城市是从事物资生产、商品贸易等活动的集中地,而且也是大量废弃物的产生地。其中,农村物流是城市物流的重要组成部分,是为农村居民的生产、生活以及其他经济活动提供服务的物流。与城市物流比较,农村物流具有分散性、季节性、差异性、多样性等特点。

4. 按物流服务的对象和领域分类

(1) 社会物流。社会物流是以全社会为范畴、面向广大用户的物流,它涉及在商品流通领域发生的所有物流活动,具有宏观性和广泛性,因此也称之为宏观物流。社会物流对国民经济的发展产生重大影响,因此社会物流是物流的主要研究对象。

(2) 行业物流。在一个行业内发生的物流活动被称为行业物流。一般情况下,同一行业的各个企业在经营上是竞争对手,但为了共同的利益,在物流领域却又相互协作,共同促进行业物流的合理化。

(3) 企业物流。企业物流是指在企业经营范围内由生产或服务活动所形成的物流系统。企业作为现代社会重要的经济实体,是为社会提供产品和服务的单元,是物流活动存在的根本。

(4) 军事物流。军事物流是满足军队平时与战时需要的物流活动,是实现军事保障的物流。军事物流资源由核心资源和一般资源组成。核心资源具有高度的机密性和专用性,平时也应处于战备状态,随时服务于军事活动,如军事基地、弹药库、军械仓库、油料库等;一般资源如车辆、运输船舶、一般运输码头、机场等。

(5) 应急物流。应急物流是为应对社会突发公共事件提供物资支援的一种特殊物流。应急物流是以追求时间效益最大化和灾害损失最小化为目标,具有突发性、不确定性、弱经济性和非常规性等特点,在降低突发性事件对社会的不良影响、最大限度挽回人民生命和减少财产损失、协调救援资源方面具有重要作用。

5. 按组织和承担物流活动的主体分类

(1) 第一方物流。第一方,社会上一般是对"我方"的称谓,因此,第一方物流指的是企业自己完成的物流活动,也称为自营物流。

(2) 第二方物流。第二方,社会上一般是对"你方""对方"的称谓,因此,第二方物流指的是作为产品供给方或者产品需求方的产品交易伙伴完成的物流活动。

(3) 第三方物流。第三方物流是指由交易双方之外的、与交易活动无关的第三方完成的与双方交易相关的物流活动。很明显,第一方物流、第二方物流都是为了实现买或卖的交易而从事的物流活动,这种物流活动本身和交易活动捆绑在一起,因此,缺乏独立性和专业性,而第三方物流则是独立的、专业的从事物流活动。

(4) 第四方物流。第四方物流是指不从事具体的物流活动,也基本不具有物流工具、装备、基础设施,但能够在更高层面对整个供应链的物流提供整合方案,从而为客户提供增值的物流服务。

6. 按物流的流向分类

(1) 正向物流。正向物流也就是一般意义上所说的物流,是指物品从供应地到接收地的实体流动过程。

(2) 逆向物流。逆向物流是与正向物流相对的物流过程,是一种包含了产品退回、物料替代、物品再利用、废弃物处理、修理和再制造等流程中的物流活动。逆向物流不仅是实现社会可持续发展的重要手段之一,还可以让企业获得非常可观的经济效益。

7. 按物流活动的空间位置分类

(1) 地下物流。地下物流主要发生在城市内,也称为城市地下物流。一方面侧重于家庭、企业的邮件分发和消费品配送,通常建设于高密度的城市地下空间系统中;另一方面侧重于运输大型货物和集装箱等,通过地下管道或管廊,连通港口、机场、铁路场站和大型配送中心等节点区域。城市地下物流可以最大限度地利用地下空间,是一种能够有效缓解日益严峻的城市交通问题的新型物流方式。

(2)地上物流。由于一般意义上的物流的基础设施、设备以及物流活动主要存在或发生于地面以上,所以称之为地上物流。

此外,按照不同运输方式分类的公路物流、航空物流、铁路物流、水运物流,按照物流服务对象特点分类的冷链物流、粮食物流、汽车物流、煤炭物流等,按照物流运行的特殊环境分类的常态物流、应急物流、绿色物流等。从不同角度进行的物流分类之间会有交叉,本书只涉及社会经济活动中较为常见的若干物流分类方式。

第三节 现代物流学学科

一、现代物流学的产生与发展

现代物流已经形成了自身的科学体系和产业体系。物流活动是伴随着人类的活动而存在和发展的,对物流的理性认识也是在这个过程中逐渐形成的。但是,作为科学体系,物流学的历史却很短。人们对物流理性的认识逐渐汇聚成相应门类的科学,一直到"系统"的认识、理论、观念和方法与物流融合,才造就了物流学科体系。

20世纪30年代,美国军事部门运用运筹学与当时刚刚问世的电子计算机技术对军事后勤全过程进行科学规划,较好地完成了研究任务。以系统的观点来解决军事后勤保障问题是物流科学的萌芽阶段。

20世纪50年代,流通领域快速发展,流通成本相对于生产成本对企业利润的影响逐渐增加,进而影响商品竞争力。因而人们不得不从流通全过程出发,试图找出降低流通费用的途径。由于着眼点是流通费用的整体而不是局部,就必须确定考察对象的范围,并且对其结构作出分析。相关学者和企业发现,分散在流通过程中的运输、储存、装卸、搬运、包装等物流活动具有共同的本质,即都是为了实现物资的空间效果或时间效果,且各个物流活动之间存在相互联系、相互制约的关系,可以将其看成是一个系统,用时间维和空间维的物态变化来揭示这个系统的本质。物流系统的建立,不但使物流各项活动得以贯穿和联结从而实现优化,也使生产和消费更容易、更好地实现优化。所以,系统是物流学科得以形成的内在条件。

伴随物流活动对经济的影响逐渐增强,需要深入、系统地分析物流活动运行的内在规律及其与经济、产业等外部环境的关系,引导和规范物流实践,也需要培养更多适应现代社会发展需要的新型物流人才。在此基础上,形成了研究物流理论、建立物流学科体系的需求。物流活动的不断深化、物流相关知识的不断积累和总结,形成了相对完整和独立的知识体系,即现代物流学。

现代物流学是以生产、流通和消费领域中物的流转过程为主要研究对象,揭示物流系统活动(运输、储存、配送、包装、装卸搬运、流通加工、信息处理等)的运作规律,寻求创造最大时间和空间效益的科学。现代物流学自产生以来显示出了强大生命力,成为当代最活跃、最有影响的新学科之一。

二、现代物流学学科性质

现代物流学是复合型的应用科学。它以物流为研究对象，综合了经济学、社会学、工学、管理学等相关领域科学成果。

与现代物流学学科构成紧密联系的学科主要为系统学、运筹学、经济学、管理学和工学。系统学提供物流学学科的最根本的思维方法和逻辑；运筹学提供实现物流系统优化的技术与工具，它是系统学在物流中应用的具体方法；经济学提供物流系统资源配置的基本理论，物流系统的资源配置服从经济学的假设、原理和规律；管理学提供物流活动的计划、组织、指挥、协调、控制和监督方法；工学面向多目标决策的、复杂的动态系统，提供节点选址、设施装备、工程实施、技术应用等规划设计方法。

物流学科的应用性非常强。现代物流学是一门基础性理论学科，对物流性质、规律的研究属于纯理论性研究，认知本质、探索规律是认识物流活动的重要手段，也是构建物流学科体系的基石。现代物流学更是一门实践性应用学科，其研究的出发点和归宿都在于社会实践需要，对物流的经营服务等诸多实际问题进行研究，解决物流实际工作中提出的技术问题，具有可操作性。

现代物流学相关的学科所采用的方法可能各有侧重，管理学和经济学的研究方法偏重于实证分析、规范分析、案例分析、图表分析、文献分析、内容分析、经济计量以及系统分析等；工学和理学的研究方法偏重于模拟、试验、观察与观测、公式、定理等；而唯物辩证法、分析与综合、归纳与演绎、数据采集与分析、优化方法以及学术争论等则是各学科都要用的共性研究方法。

第四节　现代物流研究领域

物流活动的复杂性和广泛性决定了现代物流研究内容的综合性。研究角度、研究方向和研究对象的差异性，使得现代物流的研究领域和研究内容较为广泛，且与其他学科内容存在诸多交叉。

例如，围绕"物的动态流转过程"的基本规律，涉及基本理论、研究方法和学科体系构建等内容；围绕物流活动的成本、费用、服务、效益等经济指标以及物流资源产业化，涉及物流成本效益分析、供需结构、产业分工、产业结构、产业规划、统计量化等内容；围绕物流活动七要素的计划、组织、协调与控制，涉及企业物流管理、物流工程管理、物流信息管理、营销管理等方面的内容；围绕物流运作过程的计划、实施、控制与经营管理，涉及运输组织、库存控制、物流技术装备、自动化控制等内容；围绕物流系统的规划设计与资源优化配置，涉及系统控制、运筹管理、需求分析与预测、计算机模型优化等内容。

鉴于此，本书将现代物流的研究内容进一步划分为物流基础理论、物流经济、物流管理、物流规划、物流工程五个领域。

一、物流基础理论

物流基础理论所涉及的研究内容是物流学研究中最根本的、共性的理论知识，是支撑其他领域展开研究的基础。物流基础理论是指在物流学科体系中起基础作用,并具有稳定性、根本性、普遍性特点的理论原理。物流基础理论主要涉及物流基本概念、物流要素、基本假设、基本方法等。由于物流学科属于新兴学科,基础理论的建立借鉴和综合了相关学科的成果,最为紧密的是管理学、经济学、工程学,而后逐渐形成了自身重要的理论和观点,包括物流系统论、物流效用和价值理论、物流成本理论,以及"商物分离"的认识、"物流冰山"说、"第三利润源"说、效益背反说等。

伴随信息技术革命和产业变革对经济领域的颠覆,物流的内涵不断丰富和外延,新模式新业态层出不穷,物流实践往往超前于理论研究。因此,物流学科的理论是一个有待深入发掘和研究的领域,在与信息、科技融合中不断发掘新的活力。

二、物流经济

物流经济是从经济学角度对宏观和微观的物流产业经济运行和资源配置等问题进行理论探讨。物流活动普遍存在于供应、生产、流通和消费四大环节之中,必然要涉及商品在物流性流动中的经济活动问题,如物流活动成本效益分析、物流市场的供给需求、物流产业发展等,解决这些问题需要依托经济学理论。

宏观层面,研究宏观物流发展趋势、物流产业政策,重点探讨物流产业理论、区域物流、城市物流、产业规划等,进而建立国民经济发展中的宏观物流经济理论体系。产业层面,主要探讨涉及物流业自身发展方面的产业结构、产业组织、产业政策、产业集群、产业竞争力、物流产业统计核算制度等。区域物流层面,探讨区域物流与区域经济发展的互动关系,主要包括物流业与区域经济增长、区域产业结构、物流业与区域竞争力的提升等内容。微观层面,物流经济研究内容主要集中在物流市场的供给与需求、物流生产理论与决策、物流成本分析、物流效益分析、物流市场组织、物流市场需求预测等方法和理论。

三、物流管理

物流管理是指在社会再生产过程中,根据物质资料实体流动的规律,应用现代管理理论、方法和手段来分析、处理物流活动,对物流活动进行计划、组织、指挥、协调、控制和监督,使各项物流活动实现最佳的协调与配合,以降低物流成本,提高物流效率和经济效益。现代物流代表着理性和秩序,物流管理的核心在于优化,可以说,现代物流是管理科学的理论、方法和技术应用于物流管理的产物。

物流管理的研究内容包括三个方面:对物流运输、储存、配送等八大功能要素的管理;对物流基础设施、物流装备、货物、人员等资源要素的管理;对物流活动中计划、质量、技术、评价等职能的管理。其研究视角分为宏观视角和企业视角。

宏观视角主要研究重要物流资源和物流运作的管理,如对铁路、公路、航空、仓储设施等重要物流资源,通过宏观管理手段有效地配置、调度和运行资源。

企业视角主要研究在最低的总成本条件下实现既定的客户服务水平,寻求服务优势和成本优势之间的动态平衡。

四、物流规划

规划是通过事前决策对某一领域形成的一系列部署。物流规划是对大范围、大规模、长时间跨度的物流信息与资源开发总方向和大目标的设想蓝图,是一种战略性的全局部署方案,要求运用系统理论、规划技术与方法进行分析、预测与统筹规划。物流规划同样也是物流管理、物流工程领域的重要环节,随着物流规划技术和方法的不断成熟,物流规划在国家和地区以及企业物流发展中的重要性不断提高,而逐步形成了独立的研究领域。

物流规划研究包括宏观层面和微观层面。宏观层面,主要研究国家或地区长远的物流产业发展规划,对今后物流发展一个较长时期的指导性纲要和组织实施策略,包括国家物流规划、省市县物流规划、乡镇物流规划等。物流产业规划主要研究一个地区或城市的产业发展战略、物流需求量分析预测、物流节点和通道布局规划、物流信息平台规划、产业发展路径与重点等内容。微观层面,企业物流规划主要研究物流服务目标、物流运营网络、库存决策、增值服务、绩效评价、绿色发展等内容。

五、物流工程

物流工程是从工程角度研究对多目标决策的、复杂的动态物流系统的规划、设计、实施与管理的全过程。它与交通运输工程、管理科学与工程、工业工程、计算机技术、机械工程、环境工程、建筑与土木工程等领域密切相关。

一个良好的物流系统不能仅停留在规划阶段,还需要通过具体的工程建设来实现。物流工程就是从技术和应用的角度去研究物流问题,对复杂的物流系统进行科学分析、设计和实施,以实现提高物流技术水平和运作效率。其研究内容主要围绕在物流活动中所使用的各种工具、设备、设施以及方法、技能和作业程序等的设计、建设和实施,具体包括物流中心、站、场、线路、建筑、公路、铁路、港口等物流设施的建设和维护;仓库、货架、加工、运输、装卸设备等物流装备的管理和维护;信息网络的搭建、调整、运行等。其涉及运输技术、仓储技术、包装和集装技术、分拣和配货技术、流通加工技术等。

第五节　现代物流相关重要学说

一、商物分离

商物分离是物流赖以生存的条件。所谓商物分离,是指流通中两个组成部分商业流通和实物流通从过去的统一概念和统一运动中分开,按自己的规律和渠道独立运动。"商"指商流,是商品价值运动,商品所有权的转让;"物"即物流,是商品实体的流通。

商品社会的初期,商流、物流是紧密地结合在一起的。进行一次交易,商品便易手一次,商品便发生一次运动,物流和商流相伴而生、共同运动,同样过程,运动形式不同。现代社会之前,流通大多采取这种形式,甚至今日,这种情况仍不少见。第二次世界大战之后,流通过程中上述两种不同形式出现了明显的分离,成了两个有一定独立运动能力的不同运动过程,这就是"商物分离"。商物分离的结果,使我们能把物流作为一个单独运动的主体进行研究与发展,才有了今天规模庞大、涉及广泛的现代物流。

从经济学角度看,商流偏重于经济关系、分配关系、权力关系,属于生产关系范畴;物流偏重于工具、装备、设施及技术,而属于生产力范畴。所以,商物分离实际是流通总体中的专业分工、职能分工,是通过这种分工实现大生产式的社会再生产的产物。这是物流科学中重要的新观念。物流科学正是在商物分离基础上才得以对物流进行独立的考察,进而形成的科学。但是,商物分离也并非绝对的,在现代科学飞速发展的今天,优势可以通过分工获得,也可以通过趋同获得,"一体化"的动向在原来许多分工领域中变得越来越明显。在流通领域中,发展也是多形式的,绝对不是单一的"分离"。

二、黑大陆说与物流冰山说

著名的管理学权威专家德鲁克曾经讲过"流通是经济领域里的黑大陆",虽然泛指流通,但由于流通领域中物流的模糊性尤其突出,是认识更不清楚的领域,所以,许多人引用"黑大陆"说法,都是针对物流而言。在某种意义上来看,"黑大陆"说是一种未来学的研究结论,是战略分析的结论,带有很强的哲学抽象性,这一学说对于推动物流领域研究起到了启迪和动员作用。

物流冰山说是日本早稻田大学西泽修教授提出来的创造性见解,他研究物流成本时发现,现行的财务会计制度和会计核算方法都不可能掌握物流费用的实际情况,因而人们对物流费用的了解一片空白,甚至有虚假性,他把这种情况比作"物流冰山"。冰山的特点是大部分沉在水面之下,露出水面的仅是冰山一角。物流便是冰山,沉在水面以下的是我们看不到的区域,而看到的不过是物流的一小部分。尤其是我们根据现有的数据认识到的物流成本,远远不足以反映实际的物流成本,这是人们忽视物流的重要原因。

西泽修先生用物流成本分析论证了德鲁克的"黑大陆"说法。事实证明,物流领域的方方面面对我们而言还是不清楚的,"黑大陆"和"冰山"的水下部分正是物流尚待开发的领域,这也正是物流研究的潜力所在。

三、成本中心说与服务中心说

成本中心说是认为物流主要对企业营销的成本发生影响,是企业成本的重要产生点,因此物流的关键点不在于支持保障其他活动,而主要是降低成本。"降低成本的宝库"是这种认识的形象表述。显然,成本中心的考虑没有将物流放在企业发展战略的主角地位。改进物流的目标如果只在于降低成本,势必也会影响物流本身的战略发展。当然,成本和利润是相关的,成本和企业生存也是相关的,成本中心也不是只考虑成本而不顾其他,但这毕竟是人们对物流主体作用的认识,必定会主导人们的实际行动。

服务中心说代表了美国和欧洲学者对物流的认识,他们认为物流活动的最大作用不在于为企业节约消耗、降低成本、增加利润的微观利益,而在于提高服务水平,进而提高企业的竞争力。因此,描述物流的词汇选择 Logistics,特别强调服务保障的职能,这是带有战略色彩的更高层次的说法。通过物流的服务保障,企业形成战略发展的能力。我国现在对物流业的定位体现了对服务中心观点的认同,明确了物流业属于服务业。

四、"第三利润源"说

"第三利润源"的说法出自日本,是对物流潜力及效益的描述。经过半个世纪的探索,人们已经肯定"黑大陆"虽不清晰,但绝不是不毛之地,而是富饶之源。尤其是经受了1973年石油危机,物流已经牢牢树立了自己的地位。历史上曾经有过两个大量提供利润的领域,就是自然资源和人力资源。自然资源领域起初是廉价原材料,其后则是依靠科技进步获取利润,成为"第一利润源";人力资源领域最初是廉价劳动,其后则是提高劳动生产率降低成本,增加利润,这个领域称作"第二利润源"。在前两个利润源潜力越来越小的情况下,物流领域的潜力被重视,按时间序列排为"第三利润源"。三个利润源注目于生产力的不同要素:第一利润源是劳动对象;第二利润源是劳动者;第三利润源则是挖掘劳动工具、劳动对象和劳动者的潜力,因而更具有全面性。

"第三利润源"的理论基于两个前提条件:第一,物流可以完全从流通中分化出来,自成一个独立运行的系统,有本身的目标、本身的管理,因而能对其进行独立的总体的判断;第二,物流和其他独立的经营活动一样,它不是总体的成本构成因素,而是单独盈利因素,即物流可以成为"利润中心"型的独立系统。

如果把"第三利润源"不仅仅看成直接谋利手段,而特别强调它的战略意义,它是在经济领域中潜力将尽的情况下的新发现,是经济发展的新思路,也许会对今后经济的推动作用真正如同经济发展中曾有的廉价原材料的推动作用一样,这是现在学术界更多人的认识。"第三利润源"的真正价值应该是从直接利润延伸的战略意义。

五、效益背反说与物流总体效益

"效益背反"又称为"二律背反",是物流领域中很普遍的现象,是物流领域中内部矛盾的反映和表现。"效益背反"是一种活动的高成本,会因另一种物流活动成本的降低或效益的提高而抵消的相互作用关系。这是一种此长彼消、此盈彼亏的现象,往往导致整个物流系统效率的低下,最终会损害物流系统的整体利益。

物流的各项活动(运输、保管、搬运、包装、流通加工等)处于这样一个相互矛盾的系统中,活动之间存在广泛的"效益背反"现象。例如,减少物流网络中仓库的数目并减少库存,必然会使库存补充和运输次数变得频繁;将铁路运输改为航空运输,虽然增加了运费,却提高了运输速度,不但可以减少库存,还降低了库存费用。典型的物流系统效益背反关系可归纳为:物流服务水平和物流成本之间存在效益背反关系,物流各个子系统之间存在效益背反关系,部分物流功能和物流费用之间存在效益背反关系等,如图1-1所示。

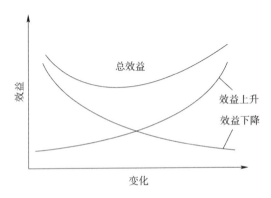

图1-1 效益背反和总体效益

所有这些都表明,在设计物流系统时,要综合考虑各方面因素的影响,使整个物流系统达到最优,任何片面强调某种物流功能都将会蒙受不必要的损失。在认识效益背反的规律之后,物流科学迈出了认识物流功能要素这一步,进而寻求解决和克服各功能要素效益背反现象。当然,或许也曾有过追求各个功能要素全面优化的企图,但在系统科学已在其他领域形成和普及的时代,科学的思维必将导致人们寻求物流的总体最优化。不但将物流这一"黑大陆"细分成若干功能要素来认识,而且将包装、运输、保管等功能要素的有机联系寻找出来,成为一个整体来认识物流,进而有效解决"效益背反",追求总体的效果,这是物流科学的一大发展。

第六节　现代物流发展趋势

纵观物流的产生和发展过程,可以看出,现代物流是经济、产业、技术等不断演化、升级的产物。它广泛吸收现代科学技术的最新发展成果,随着生产和流通革命的产生而不断进化,将专业化分工推进到更高的层次。伴随经济全球化、新一代产业革命和信息技术革命的发展,现代物流逐渐向着全球化、网络化、智慧化、绿色化、协同化、融合化的方向发展。

一、全球化

伴随经济全球化的不断深化,越来越多的企业将生产、销售等经营活动的着眼点放在了全球,导致相当数量的大型跨国企业的出现。这些企业的出现不仅使消费者可以在世界上的任何地方都买到相同品牌的产品,而且这一趋势也促成了企业产品的核心部件和主体部分标准化的进程。这些跨国企业要想取得竞争优势,获取超额利润,就必须在全球范围内进行资源的配置和利用。例如,在全球范围内选择生产基地和供应源,安排企业的生产活动,通过采集、生产、营销等方面的全球化实现资源的最佳利用,发挥最大的规模效益。生产企业的全球化布局带动了物流的同步全球化,进而推动了国际物流网络的一体化布局。

企业经营的全球化也使得管理全球供应链的物流活动变得更加复杂。物流全球化与过去的贸易全球化带来的全球性货物运输有所不同,全球货运只是一种单一的物流全球化方式,而物流的全球化要求全球化的网络体系与之相适应,整体规划国际海运、空运和陆运等方式,将港口、航空等国际物流节点串联成网,使全球物流能更便捷、高效地运行。因此,构筑全球化的物流网络体系是摆在全球化经营企业面前的一道难题。

二、网络化

现代社会里,生产与流通的空间范围进一步扩大。电子商务的出现改变了商品销售的单一渠道。为了保障产品生产、流通过程中的原材料、半成品和成品供应得到充分保证,现代物流必须具备完善、健全、便捷、高效的物流网络体系。被直接用于进行物流作业的设施的数量、规模,以及地理位置、距离生产地和消费地的距离等因素直接影响着向顾客提供服务的能力和成本。网络中节点之间物流活动保持协调一致,就可以保证整个物流网络中保持最优的库存总水平与库存分布,将干线运输与支线端配送有机结合,形成运输快速、方式灵活的供应通道。

因此,构建一个高效便捷的物流网络是现代物流发展的重要基础,需要结合区域经济发展、交通条件、需求分布、物流线路等，统筹布局区域或城市物流节点和通道网络，在更大范围内把各种供给资源、需求资源、设施资源等组织起来，使之得到充分的利用。

三、智慧化

随着新一代信息技术，特别是互联网、物联网技术、大数据云计算以及人工智能技术的发展和广泛应用，经济社会基础设施发生了重大变革。互联网从过去作为信息互联互通的技术手段，到现在成为了基础设施，信息流、商流与物流开始融合。互联网成为基础设施颠覆了传统的基础设施都是硬件的理念，产生的是虚实一体的智慧基础设施变革，推动经济社会在新的基础设施上重构。

智慧物流基于物联网、移动互联网、云计算、大数据等新一代通信技术和信息技术，对物流网络中的物品、人员、设施和设备进行实时的管理和控制，使物流具备感知、记忆、逻辑、判断、决策等智慧功能的创新物流形态。智慧物流背景下，物流数据将全面做到可采集、可传输、可分析，物流各环节之间的联系更加紧密，信息更加透明；物流作业逐步实现柔性自动化与无人化，大幅度提高物流效率；物流全程可视化成为可能，并积累庞大的智慧物流数据资源，进一步优化物流运作。例如，在城市物流配送领域，电商与快递物流最早应用物联网技术进行快递包裹的追踪与追溯，进而延伸到整个系统物流透明化管理，实现了全链路信息互通。在传统城市配送领域，线上与线下的信息连接先从车货匹配的信息互通开始，逐步向与仓储系统、门店系统、品牌商互联互通的深度连接方向发展。

四、绿色化

绿色物流是现代物流可持续发展的必然。物流服务贯穿于社会经济活动的各个领域，仓库、配送中心、港口、运输车辆、船舶、飞机等物流基础设施，每天消耗巨量能源、产生大量碳排放。一般认为，产品从投产到销出，制造加工时间仅占10%，而几乎90%的时间为仓储、运输、装卸、分装、流通加工、信息处理等物流过程。因此，现代物流的发展必须从环保角度出发优化物流体系，注重环境效益，形成资源节约、环境友好的物流系统。

绿色物流旨在减少物流过程中对环境的危害，实现节能降耗，降低碳排放，实现对物流环境的净化，使资源得到最充分利用，实现物流可持续发展。从物流绿色化发展路径上分析，需要实现物流基础设施绿色化、物流作业绿色化、货物运输绿色化、物流包装绿色化和绿色物流管理创新。绿色物流的最终目标是可持续发展，实现物流效益与经济效益、社会效益和环境效益相统一。

五、协同化

作为一种新型的资源优化配置方式和企业管理方式，供应链管理对全球经济的发展日益发挥更重要的作用。牛津大学的马丁·克里斯多夫教授曾说"21世纪的竞争不再是企业与企业之间的竞争，而是供应链与供应链之间的竞争。"供应链管理是指利用计算机网络技术全面规划供应链中的商流、物流、信息流、资金流等，并进行计划、组织、协调与控制。

在供应链的整体运行中，最核心的是连接，连接是智能供应链的核心要素，在连接的基础上，由数据采集完成资源和信息的共享进而完成供应链环节的多方协同。而现代物流，是实现供应链上下游有机衔接、实现商品从生产地到消费地最终交付的"桥梁和纽带"。因此,供应链视角下的现代物流必须以物流活动为核心,协调供应领域的生产和进货计划、销售领域的客户服务和库存控制,与供应链整体进行集成与协调,实现与上下游柔性与稳定的衔接关系。同时也意味着现代物流需要与商流、信息流、资金流进行集成化管理,以实现整个供应链的计划和运作活动的协调。

六、融合化

产业融合是指由于技术的进步和放松规制,在具有一定的技术与产品的替代性或关联性的产业间的产业边界和交叉处发生技术融合,或为了提供更好的产品和服务而发生在各个产业间的技术上和管理上的合作,使传统的产业边界模糊化或消失的现象。

随着经济的发展、科学技术进步,大规模生产、大批量消费使物流的规模日趋庞大,分立的物流产业已经不能适应经济发展的要求。新技术、新产业、新业态和新模式的不断出现,使得现代物流的内涵不断得到丰富和延伸,传统物流活动面临变革,物流与产业、科技的融合日趋深化。自20世纪90年代起,运输业、仓储业和邮政业呈现出技术融合、业务融合、产业融合的大趋势,形成现代物流产业。信息技术与传统物流技术相互融合,形成物流信息技术。现代物流高度依赖于数据、信息的采集、分析、处理和及时更新能力,条码技术、射频技术、网络技术、EDI(电子数据交换)技术等存在于整个物流过程中,正是由于这些信息技术的渗透而产生了现代物流业。现代物流与农业、制造业、商贸流通以及金融的跨界融合不断深化,如即时物流与智能化生产方式的高效融合、物流金融服务的快速发展、大宗商品交易与物流一体模式的应用等。现代物流的内涵和边界将不断得到延伸和丰富,进而进一步拓展市场空间。

复习思考题

1. 什么是物流?请结合物流的产生和发展过程,谈一谈你对物流的理解。
2. 阐述物流的作用、价值以及分类。
3. 谈一谈现代物流是如何从一种人类活动逐渐形成一门学科的。现代物流学科有哪些特点?
4. 现阶段,物流发展已经进入数字物流时代,试分析数字技术对物流产生了哪些深远的影响和变革?
5. 国家层面对物流业的定位是"基础性、战略性、先导性"产业,试着谈一谈对物流业这一定位的理解。
6. 请结合自己的生活实际,谈一谈物流的最新发展趋势。

第二章　物流系统论

第一节　物流系统

一、系统概念

系统是由两个或两个以上相互区别并相互联系的要素,为了达到一定的目的,以一定方式组合起来而形成的整体。要素之间的相互联系、组合方式及其时空关系的内在表现形式称之为系统的结构。系统的结构决定系统的功能,系统的功能是其结构的反映和体现。现实存在的系统大都是开放的,利用系统的边界与外部环境分隔开来,通过交换物质、能量、信息等与外部环境相互联系、相互作用、相互影响。

根据系统的定义,可归纳出系统的以下特性:

(1)组成性。系统由两个或两个以上的要素组成,根据系统的不同,系统的要素可以是世界上的任何事物,如物质、现象、概念等。如果只有一个要素,这个要素本身就是一个系统,它是由更小的要素组成的系统。物流系统是由运输、储存、配送、包装、装卸搬运、流通加工、信息服务等要素组成,其中运输系统又是由铁路、公路、水路、航空和管道等要素组成。

(2)层次性。要素和系统处于不同的层次,系统包含要素,要素是系统的组成部分,要素是相对于它所处的系统而言的。一个系统总是隶属于其他更大的系统,前者就是后者的一个要素。要素也可称作子系统,是隶属于系统的系统。如物流系统包含运输系统、储存系统等,所以物流系统的层次高于运输系统、储存系统。

(3)边界性。系统和要素都有明确的边界,由于要素包含于系统之中,所以要素的边界小于系统的边界。同时,系统内不同的要素可能会产生边界交叉,但是不能完全重合,都有各自不同的边界。

(4)相关性。系统、要素和环境是相互联系、相互作用、相互依存和相互制约的,没有联系的要素不可能组成系统。

(5)目的性。要素的结合是为了达到特定的目的,不同要素的结合、相同要素的不同结合其目的可能都不相同,但它们都是为了满足特定的目的才按照特定的方式结合起来的。

(6)整体性。系统是一个整体,系统的整体性主要表现为系统的整体功能,通过要素的各种组合形成多种新功能,概括的表述就是"整体大于部分之和"。

二、物流系统内涵

物流过程中许多相互关联的个体组成的集合,称为物流系统。从"系统论"的角度研究物流,是现代物流学的开端和发展基础。物流系统是指经济活动中包装、运输、储存、装卸搬运、流通加工、配送、信息处理等诸多要素相互联系、相互制约、相互结合、共同组成的一个有机整体,是为了实现提高物流系统效率和降低物流总成本而使多种功能要素按要求进行集成的复合体。

物流系统由输入、处理(转化)、输出、限制(制约)、反馈等构成。尽管物流系统及其各要素在不同时间和环境条件下的目的往往不同,具体的输入、转化、输出也有不同内容,但物流系统的模式基本相同,如图2-1所示。

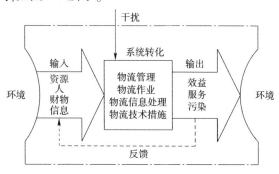

图2-1 物流系统的模式

1. 输入

输入是通过提供资金、能源、设备、劳力等手段对某一系统发生作用,统称为外部环境对物流系统的输入,具体包括资源(土地、设施、设备)、人、财物和信息。

2. 处理(转化)

处理是指物流本身的转化过程。从输入到输出之间所进行的生产、供应、销售、服务等环节中的物流业务活动称为物流系统的处理或转化,具体包括管理工作和各项物流活动,如运输、储存、包装、装卸、搬运、信息处理等。

3. 输出

物流系统输出就是物流服务,包括组织竞争优势、时间和空间效用以及物资(原材料、在制品、制成品)向客户的有效移动。物流系统处理过程的物流活动,是增值性经济活动,又是增加成本、增加环境处理过程的物流活动。

4. 限制(制约)

外部环境对物流系统施加一定的约束称之为外部环境对物流系统的限制和干扰,具体包括能源和资金与生产能力的限制、价格影响下的需求变化、仓库容量、装卸与运输的能力、政策变化等。

5. 反馈

物流系统在把输入转化为输出的过程中,由于受系统各种因素的限制,不能按原计划实现,需要把输出结果返回给输入,进行调整,即使按原计划实现,也要把信息返回,以对工作作出评价,这称为信息反馈。信息反馈活动包括各种物流活动分析报告、各种统计数据、市场动态等信息。

三、物流系统特征

物流本身是一个复杂而庞大的系统。它具有一般系统共有的性质,即组成性、层次性、边界性、相关性、目的性、整体性。同时，物流系统作为现代科技和现代观念的产物，还具有一些自身的特点。

1. 基础性

物流贯穿一二三产业，衔接生产与消费，涉及领域广、发展潜力大、带动作用强，而物流系统是现代科技与现代观念结合的最佳产物，在国民经济发展中不可或缺，是产业发展壮大的基础条件。发展现代物流对于提高国民经济运行的质量和效益，优化资源配置，改善投资环境，促进企业结构调整，提高我国经济实力，具有十分重要的意义。

2. 时空性

物流系统是一个大跨度系统，反映在两个方面：一是地域跨度大；二是时间跨度大，即时空的跨度大。随着国际分工的不断发展，国际企业间的交往越来越频繁，提供大时空跨度的物流活动将会成为物流企业的主要任务。物流系统的大跨度使管理难度较大，对信息的依赖程度高。

3. 动态性

物流系统是一个稳定性较差而动态性较强的系统。其与生产系统的一个重大区别在于：生产系统按固定的产品、固定的生产方式，连续或不连续地生产，很少发生变化，系统稳定时间较长；而物流系统是连接多个生产企业和用户的系统，受到社会生产和社会需求的广泛制约，随需求、供应、价格、渠道的变动，运行经常变化，难以长期稳定。为使物流系统更好地运行以适应不断变化的社会环境，必须对其进行不断的修改和完善，有时甚至需要重新设计整个物流系统。

4. 可分性

在整个社会再生产中，物流系统是流通系统的一个子系统。而物流系统本身又可以再细分为若干个相互联系的子系统，系统与子系统之间、各个子系统之间都存在着总的目标、总的费用、总的效果以及时间、空间、资源利用等方面的相互联系。对特定物流系统所分子系统的多少和层次的阶数，是随着人们对物流系统的认识和研究的深入而不断扩充的。

5. 复杂性

物流系统构成要素的复杂性带来了物流系统的复杂性。物流系统的对象是物质产品，品种繁多、数量庞大。既包括生产资料、生活资料，也包括废旧及废弃物品，涵盖了全社会的物质资源。此外，物流系统各个子系统之间存在着普遍的复杂联系，各要素关系也较为复杂。物流系统中许多要素原来是其他系统的组成部分，因此往往较多地受原系统的影响和制约，而不能完全按物流系统的要求运行，对要素的处理稍有不慎，就会出现系统总体恶化的结果。

6. 背反性

"效益背反"是指两种行为目的对于同一种资源会产生两种不同的结果时，为了更好地完成其中一种目的，而可能需要对另一种目的的完成作出部分牺牲。这种行为目的间的关系，就是"效益背反关系"。物流系统的要素间存在非常强的"背反"现象，改变物流系统的任一要素，都会影响到其他要素，系统中任一要素的增益都将对系统其他要素产生减损作用。因此，解决物流系统的效益背反问题，既是物流系统管理的困难所在，也是现代物流管理的精华所在。

四、物流系统目标

物流系统的总目标是通过物资空间位置的转移,为整个社会经济的发展和国民经济的运行创造顺畅的、有效的、低成本的物流条件,其所需要达到的具体目标主要包括以下几个方面。

1. 服务目标

物流系统连接生产与再生产、生产与消费,是社会流通系统的一部分,是连接生产与消费的纽带和桥梁,有很强的服务性。无论运输、储存还是包装、装卸、搬运、流通加工等,都必须以顾客满意为首要目标。快速及时是服务性的延伸,也是商品流通对物流提出的要求。从社会再生产角度看,整个社会再生产循环的效率,取决于每一个环节。社会再生产循环的速度决定了社会经济发展的速度,物流速度不仅是顾客的需要,更是社会发展进步的要求。随着客户需求的不断升级,物流企业须通过开发新技术、新服务项目来创新服务方式。

2. 成本目标

即有效地利用资源、时间和空间的目标,将运输、存储等相关物流要素的可变成本降到最低,通常要评价各备选的行动方案。例如,在不同的仓库位置中进行选择或者在不同的运输方式中进行选择,服务水平保持不变,找出成本最低的方案,实现利润最大化。扩大物流规模也是成本目标的体现,在物流领域以分散或集中等不同方式建立物流系统,研究物流集约化的程度,采用大型船舶和大型运输工具,推行集装箱、集中库存来实现降低成本的目标。

3. 投资目标

即减少资本投入,使物流系统的投资最小化,实现投资回报的最大化。例如,为避免进行存储而直接将产品送达客户,放弃自有仓库选择公共仓库,选择适时供给的办法而不采用储备库存的方法,或者是利用第三方供应商提供物流服务。与需要高额投资的战略相比,这些办法可能导致成本的增加,但投资回报率能够得到一定的提高。

4. 绿色目标

绿色物流是现代物流可持续发展的必然选择,其以降低对环境的污染、减少资源消耗为目标,充分利用物流资源,采用先进物流技术规划和实施运输、储存、包装、装卸、搬运、流通加工等物流活动,同时与绿色生产、绿色营销、绿色消费等绿色经济活动紧密衔接。通过集约资源、绿色运输、绿色仓储、绿色包装、废弃物物流等方法来节约成本,减少污染,实现可持续发展。

第二节 物流系统要素

一、一般要素

1. 劳动者要素

劳动者要素是所有系统的核心要素、第一要素。提高劳动者的素质,是建立一个合理化的物流系统并使它有效运转的根本。

2. 资本要素

物流活动,实际上也是资金的运动过程,同时,物流服务本身也需要以货币为媒介,物流系统建设更是资本投入的一大领域,离开资金这一要素,物流系统的建设便不可能实现。

3. 物的要素

物流系统的活动对象,即各种实物,包括劳动工具、劳动手段,如各种物流设施、工具和各种原材料、成品、半成品等。

4. 信息要素

物流系统所需要处理的信息,即物流信息,包括输入物流活动的信息和物流活动产生的信息。

二、物质要素

1. 物流设施

物流设施要素是组织物流系统运行的基础物质条件。其包括物流站、场,物流中心、仓库,物流枢纽,物流线路,铁路港口等。

2. 物流装备

物流装备要素是保证物流运行的物质条件。物流装备是实现各物流功能要素的手段,包括仓库货架、进出库设备、加工设备、运输设备、装卸机械等。

3. 信息技术及网络

信息技术及网络要素是掌握、传递和处理物流信息的手段,在现代物流系统的支持要素中,其地位越来越重要。不同的物流系统选择不同的物流信息技术,包括计算机技术、网络技术、信息分类编码技术、条码技术、射频识别技术、电子数据交换技术、北斗卫星导航系统(BDS)、全球定位系统(GPS)、地理信息系统(GIS)、智能技术等。

三、功能要素

一般认为,物流的功能构成主要有运输、储存、配送、包装、装卸搬运、流通加工和信息服务。一个完整的物流活动,由上述七项具体的功能要素按需要优化组合来完成。对物流的基本能力按照不同的需要进行合理的组合,就可以发挥出物流的能力,通过物流能力的发挥最终完成物流的使命。

1. 运输

运输功能要素被认为是物流的主要功能要素。在没有形成现代物流系统的观念之前,运输所包含的范畴实际是物流的大部分。在现代企业和供应链的结构之中,运输子系统成为企业生产的物流子系统和供应链的子系统。运输功能要素的活动包括供应及销售物流中的车、船、飞机等方式的运输,生产物流中的搬运、管道、传送带等方式的运输。对运输这一项功能要素的优化,是选择技术经济效果最好的运输联运方式,合理确定运输路线,以实现安全、迅速、准时、价廉的要求。

2. 储存

传统经济中,储存往往与运输这项功能要素处于同等重要的地位。现代物流系统中,物流系统特别强调"流"的能力,而尽量减少储存保管活动及其带来的消耗,保管常常变成减损物流效益的主要原因。所以,储存保管功能要素的地位迅速下降。保管包括堆存、保管、检验、维护等活动。对保管活动的要求是确定库存数量,明确仓库在物流系统中的功能是以流通为主还是以储备为主;确定保管制度和流程,对库存物品采取有区别的管理方式,力求提高保管效率、降低损耗、加速物资和资金的周转。

3. 配送

配送是物流进入最终阶段,以配货、送货形式最终完成社会物流并最终实现资源配置和对用户服务的活动。长期以来,配送一直被看成是一种运输形式,并作为运输中的末端运输被对待。但配送作为一种现代流通方式,集经营、服务、集中库存、分拣、装卸搬运于一身,已不是单单一种送货运输所能包含的。配送功能要求是整个物流系统服务能力的集中体现,这在现代经济中是非常重要的。其作为独立功能要素,成为现代物流系统中一个非常重要的子系统,也是现代物流的一个非常重要的创新。

4. 包装

包装这项功能要素包括产品的出厂包装,生产过程中在制品、半成品的包装,以及在物流过程中换装、分装、再包装等活动。对于生产这个大系统来讲,包装是处于末端的子系统;对于物流这个大系统来讲,包装是起始端的子系统。地位不同,目标也有差别。实现包装,要确定是商业包装还是工业包装,要全面考虑包装对产品的作用及废包装的回收处理等因素。还要根据物流的经济效果,具体决定包装材料强度、尺寸及包装方式。

5. 装卸搬运

装卸搬运功能要素包括对输送、保管、包装、流通加工等物流活动进行衔接以及在物流过程的具体活动中,为衔接各项操作需要配合的装卸搬运活动,如检验维护过程中所进行的装卸搬运活动。在物流过程中装卸搬运是频繁发生的,因而不但消耗劳动,而且还是产品损坏的重要原因。对这一功能要素,主要是确定最恰当的装卸搬运方式,力求减少次数,合理配置及使用机具,以做到节能省力、减少损失、加快速度,获得较好的经济效果。

6. 流通加工

流通加工是流通过程的辅助加工活动。这种加工活动不仅存在于社会流通过程,也存在于企业内部的流通过程中,是现代物流系统中的一项创新的功能要素,有着增值的积极因素。生产企业和流通企业为了弥补生产中加工程度的不足,更有效地满足需求,更好地衔接产需,往往需要进行这种加工活动。

7. 信息服务

信息服务功能要素是现代物流系统的灵魂和基础,贯穿于所有物流系统和每一项具体活动之中,是物流现代化的标志。现代信息服务包括物流信息技术、物流信息系统等,通过对物流各要素的合理组织和高效利用,降低物流成本,实现对物流信息的有效控制和管理,从而产生经济效益。物流信息服务功能要素是物流系统取胜的关键。

四、支撑要素

1. 体制、制度

物流的体制、制度决定物流系统的结构、组织、领导、管理方式。从宏观层面看,长期的计划经济体制使我国的物流业发展滞后,随着市场经济体制的建立,国家通过优化产业结构、调整布局和深化体制改革,能够使物流业初步建立起适应社会物资流通需要的社会化、专业化服务体系。从微观层面看,物流企业的发展壮大离不开一套完善的、有效的管理制度,制度的严肃性、合理性、科学性能够保证物流企业向预定的方向发展。

　　2. 法律、规章

　　国家有关物流的法律法规,直接影响着物流系统的设计和布置。法律、规章一方面限制和规范物流系统的活动,使之与更大的系统协调,另一方面给予保障。除综合法律外,在联运、集装箱、铁路等方面均有专业法规来保障物流系统的顺畅运行。同时,出于安全考虑,法规约束物流系统的部分活动,如车辆超载、危险品运输等方面。

　　3. 标准体系

　　物流标准体系是保证物流协调运行,保证物流系统与其他系统在技术上实现联结、强化国际国内对接的重要支撑条件。因此,需要把物流视为一个大系统,制订系统内部设施、机械装备的相关标准,包括专用工具等的技术标准和包装、仓储、装卸、运输等各类作业标准,以及作为现代物流突出特征的物流信息标准,并形成全国以及和国际接轨的标准化体系。

　　4. 物流人才

　　物流人才是物流系统发展的重要基础。现代物流的综合性很强,涉及的学科有管理学、运输学、经济学、社会学、工程技术、计算机科学等,所以物流人才必须能够解决物流中经济、管理、工程、信息、技术等方面的问题,掌握这些学科知识又能将其应用于现代物流实践的专业人才,需要通过教育体系来培养,以适应现代物流发展的需要。

第三节　物流系统要素冲突

　　物流系统要素之间的联系是物流系统的重要组成部分,联系是冲突,也是协同。从冲突方面来看,物流系统的功能要素之间、要素内部、要素外部都存在目标冲突,被称为物流"效益背反"。系统要素间"效益背反"现象是物流系统的重要特征之一,具体指在物流系统中,对于不同的物流要素,一个功能要素的优化和利益增加的同时,必然会存在另一个或者几个功能要素的利益损失。

一、要素之间的目标冲突

　　物流系统的功能要素之间存在目标冲突。物流系统的基本功能要素包括运输、储存、包装、配送、装卸搬运、流通加工和物流信息服务,这些功能要素独立存在时,各自的目标之间存在相互冲突的地方。

　　物流系统中运输功能的主要目标之一是降低运费。从运输的角度看,为了降低运费,企业在运输组织中经常采用以下方法:在制订运输方案时,尽量采用整车发运来节约运费,因为整车发运的运费远低于零担;尽量采用比较便宜的运输方式,其中铁路较公路来说更加便宜;按照铁路运价中"递远递减"的原则,在长途运输中,对于时效性要求不高的商品,一般采用火车运输而不采用公路或者其他的运输方式,以便节约运费。以上降低运费的措施往往会造成库存成本的增加,因为它们会导致收货人一次收货数量的增加,收货的间隔期延长,在途运输时间延长,进而导致收货企业库存水平提高、货主的在途库存增加,最终收货企业的库存成本增加。

物流系统中储存功能的主要目标之一是降低库存水平。从储存的角度看,为降低库存水平,企业可能会采取以下方法:降低每次收货的数量,增加收货次数,缩短收货周期;宁可紧急订货,也不提前大批量订货。以上降低库存水平的对策会导致运输成本的增加,因为供货部门实行"小批量、多批次、短周期"的及时送货模式,运输的经济规模无法达到,导致运输成本增加。

从以上分析可知,企业的运输目标与储存目标是冲突的。但运输与储存是企业物流系统整体的两个重要组成部分,运输和储存的冲突是运输要素与储存要素的一种联系,在物流系统尚未形成时,它们都在追求着各自的目标,它们的目标一直在发生冲突,显然,它们的目标是无法简单达到的,必须在建立物流系统时通过系统集成来调和。表2-1可说明物流系统的目标及其要素目标之间的联系。

物流系统要素目标之间的典型冲突　　　　　　表2-1

要素	主要目标	采取的方法	可能导致的结果	可能造成对其他要素的影响
运输	运费最低	批量运输、干线运输、整车运输	1. 交货期集中、交货批量大; 2. 待运期长; 3. 运费降低	1. 在途库存增加; 2. 平均库存增加; 3. 末端加工费用高; 4. 包装费用高
储存	1. 储存量最低; 2. 库存费用最低	1. 缩短进货周期; 2. 降低进货量、增加进货次数; 3. 在接近消费者的地方建立仓库; 4. 增加信息沟通	1. 紧急进货增加; 2. 送货更加小批量; 3. 储存地点分散; 4. 库存量降低,库存费用降低	1. 无计划配送增加; 2. 配送规模更小; 3. 配送地点更分散; 4. 配送、装卸搬运、流通加工和物流信息成本增加
包装	1. 破损最少; 2. 包装成本最小	1. 物流包装材料强度高; 2. 扩大内装容量; 3. 按照特定商品需要确定包装材料和方式; 4. 物流包装容器功能更多	1. 包装容器占用过多空间和质量; 2. 包装材料费增加; 3. 包装容器的回收费用增加; 4. 包装容器不通用; 5. 商品破损降低但包装费增加	1. 包装容器耗用的运输费用和仓储费用增加; 2. 运输车辆和仓库的利用率下降; 3. 装卸搬运费用增加
装卸搬运	1. 降低装卸搬运费用; 2. 加快装卸速度	1. 使用人力节约装卸搬运成本; 2. 提高装卸搬运速度,"抢装抢卸"	1. 装卸搬运效率低; 2. 商品破损率高; 3. 节省装卸搬运费用	1. 待运期延长; 2. 运输工具和仓库的利用率降低; 3. 商品的在途和在库损耗增加; 4. 包装费用增加
流通加工	1. 满足销售要求; 2. 降低流通加工费用	1. 流通加工作业越来越多; 2. 节约加工成本,采用简陋设备	1. 在途储存和在库储存增加; 2. 增加装卸环节; 3. 商品重复包装	1. 商品库存费增加; 2. 装卸搬运费增加; 3. 商品包装费增加

续上表

要素	主要目标	采取的方法	可能导致的结果	可能造成对其他要素的影响
信息服务	1.简化业务； 2.提高透明度	1.建立计算机网络； 2.增加信息处理设备； 3.采用各种物流信息技术； 4.增加信息采集点	1.增加信息处理费； 2.方便业务运作； 3.提高客户服务； 4.信息安全性和可靠性影响系统运作安全	—

二、要素内部的目标冲突

物流系统要素内部也存在类似的冲突。按照系统的特性，物流系统的要素都是物流系统的子系统，也可以作为系统来分析。如物流系统的功能要素之间存在目标冲突，其任何一个功能要素内部也存在着类似的目标冲突。

货物从出发地到目的地，通常可以采用公路、铁路等运输方式，也可以将几种运输方式进行组合，不同的货物种类可以采取不同的运输方式。以降低运输成本为主要目标时，需要在铁路、公路运输中选择。铁路运输能力大，运输成本低，且能够提供全天候运输，但铁路部门手续复杂，运作机制缺乏灵活性，同时两端需要公路运输配套，增加了装卸搬运的环节和成本，使得铁路的待运期增加。公路运输机动灵活，速度较快，在途时间短，但货物破损的风险大于铁路运输，且距离超过1000km时，公路运输的成本远大于铁路。对铁路与公路两种运输方式进行比较可知，在方便、快捷、经济等特性上，采用不同运输方式所能达到的目标是不同的、矛盾的。任何运输方式都有其能够实现的特定的目标和优势。

不同的运输方式之间广泛存在目标冲突。公路运输与铁路运输之间、公路运输与航空运输之间，在物流系统的其他要素内部的要素之间也存在类似的问题。每一个系统内部更低层次的系统都有各自独特的目标，如果让这些系统单独运行，在同一层次的系统之间的目标就会产生矛盾和冲突。因此，在分析物流系统要素之间的联系时，应该用这种思路去分析物流系统同一层次的子系统或者要素之间的目标冲突，这就是物流系统内部要素之间的联系。这种目标的冲突就使得用户为了达到一个特定的目标而在选择运输方式时有取舍，认识到这种目标的冲突有助于用户进行选择。

三、要素外部的目标冲突

物流系统与环境之间的目标发生冲突。当物流系统本身也是一个更大系统的低一层次的子系统时，物流系统就要与外部系统发生联系，这就是物流系统与环境的联系。而构成物流系统环境的就是那些与物流系统处在同一层次的子系统。物流系统有物流系统的目标，环境中其他系统都与物流系统一样，有着特定的目标，这些目标之间的冲突也是普遍存在的，物流系统以这种方式同环境中的其他系统发生联系。

制造企业的物流系统与生产系统、销售系统存在普遍的目标冲突。在制造企业中，物流系统是与生产系统、销售系统等系统并列的一个系统，它们都是公司在经营系统中的要素或者子系统。生产系统、销售系统和物流系统都有许多各自的目标，这些目标之间存在冲突，生产系统的目标和销售系统的目标还可能会形成对物流系统目标的夹击。日本通运综合研究所对此进行了研究,他们认为:"在以往的企业组织中,只是分别单独担负物流的某一方面的责任。任何一个部门的负责人也没有对全部物流活动承担管理责任。物流的各种因素包含在市场销售、财务、会计以及制造等各种活动之中。而且各部门管理人员的各自的目的,往往发生矛盾。"这些矛盾见表2-2。

制造企业内部不同系统之间关于物流目标的冲突　　　　表2-2

要素	市场营销部门	财务会计部门	生产部门
流通管理的责任	规划和管理流通渠道	订单账务处理	制造、供应
	提供客户服务	—	入库、保管
	在库商品的保管与养护	在库商品核算	运输
流通管理的目的	增加在库商品量以保证销售	减少在库商品以降低成本	—
	少量商品的频繁出库		大量成品出库
	迅速处理订单	订单的审核与付款保证	
	迅速发货		批量发货以降低运费
	在销售地设立仓库	减少仓库数量和库存量	在工厂建立仓库

当认识到企业内部不同系统的矛盾后,日本通运综合研究所建议制造企业将分散在生产、销售和财务部门的物流管理职能集中起来,成立一个与生产、销售和财务并列的物流管理部,将各部门之间的物流矛盾进行统一解决,由物流管理部门与生产、销售和财务部门进行目标的协调和权衡。实际上,日本的制造企业从20世纪70年代初就开始普遍实施这项建议,引入物流管理部后,将物流与生产、销售和财务的目标冲突集中起来,放在整个公司利益的高度进行协调和权衡,可以找到对整个公司有利而不仅仅是对物流或者生产、销售、财务会计有利的解决方案。到20世纪末,世界上的跨国制造公司基本上都有物流部,负责解决物流和其他部门的目标冲突。需要注意的是,物流与其他子系统的目标冲突不能在物流或者生产销售、财务会计这一个层次解决,而必须在整个公司的层次才能解决。物流系统要素之间的目标冲突不能在这个层次得到协调,而必须在比要素高一个层次的系统才能解决。

第四节　物流系统要素集成

一、物流要素集成内涵

集成理论是20世纪90年代出现的一种新的管理哲理和方法,其核心思想是重新审视在管理领域占统治地位的分工思想,而以集成管理的思想取而代之。集成理论不是绝对无分工,而是以集成群为核心,适度分工。物流集成就是要将分散的、各自为政的要素集中起来,形成一个新的整体,以发挥单个要素不可能发挥的功能,集成已经成为物流发展的一种趋势。

物流集成不是由同一个资本拥有物流系统的所有要素,而是由一个起领导作用的资本或要素将物流系统需要的其他资本或要素联合起来,形成一个要素紧密联系的物流系统,这些要素之间就像是在一个完整的系统内部一样互相协调和配合。物流集成在专业化分工的基础上进行,一个集成的物流系统由专业化的物流要素组成。

在物流要素集成过程中,应注意物流各要素间的二律背反关系。这一现象的存在,是物流领域中内部矛盾的反映和表现,往往导致整个物流系统的效率低下,最终会损害物流系统中各个功能要素的利益。因此,物流集成要调整各个要素之间的矛盾,以集成目标为核心,使各要素有机联系起来形成一个整体,通过调和总成本最小、顾客服务最好、总库存最少等之间的冲突,降低物流中二律背反的负面影响,实现物流系统的整体最优化。

二、物流集成动机

企业进行物流要素集成的动机是多种多样的,主要可归纳为以下 6 点。

1. 传统储运业的转型发展

我国的传统储运业都在向现代物流业转型。传统储运业按照功能要素进行运作和管理,既不能满足现代生产、销售及消费的要求,也无法实现物流服务与物流成本的系统优化。因此,传统储运需要向现代物流转型,现代物流将传统储运的功能要素作为一个整体考虑,为了实现物流整体优化,需要对这些要素进行集成。

2. 物流系统要素协调和合作

物流系统要素间存在冲突,如果不进行调整,则无法实现系统的整体最优,造成资源浪费。因此,物流系统要素间需要协调与合作,将它们相互冲突的目标调整为一致,使得各要素的目标服从于系统的目标,实现利益最大化。例如,将企业的运输要素与储存要素进行集成时,把"运输费用最小"和"储存费用最小"的要素目标调整为"物流总成本最小",以实现整体最优。

3. 物流系统要素运作效率提升

有些企业拥有大量的物流资源要素,却存在着严重的物流资源运作效率问题,这并不完全是由于组织庞大导致内部交易成本过大而出现效率问题,而是由于物流要素不是以整体和系统的方式运作,导致物流要素分散、分割而出现的运作效率问题。系统内部要素之间缺乏统一规划、合作和协调,使用内部资源并不比使用外部资源更经济。

4. 市场需求的快速变化

随着全球经济、信息技术的快速发展与人们消费水平和消费理念的变化,物流市场的需求已从原来的"少品种、大批量、少批次、长周期"转变为"多品种、小批量、多批次、短周期",要求流通的时间越来越短,对物流服务质量的要求越来越高,传统的物流方式已经无法满足现代物流的需求。为了在动态变化及复杂的市场竞争环境下生存与发展,企业需要通过物流集成来整合有限的可支配资源,以适应市场的快速变化。

5. 新一代信息技术发展

以互联网、物联网、大数据、云计算、人工智能、5G 等现代信息技术为代表的新一代信息技术迅速发展,物流作为应用最为广泛的领域之一,依托信息技术的物流系统集成已成为趋势,无接触配送、智能仓、网络货运平台等物流集成的产物不断涌现。例如,网络货运平台集成了物流的信息要素、运输功能要素及物质要素,是连接托运人、平台运营人、实际承运人、驾驶员的纽带。

6. 现代流通体系建设

在社会再生产过程中,流通效率和生产效率均为提高国民经济总体运行效率的重要手段,都需要高效的现代流通体系作为支撑。现代流通体系包括流通运行体系、保障体系与规制体系。物流系统作为现代流通体系的重要组成部分,需要对物流全链条的各个环节进行集成,打造高效率的物流体系,建设现代流通体系。

三、物流集成主体

物流集成主体是物流集成过程中的主动者,担当决策者、促进者、管理者和执行者等角色。物流集成主体的作用表现在政府、企业等物流管理领域中。企业作为物流集成的实施主体时,可划分为不同类型的物流商,如集成物流商、功能物流商以及制造商、销售商等。

集成物流商是可以为客户提供一体化物流服务的物流商,其所集成和运用的资源可以是来自自身的资源,也可以是通过资源整合获得的。功能物流商是可以为客户提供运输或仓储等单一功能为主的物流商,集成物流商可以为功能物流商提供资源。制造商是指以制造过程为主的企业,是第三方物流企业的主要客户,制造商可以通过物流业务外包方式实现其所需集成物流服务,也可以企业物流方式运作自身物流业务。销售商是指以销售过程为主的商贸企业,商贸企业可通过供应商或物流商提供的物流服务功能,将销售商品送到客户手上。

物流集成主体掌握物流信息,具有对物流系统要素集成方案进行设计、规划的能力和对物流要素集成过程进行协调和控制的能力,是推动物流要素集成的主要力量。

四、物流集成模式

物流集成模式是指在集成过程中,物流集成主体与其他物流集成客体之间互相联系的方式,反映了物流集成体内集成要素之间的功能、物质、信息、资源的关系,具体包括互补型集成、互惠型集成、协同型集成、生态型集成。

1. 互补型集成

构成物流集成过程的双方、多方物流企业内物流要素通过集成方式可以形成取长补短的模式。当某物流企业的集成要素的优势恰好是另一个物流企业的集成要素的劣势时,不同要素性质或数量互补,成为物流集成要素形成物流集成系统的条件。所以它主要是集成要素间,以功能或优势互补为基础形成的一种物流集成关系。

2. 互惠型集成

构成物流集成过程的双方、多方物流企业内物流要素通过集成方式可以形成共享集成利益的模式。以某种物质为介质,以需求和供给为主要方式建立集成关系,使集成要素能更好地实现自身的功能。资源共享是互惠型集成的一种表现,在不同企业之间进行的横向一体化,即在不改变要素产权关系的情况下,将企业各自拥有的物流资源向物流要素集成者开放并与其他要素的所有者开展物流业务合作,共同利用这些资源。例如,菜鸟物流在全国各地建设仓库与配送中心,并与多家快递公司合作,在数据的基础上对货物物流进行指挥分配,实现高效配送,实现物流资源要素共享的同时也实现了资源与其他物流要素的集成。

3. 协同型集成

物流企业能够通过恰当的集成方式取得倍增效应。不同物流企业为改善各自的功能,不同集成要素经过聚合、重组而形成的相互交融、协同一致的集成关系称为协同型集成。例如,建立战略联盟,物流系统中有许多专用性资产,如专门处理某一类商品的车辆、配送中心、仓库、信息系统等,这些要素分属于许多不同的所有者,它们可以通过互相投资、参股、签订长期的战略联盟协议等方式建立供应链而实现集成。

4. 生态型集成

从供应链角度看,企业通过全链条高效集成,能够形成和谐、相互依存、可持续发展的运作环境,称为生态型集成。企业粗放经营和单打独斗的竞争模式逐渐被淘汰,用供应链管理的思维去构建供应链生态圈是经济发展、提升竞争力的必然通道。企业将协同供应链上下游企业,在采购、研发设计、生产制造、物流等方面分工协作,快速响应客户需求,同时向协同研发、分包设计、方案诊断、仓储物流、技术培训等提供专业服务以及增值服务,促进供应链生态圈的可视化和智能化。

从平台经济角度看,通过物流运力交易平台、网络货运平台、供应链公共服务平台等,整合资源,集聚上下游企业,提供数字物流基础设施及服务、智能供应链解决方案,也可称作生态型集成。通过网络平台,能够实现物流需求方、供应方之间的智能精准匹配与线上物流交易以及物流全程的高效运作与管理,构建聚合供应链上下游企业商品贸易、物流、支付结算等功能的一体化物流体系。

复习思考题

1. 什么是系统?系统的特点是什么?有哪些分类方法?
2. 什么是物流系统?其特征和目标是什么?
3. 物流系统有哪些组成要素?这些要素的内容和功能是什么?
4. 物流系统要素之间的冲突和集成关系是怎样的?试举例说明,物流要素间的"效益背反"现象。

第三章 运 输

【导入案例】
马士基航运是全球最大的集装箱运输公司,运输网络遍及六大洲,截至2021年3月,公司集装箱船队规模为713艘,运力达413万标准箱,占世界集装箱航运市场的17%。2020年,马士基宣布进行进一步的战略整合,不但将萨非航运品牌并入马士基,还将丹马士的空运和拼箱业务与马士基物流与服务产品整合,作为其"门到门"业务的补充。至此,马士基已经迎来在"门到门"业务发展上的新阶段。

班轮业发展海陆多式联运已经多年,主要班轮公司均有各自的多式联运网络。然而,班轮公司发展"门到门"业务,则需要覆盖区域更广且更有保障的内陆运输系统。从目前的情况看,班轮公司普遍加强由驳船、火车和货车运输体系组成的内陆运输系统,以满足更多样化的"门到门"业务需求。在印度,马士基与老牌公路货运公司Blackbuck合作进入市场,这是马士基在全球范围内发展海陆联运体系的典型案例。除了货车运输,马士基同时使用驳船和火车运输作为内陆系统的主要运输方式。从马士基在典型国家的内陆物流中心可选用的运输方式来看,马士基已在内陆运输系统上进行了较为合理的布局。在中国,马士基已经形成以驳船和货车运输为主,以火车运输作为补充的运输系统;在美国,马士基的火车与货车运输体系更完善,驳船运输系统则为补充;在荷兰,驳船与货车运输体系网络覆盖全面,火车运输体系视为补充。

第一节 运输概述

一、运输的概念

广义而言,运输是人和物的载运及输送,是指人或货物借助运输工具和运输基础设施在空间上产生的位置移动。在物流活动中,物流专指"物"的物理运动,不包括"人",所以,本书中运输的概念是指利用载运工具、设施设备及人力等运力资源,使货物在较大空间上产生位置移动的活动。

搬运活动同样使物体产生位置移动,运输与搬运的区别在于,运输是大跨度、大范围的移动活动,而搬运是在同一空间范围内的移动活动。

二、运输的地位和作用

1. 运输是物流的核心功能要素

物流是"物"的物理运动,这种运动不但改变了物的时间状态,也改变了物的空间状态。而运输承担了改变空间状态的主要任务,它是改变空间状态的主要手段,运输再配以搬运、配送等活动,就完成了改变空间状态的全部任务。运输衔接产品的生产地到商品的消费地,从原材料的供应、加工、储存、组装、销售到产品送至用户手中,整个过程都要靠运输来完成。

2. 运输影响着物流的其他构成要素

运输在物流过程中还影响着物流的其他环节。选择的运输方式决定装运货物的包装要求;使用不同类型的运输工具决定其配套使用的装卸搬运设备以及接收和发运站台的设计;企业库存储备量的大小,直接受运输效率的影响,发达的运输系统能比较适量、快速和可靠地补充库存,以降低必要的储备水平。

3. 运输促进了区域分工和生产销售

不同国家和地区的资源禀赋、产业基础等存在较大差异,一定程度限制了相关原材料的获取和产品生产。运输使得不同地区之间能够高效便捷地交换生产资料和产品,大大促进了区域分工。运输使生产企业所需原材料不再受空间范围的限制。运输的发展使得上游产品的可获性增强,不论是原材料、能源,还是产成品、中间产品,都能够方便快速地得到满足。各地集中生产优势产品,既提高了生产效率,又保证了产品的优质性与多样性。运输也使得产成品的市场销售范围不断扩大,需求的扩大又进一步提高了生产规模。

4. 运输费用是物流费用中的决定因素

在物流过程中,运输所消耗的资源越多,运输费用在全部物流费用中所占的比例就越高,综合分析计算社会物流费用,一般而言运输费用在物流总费用中的占比约为45%,部分产品的运输费用甚至高于产品的生产成本。运输的规模化、集约化能够降低原料和产成品的物流成本,高效运输又能够提高原材料的送达效率,减少待工停产,因此,也将进一步降低生产成本和销售成本。所以,运输费用的降低,对于提高物流经济效益和社会效益都起着重要的作用。

第二节 运 输 方 式

一、按运输工具类型分类

按照运输工具类型划分,可以分为公路运输、铁路运输、水路运输、航空运输和管道运输五种方式。

1. 公路运输

公路运输是指使用汽车在公路上进行货物运输的一种运输方式。公路运输主要承担近距离、小批量的货运,以及水路、铁路难以到达地区的长途、大批量货运。其主要优点是灵活便捷,公路建设期短、投资较低,对收到站设施要求不高,可以支持"门到门"服务,不需转运或反复装卸,可作为其他运输方式的衔接手段。公路运输的经济半径一般为200km,大型汽车货运的经济半径可以达到500km,甚至更长。

公路运输按照车辆装载的货物形态分为整车运输和零担运输。

1) 整车运输

整车运输(又称包车运输)是指以一辆或多辆货车运输同一位发货人的同一批货物,不经中途装卸,直接送达指定地点,快速、安全、门到门的运输方式。整车运输一般不需要中间环节或中间环节很少,送达时间短、相应的货运集散成本较低。

2）零担运输

零担运输是指当一批货物的质量或容积不够装一车的货物（不够整车运输条件）时，与其他几批甚至上百批货物共享一辆货车的运输方式。零担货运灵活机动、方便简捷，适合数量小、品种杂、批量多的货物运输。由于零担运输需要等待进行整车发运，速度较慢。为克服这一缺点，已发展出定线路、定时间的零担班车模式，也可利用汽车运输的灵活性，发展上门服务的零担送货运输，如日本大量使用的"宅配便"等就属于这种形式。

2. 铁路运输

铁路运输是利用铁路设施、设备运送货物的一种运输方式，在国际货运中的地位仅次于海洋运输。铁路是国民经济的大动脉，铁路运输是现代化运业业的主要运输方式之一，主要承担长距离、大数量的货运，在没有水运条件地区，几乎所有大批量货物都是依靠铁路。其优点是速度快，运输不受自然条件限制，载运量大，运输成本较低。从成本看，铁路运输费用比公路少1/4。从环保看，铁路、公路单位周转量能耗比约为1:5，高铁、飞机能耗比约为1:7。其主要缺点是灵活性差，只能在固定线路上实现运输，需要与其他运输手段配合和衔接才能实现比较大范围的覆盖。铁路运输经济里程一般为200～500km。

图3-1　铁路运输方式

铁路运输按照列车装载的货物形态和运行范围，可分为铁路整车运输、集装箱专列运输、高铁快运、大陆桥运输、跨境班列等，如图3-1所示。

1）铁路整车运输

铁路整车运输是指需用一辆铁路货车装载的一批托运货物的运输，是铁路货物运输的主要种类之一。整车货运量在铁路总货运量中所占比重最大。铁路整车运输对货物种类没有特别限制，而下列货物除须按集装箱运输外，还应按整车运输办理：

（1）需要冷藏、保温、加温运输的货物。

（2）规定按整车运输的危险货物（装入铁路批准使用爆炸品保险箱运输的除外）。

（3）易于污染其他货物的污秽品（经过卫生处理不致污秽其他货物的除外）。

2）铁路集装箱专列运输

铁路集装箱专列运输是铁路主要运输方式之一，是在站与站间或站与港间进行的集装箱快速运输。这种运输形式对于提高运输质量、减少货损货差、加快集装箱货运速度及集装箱周转速度、加快港口的集疏运输有很大作用。符合集装箱运输条件的货物是以贵重、易碎、怕湿货物为主的"适箱货物"，而易损坏污染箱体的货物、鲜活货物以及危险货物则不能使用集装箱运输。

3）高铁快运

高铁快运主要是利用高铁列车，提供高时效、"门到门"全程运送的高端快运快递服务。高铁运输快件不受交通堵塞、航空管制等因素影响，除极端天气外，高铁快递准点率极高。因此，高铁（快铁）运输可同时满足时效和运能的要求，并具有成本低、准时、绿色低碳、安全稳定等优势，对货物的种类限制也较少。从时效看，铁路货运的特快班列时速为120～160km，能满足1200km内的时效要求；高铁时速为200～350km，能满足2000km内的中长距离高时效运输需求。

高铁快运是伴随高速铁路网络不断完善、快件时效性要求不断提高而出现的一种铁路运输新业态。目前,高铁快运主要有两种方式。一是电商班列,主要是铁路运输企业为快递企业定制的班列,车型选择上延续了行邮专列;其具有跨区域优势,基本可以实现主要经济区域之间货物自由、大量、快速流通。二是高铁快递,主要采用高铁确认车、预留车厢、图定列车、货运动车组等方式运输或捎带运送;主要枢纽场站间公交化的开行频率保证了当日达、次日达等快递业务需求,同时还具备高附加值优势,不断满足客户个性化、多样化的需求,如图3-2所示。

图3-2　高铁快运方式

4)跨境铁路班列

跨境运输在国际物流中起着至关重要的作用,21世纪以来,跨境运输企业已逐步走向产业化、集约化、信息化、现代化。目前,我国的跨境班列发展迅速,已经有中欧班列、中越班列等不同班列开通运行,尤其中欧班列运行日趋繁荣。

在开通中欧班列之前,出口欧洲的货物一般通过海运与空运。海运价格低,但时间长;空运时效迅速,但价格昂贵。中欧班列的出现刚好弥补了这两个短板,整合了资源促进了国际贸易的发展。除了普通进出口货物,目前还可以通过中欧班列开展跨境电商、快件、邮件的运输业务。中欧班列以其独特的物流优势、强大的运输体系,为稳定全球产业链供应链、促进世界经济复苏提供了动能。

3. 水路运输

水路运输又称为船舶运输,是利用船舶运载工具在水路上的运输,简称水运。水运主要承担大数量、长距离的运输,是在干线运输中起主力作用的运输形式。河流是天然的航线,它的运量大、运行成本低、所需投资较少。一般来说,水运成本是铁路运输的1/2,是公路的1/3左右。水运具有能耗省、运量大、安全性高、对环境影响小等特点,与其他运输方式相比,水运是最可持续发展的资源节约型、环境友好型的低碳绿色运输方式。水上运输最节能,一条5000t级船舶的运力,相当于100节火车皮或者250辆20t级货车的运能。其缺点主要是运输速度慢,受港口、水位、季节、气候影响较大。

水运按船舶航行区域的不同,可分为以下形式:

1)内河运输

内河运输是使用船舶在陆地内的江、河、湖、川等水道进行运输的一种方式。内河运输是水运的重要组成部分,是连接内陆腹地和沿海地区的纽带,在运输和集散进出口货物中起着重要的作用。因此,内河运输不仅是古代运输的主要手段,而且在交通工具现代化的今天,也占有重要的地位。例如,德国水运占货运总量的比例高达25%,鹿特丹港进口总量中有多达36%的物资依靠内河水运送往欧洲各个内陆城市,一条莱茵河的运力相当于19条德国铁路的总和;一条密西西比河的水运量顶得上20条美国铁路的总和;长江是我国最长的内河,运输量在国内河运输中高居第一,京杭大运河,是世界上里程最长、工程最大、最古老的运河之一,一向为历代漕运要道,对南北方的经济和文化交流曾起到重大作用。如图3-3所示为内河运输码头。

图3-3　内河运输码头

2) 沿海运输

沿海运输是通过大陆附近沿海航道运送货物的一种方式,沿海运输的运输范围围绕着国家本土海域。沿海运输可为远洋运输集散货物。海运企业的船只在近海上运行,往来于国内各沿海港口之间进行货物运输,一般使用中小型船舶。沿海运输有两种表现形式,一是国内贸易货物在一国港口之间的运输,如货物在大连港、天津港和上海港之间的运输;二是国际贸易货物在一国港口之间发生的二次运输,如从神户运往旧金山的货物,在神户装船,运到横滨港卸船,再装上其他船舶运往旧金山,构成沿海运输。

3) 近洋运输

近洋运输是指船只航程较短,与其他国家或地区间,只经过沿海或本国邻洋的部分水域的海上运送。如我国至日本、朝鲜、韩国、东南亚等地区进行的货物运送。

4) 远洋运输

远洋运输是跨大洋的长途运输形式,是指以船舶为工具,从事本国(或地区)港口与外国港口之间或者完全从事外国港口之间的货物和旅客的运输,即国(或地区)与国(或地区)之间的海洋运输,或者称为国际航运,主要依靠运量大的大型船舶。

水路运输按商品分类包装情况,可分为散装(无包装)、集装箱、滚装运输等。集装箱运输和散货运输是我国水路运输的主要形式。

4. 航空运输

航空运输是根据航空港(飞机场)的起降条件,利用飞机作为运载工具进行运输的一种方式。航空运输具有速度快、时效性强、安全性高等特点,但由于飞机机舱容积和载质量都比较小,运载成本和运价比地面运输高,且由于飞行受气象条件限制,其正常、准点性易受影响。航空运输比较适宜于500km以上,以及对时效要求高的贵重物品、鲜活货物和精密仪器运输。目前,在世界范围内,航空运输都处在高速增长阶段。尤其是随着快递业的增长,航空快递也以更快速、安全可靠的优势得到了迅速发展。

1) 按照航线区域可分为国际航空货运和国内航空货运

国际航空货运包含班机运输和包机运输。

(1) 班机运输就是指具备固定不动起飞时间、航道、考虑站、目的港和停车站的飞机场。

它一般是客货双用飞机场,载货量小,运输费依据销售市场转变相对性很大。而因为固定不动的航行时间,分配运送急缺的产品对顾客是有益的。也有一些大中型国际航空公司在一些航道上经营按时货运物流飞机航班,并应用全运输机运送。班机运输可分成客运航班和货运航班。

(2)包机运输是指国际航空公司依据承诺的标准和利率将整架飞机场转租给一家或几个包机价格营运商,并将货品从一个或几个航空站运输到特定的到达站。包机运输适用大宗货物运送,花费小于按时飞机航班。

2)按照载货方式可分为客机腹舱运输和全货机运输

(1)客机腹舱运输是我国航空货运的主要运输方式,客机一般是客货双用飞机,一般在主舱配用旅客,在下舱配用货品。因而,客舱容积小,所运输的货品主要是中小型散称货品,如一般运载行李物品、邮包物品以及小批量货物等,不能接收大批量货物。而全货机能接收大批量、大件(超长、超高、超重)的货物。

(2)全货机运输是全货机主舱和下舱均用以运输货品。其飞机场编号有英文字母"F"。全运输机一般被设计为集装箱机器设备型的客舱,在飞机客舱底端设定滚轮及固定不动系统软件,能够放置集装箱板和海运集装箱。客机对安全的要求更高,很多危险品只能用货机运输,不能用客机运输。目前快递领域的全货机发展迅速,尤其在跨境电商方面,航空是最有效、最快捷的方式。

5. 管道运输

管道运输是利用封闭的管道,通过一定的压力差来完成长距离输送液体和气体物资的运输方式。目前管道运输已成为陆上油、气的主要运输方式。

管道运输与其他运输方式的重要区别在于,作为运输工具的管道设备是静止不动的。它是一种连续工程,采用密封设备,运输系统不存在空载行程,可省去水运或陆运的中转环节,缩短运输周期,降低运输成本,提高运输效率。在运输过程中,管道运输可避免散失、丢失等损失,且运输能力强,适合运量大且连续不断运送的物资。发达国家采用管道运输石油,每吨千米的能耗小于铁路的1/7,在大量运输时的运输成本与水运接近,因此在无水条件下,采用管道运输是一种最为节能的运输方式。

但管道运输不能随意扩展管线,实现"门到门"的运输服务,常常需要与铁路、水路和汽车运输配合才能完成全程运输。

五种运输方式的优缺点及适用条件见表3-1。

五种运输方式的优缺点及适用条件　　　　　　　表3-1

运输方式	优 点	缺 点	适用条件
公路	1. 可以进行"门到门"的连续运输; 2. 灵活机动、集散速度快,适用性强; 3. 原始投资少	1. 运载工具小,单位运量耗能较大; 2. 运输费用较高; 3. 环境污染严重; 4. 安全性较差	1. 近距离中、小批量的货物运输; 2. 对运输时间要求较高的货物运输; 3. 独立运输作业; 4. 补充和衔接其他运输环节; 5. 平均运距为300km左右

续上表

运输方式	优 点	缺 点	适 用 条 件
铁路	1. 运能大,中长途货运成本低,牵引力大; 2. 运输速度快; 3. 不受气候和季节的影响,正点率高; 4. 能耗小、对环境污染小; 5. 安全性好	1. 初始投资大,建设周期长; 2. 只能在固定路线上运输,机动性差; 3. 受轨道线路限制,灵活性较差	1. 中长距离货物运输; 2. 大宗货物; 3. 运输负担能力较低的货物; 4. 平均运距为300~1000km
水路	1. 航道通过能力限制少,单位运量大; 2. 能耗少,运输成本低廉	1. 运输速度慢; 2. 受自然条件影响大; 3. 航班少,可获得性差; 4. 受航道等条件的限制,使用范围窄	1. 长距离的干线运输; 2. 大宗和散装货物以及集装箱运输; 3. 国际间货物运输; 4. 平均运距为1500km左右
航空	1. 高速直达性好; 2. 灵活性好; 3. 安全性、舒适性好; 4. 基建周期短投资少; 5. 货损少	1. 运价高,运输成本大; 2. 飞机机舱容积和载质量都比较小; 3. 受天气影响较大,准时性和准点性差,起降场地有限制; 4. 对驾驶员和工作人员要求高	1. 鲜活易腐货物; 2. 附加值高,运输承担能力强的货物; 3. 紧急需要的物资; 4. 适合长距离运输
管道	1. 运量大; 2. 能耗低,运费低廉; 3. 安全性较好; 4. 环境污染小; 5. 投资省、占地少; 6. 受地理条件限制少,受气候环境影响小,可连续运输	1. 运送速度慢; 2. 运输过程中容易出现渗漏等情况; 3. 对技术要求较高	1. 原油、成品油; 2. 天然气; 3. 矿浆、煤浆及其他大量流体货物

案例3-1

上海港位于我国大陆东海岸的中部、"黄金水道"长江与沿海运输通道构成的T字形水运网络的交汇点,前通我国南、北沿海和世界各大洋,后贯长江流域、江浙皖内河及太湖水系。上海港是我国集装箱航线最多、航班最密、覆盖面最广的港口,2021年集装箱吞吐量突破4700万标准箱,连续12年世界第一。近年来,上海港打造国际航运中心,加快推动内河与沿海港航资源整合,通过建立通关一体化合作模式,逐步形成合理分工、相互协作的世界级港口群。2015年6月,上港集团与苏州太仓港创新开发"沪太通"模式,即将太仓港作为上海港的港口延伸,建立沪太二点合一的通关模式。"沪太通"模式下货物经太仓海关放行后由"太仓快航"驳船直接运至上海港洋山深水港区换装母船出海。"沪太通"模式既简化了出口手续,又压缩了通关时间,更节省了物流费用,从而吸引了许多企业把由陆路直运洋山港改为从太仓港中转洋山港出运。经测算,弃陆改水后,每标准箱货物可以节省200~400元,抵运及时率达100%。"沪太通"模式后,上港集团近年来加速推进上海港内陆集装箱场站(Inland container terminal,ICT)物流项目,集装箱进入ICT就视同进入上海港,ICT业务通过衔接"一键式"+"一站式"线上与线下融合的信息系统服务平台,将上海港的港口综合服务前置延伸到货源腹地,大大降低了客户成本,提高了综合物流效率。目前已经覆盖苏州、无锡、南通海安等长三角多个内陆城市。

二、按运输的范畴分类

按运输线路的范围分类,运输可以分为干线运输、支线运输。

1. 干线运输

干线运输是指利用运输网络中的主干线路进行大批量、长距离的运输,是长距离运输的一种重要形式,可分为公路干线、航空干线、铁运干线、海运干线等。干线运输因为其运输距离长、运力集中,使得大量的货物能够迅速地进行大跨度的位移,长期以来是我国运输的主要形式。

按分布的区域范围划分,一般跨越省(区、市)的运输线(包括铁路线、内河航线、沿海航线、航空线以及公路线等)所完成的运输为干线运输;省(区、市)范围内运输线上所完成的运输为支线运输。按运输方式划分,一般铁路线、内河干流航道、沿海航线、跨省(区、市)公路线以及国际航空线和国内特大城市间的航空线上的客货运输为干线运输;其余运输线上完成的运输为支线运输。

在干线运输中,专线运输是一种特殊形态。专线运输是一种点对点、国家对地区、国家对国家的一种固定路线的运输方式。例如,国内专线有深圳到南京专线、深圳到重庆专线、深圳到山东专线等;国际专线有日本专线,专注从我国运送货物抵达日本。除此之外,还有美国专线、加拿大专线、墨西哥专线、巴西专线、欧洲专线等。

2. 支线运输

支线运输是相对于干线运输来说的,是在干线运输的基础上,能对干线运输起辅助作用的运输形式。支线运输作为运输干线与收发货地点之间的补充,主要承担运输供应链中从供应商到运输干线上的集结站点,以及从干线上的集结站点到配送站点的运输任务。例如,京哈线(北京—哈尔滨)、京广线(北京—广州)是我国南北交通的最主要干线,与其相连的沈大铁路(沈阳—大连)、石太铁路(石家庄—太原)等铁路相对来说可以是其相对的支线。当然,干线与支线都是相对而言的,从近距离看,在一个省内,或相近的省份,这两条路线又可以被看成是运输干线。一般来讲,支线路程相对于干线短,运输量也小,同时支线的建设水平也低于干线,相应的运输工具也相对差一些,所以运输速度相对较慢,相等距离周转时间可能会更长,但这是运输合理布局的必要要求。

总的来说,物流运输中的干线是主要运输环节,支线是干线的补充,两者共同构成全程运输服务。

第三节 运 输 组 织

一、运输组织方式

运输组织是指进行货物运输货流组织及管理。物流视角下的运输组织方式有直达运输、"门到门"运输、中转运输、甩挂运输、多式联运等,其中较有特点的方式有甩挂运输和多式联运。

1. 直达运输

货物由发运地到接收地,采用同一种运输方式,中途不需要中转的运输组织方式。

2. "门到门"运输

承运人在托运人指定的地点收取货物,负责将货物运抵收货人指定地点的一种运输服务方式。

3. 中转运输

货物由发运地到接收地,中途经过至少一次落地、换装、铁路解编或公路甩挂的运输组织方式。

4. 甩挂运输

甩挂运输用牵引车拖带挂车至物流节点,将挂车甩下后,牵引另一挂车继续作业的运输组织方式。

5. 多式联运

货物由一种运载单元装载,通过两种或两种以上运输方式连续运输,并进行相关运输物流辅助作业的运输活动。

二、甩挂运输

1. 概述

甩挂运输(Drop and Pull Transport)是指用牵引车拖带挂车至物流节点,将挂车甩下后,牵引另一挂车继续作业的运输组织方式。即带有动力的机动车将随车拖带的承载装置,包括半挂车、全挂车甚至货车底盘上的货箱甩留在目的地后,再拖带其他装满货物的装置返回原地,或者驶向新的地点。

与传统运输方式相比,甩挂运输具有明显优势:一是减少装卸等待时间,加速牵引车周转,提高运输效率和劳动生产率;二是减少车辆空驶和无效运输,降低能耗和废气排放;三是节省货物仓储设施,方便货主,减少物流成本;四是便于组织水路滚装运输、铁路驮背运输等多式联运,促进综合运输的发展。

2. 甩挂运输组织模式

开展甩挂运输的根本目的是减少牵引车在装卸环节的等待时间,从而增加牵引车运行的时间效率,提高车辆运输生产率。因此,运输企业会根据业务需求,以运输效率最高、效益最大化为目标,合理有效地设计甩挂运输方案。在实际运输中,甩挂运输可采用以下几种组织形式。

1)基本型甩挂运输组织模式

(1)"一线两点"模式。

"一线两点"模式是指牵引车往复运行于两个装卸点之间,车辆在线路一端或两端装卸作业地点实行甩挂作业,在装卸作业地各预先配备一定数量的周转挂车。牵引车进行运输作业时,装卸点对预先放置的挂车进行装卸作业,确保牵引车到达后无需等待就能开始下一阶段的运输任务,如图3-4所示。

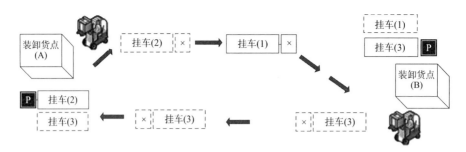

图 3-4 "一线两点"甩挂运输组织模式

该模式适用于运输需求量大且稳定,货流相对平衡的短途往复式运输线路。甩挂站点主要布置在货源需求相对集中的区域。该模式对站场要求不高,需要有满足牵引车摘挂、换挂、转弯的场地。

(2)"一线多点"模式。

"一线多点"模式是指甩挂运输在一条线路多个甩挂运输节点之间展开。牵引车可始终只牵引单辆重挂,为前后节点进行沿途甩挂;也可以按照"远装前挂、近装后挂"原则编挂汽车列车,在途经往返线路的各站点时增减挂车,进行甩挂运输,如图3-5所示。该模式适用于装货(卸货)地点集中,卸货(装货)地点分散,货源比较稳定的运输线路。

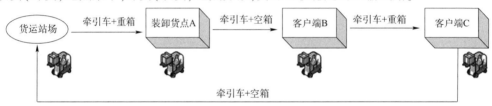

图 3-5 "一线多点"甩挂运输组织模式

(3)"一点多线"模式。

"一点多线"模式也称为"客户端甩挂",是指以一个货运站场为中心,辐射周边小型甩挂作业点的模式,在线路两端进行甩挂,其运输一般为单向(一般为驶向货运场站的空驶,驶向甩挂作业点的为满载),如图3-6所示。

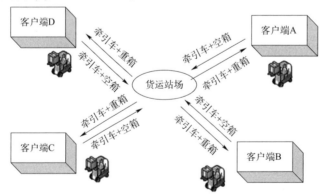

图 3-6 "一点多线"甩挂运输组织模式

"客户端甩挂"适用于大型货运站场与周边分布的制造业企业之间运送产成品或原材料,也可以是将大型生产基地的产成品运往周边分散仓库。该模式可以很好地弥补生产企业库存不足的情况,同时以箱带库配合及时生产,降低企业仓储成本,提高运输效率。

2)循环型甩挂运输组织模式

循环型甩挂是指牵引车从起点出发后经过线路中多个甩挂作业点后重新回到起点的甩挂运输过程,如图3-7所示。这种模式的实质是用循环调度的办法来组织封闭回路上的甩挂运输过程,它不仅能够提高运载能力、压缩装卸作业时间,而且能够有效提高里程利用率。但由于涉及面广,其运输组织工作甚为复杂,一方面要满足循环调度的基本要求,另一方面还要选择运量较大且货流稳定的市场,同时也要有适宜于组织甩挂运输场站的设施和设备。

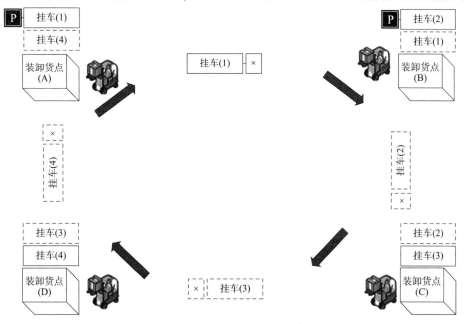

图3-7 循环型甩挂运输组织模式

3)网络型甩挂运输组织模式

网络型甩挂运输组织模式是目前组织化程度最高的甩挂运输模式,通过利用先进的信息系统,依靠现有的干线运输网络,合理布局多个甩挂场站,实现在多个甩挂站点之间高效率的运输作业。

以全国性网络甩挂运输为例,网络中各甩挂运输节点将货物集揽至临近的大型物流枢纽,物流枢纽依据货种、货运目的地等条件对货物进行重新分类预装。而遍布全国的高速路网将各地物流枢纽联结起来形成运输网络,保证甩挂运输顺利进行。

4)特殊型甩挂运输组织模式

(1)集装箱甩挂模式。

集装箱甩挂模式是在集装箱运输过程中采用甩挂作业的方式,表现形式有"甩挂"和"甩箱"及两者相结合的方式,主要应用于港口或内陆无水港周边。无水港辐射链接各个分散的进出口企业,在无水港和企业之间开展短驳甩挂运输,利用内陆的优势,有效汇集区域内出口集装箱运输资源,从而保障无水港与港口间的干线运输。

"甩箱"是一种比"甩挂"更加经济高效的运输模式。两者的原理相似,不同点在于,甩箱运输是交换箱体,所使用的箱子有四条"支腿",可脱离车辆底盘,独立放在装卸货区;甩箱运输一般为载货车(底盘),利用车辆上的气囊悬架或气囊举升装置进行箱体的装卸,通过集装箱角件、旋锁,将箱体与运输车辆相连接并固定。其优势在于交换箱体的使用,比甩挂更方便,有效缩短交换作业时间;箱体可以作为"中间仓库",减少了无效搬运及处理场地的压力;一辆运输车一般配置3~4个箱体,可以减少设备购置费用。

(2)多式联运甩挂模式。

多式联运甩挂模式是依托铁路、港口等多式联运枢纽节点,围绕公铁、公水联运,开展与铁路、水运对接的集疏运甩挂,其甩挂组织主要是"一线两点"甩挂作业。从甩挂形态看主要呈现以铁路、港口等为核心的一点多线的放射状分布,其具体表现形式是滚装甩挂运输、铁路驮背甩挂运输。

滚装甩挂运输是专门运输半挂车的水陆联运方式,即由牵引车将半挂车牵引上滚装车后,牵引车与挂车脱离,由滚装车将挂车运输至目的港,再由目的港的牵引车将船上挂车牵引至最终目的地。铁路驮背运输的原理与滚装甩挂运输相同,只是中间过程使用的是专用铁路平板车。

案例 3-2

Z物流企业在长三角、珠三角、西南地区建立了18个甩挂运输站场,开发了"一线两点"甩挂、网络型甩挂和多式联运甩挂等甩挂运输模式。企业在传统"一线两点"甩挂的基础上,不断扩大甩挂区域,在长三角—珠三角—西南地区区域之间循环发车,开拓三大区域间网络型甩挂运输组织模式。将深圳至常州的甩挂运输线路"分割"成多段,设计了一张以南昌为中心节点,深圳布吉、深圳宝安、江苏常州、江苏苏州为区域节点的放射型甩挂运输干线网络,结合以深圳、常州为区域节点的短途甩挂运输网络,形成了长三角—珠三角分段网络型甩挂运输网络。同时,开通"常州—广州""常州—东莞"公铁联运班列,大力发展多式联运甩挂和干支衔接甩挂模式。干线甩挂(长途)负责点到点,支线运输(短途)负责点到门或门到点,各网点之间通过专业化分工,锁定服务范围、行车路线与工作流程。

三、多式联运

1. 概述

《联合国国际货物多式联运公约》对国际多式联运所下的定义是:按照多式联运合同,以至少两种不同的运输方式,由多式联运经营人将货物从一国(或地区)境内接管货物的地点运到另一国(或地区)境内指定交付货物的地点。国家标准《物流术语》(GB/T 18354—2021)定义多式联运为:货物由一种运载单元装载,通过两种或两种以上运输方式连续运输,并进行相关运输物流辅助作业的运输活动。《中华人民共和国海商法》对于国内多式联运的规定是:必须有一种方式是海运。

与单一运输方式相比,多式联运具有以下特点:

(1)根据多式联运的合同进行操作,运输全程中至少使用两种运输方式,而且是不同方式的连续运输。

(2)多式联运的货物主要是集装箱货物,具有集装箱运输的特点。

(3)多式联运是一票到底,实行单一运费率的运输。发货人只要订立一份合同,一次付费,一次保险,通过一张单证即可完成全程运输。

（4）多式联运是不同方式的综合组织,全程运输均是由多式联运经营人(MTO)组织完成的。无论涉及几种运输方式,分为几个运输区段,由多式联运经营人对货运全程负责。

多式联运流程如图3-8所示。

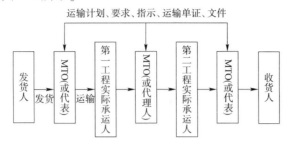

图3-8　多式联运流程图

2. 多式联运的要素

多式联运要素主要包括经营人、承运人、联运规则、站场、运载单元、载具、转运设备、信息系统共八要素。

（1）多式联运经营人。多式联运经营人是指与托运人签订多式联运合同并对运输过程承担全部责任的合同主体。国际多式联运活动中,只有多式联运经营人才有权签发多式联运提单,并且负责赔偿在整个联合运输过程中任何地方所发生的货物灭失或者损坏。由于国内运输并没有"多式联运提单"的概念,因此内贸多式联运并不需要严格意义上的多式联运经营人。多式联运经营人主要集中在外贸多式联运领域,并且主要是国际集装箱多式联运。

（2）多式联运承运人。多式联运承运人是指以运送货物或组织货物或承诺运送货物为主营业务并收取运费的人。多式联运承运人又可以分为实际承运人和缔约承运人,实际承运人是指实际从事货物运输或者部分运输的承运人;缔约承运人是指以明示或者默示方式承担运输责任的承运人。

（3）多式联运规则。多式联运规则是关于多式联运中的货物运输组织与管理、参与人的权利和义务、经营人的赔偿责任及期间、定价机制和违约处理、运输单证的内容和法律效力等方面的协议、标准或规范。多式联运规则是多式联运运作的核心。

（4）多式联运站场。多式联运站场是货物在各种运输方式之间转运的实际发生地。多式联运站场既可以是铁路集装箱中心站、港口码头、公路货运站,也可以依托堆场或者仓库等设施。站场设施衔接要无缝化,不同运输方式的路网要全面互联互通,关键是枢纽站场及其集疏运体系要实现无缝衔接,尽量减少转运中的无效或低效短驳。

（5）标准化运载单元。运载单元/货运车型的标准化,主要指国际标准集装箱、可脱卸箱体(swap-body)、厢式半挂车(semi-trailer),也包括物流台车(笼车)、集装袋等。

（6）多式联运专用载运机具。载运机具要标准化并有通用性,主要包括铁路集装箱平车、厢式半挂车平车;整车货车或半挂车专用滚装船舶;铁路商品车运输专用车辆;公铁两用半挂车及其转换架等。

（7）转运设施装备。多式联运转运设施和装备是实现多式联运运作机械化的重要条件,实现高效的多式联运所必需的转运设施装备包括但不限于龙门吊、桥吊、集装箱堆高机、叉车、托盘等。

（8）多式联运信息系统。跨运输方式的信息交换共享和互联互通是多式联运运作的重要基础条件。多式联运信息平台通过整合不同运输方式的信息以及建立跨地区跨部门跨主体信息共享机制，实现信息互联互通及数据共享。通过多式联运信息系统，可以实现货物跨运输方式、全程的实时追踪和在线查询。

3. 多式联运的组织方式

1）按照运载工具的类型

按照运载工具的不同，多式联运公铁联运常用箱驮运输（集装箱、可脱卸箱体）、驮背运输（半挂车）、公铁滚装运输（整车）；铁水联运常用集装箱联运、滚装联运（铁路上船）；公水联运常用集装箱联运、滚装联运（整车、半挂车）；空陆联运常用集装箱运输（航空箱）、卡板运输等。其中，驮背运输和滚装运输的应用最为广泛。

（1）驮背运输。

驮背运输是一种公路和铁路联合的运输方式，指货运汽车或集装箱直接开上火车货物车厢运输，到达目的地再从货物车厢开下。该运输方式运用于铁路运输领域，在北美和欧洲已经十分普遍。驮背运输在实际运作中主要有以下三种形式：拖车与挂车、挂车列车、铁公路。图3-9所示为欧洲半挂车驮背运输。

图3-9 欧洲半挂车驮背运输

①拖车与挂车。货物装在挂车里，用拖车运到火车站。在火车站，挂车被运上火车的平板车箱，拖车则与挂车分离。在目的地车站，再使用拖车将挂车拖运到收货人的仓库。

②挂车列车。挂车列车是一种公路和铁路两用的挂车，这种公铁两用挂车在公路上用自己的轮子挂在公路拖车后面行驶，到达火车站时，将其在公路上行驶时使用的轮子收起来，放上火车轮架，就可以在铁轨上行驶。到达目的地后，又可以还原成公路运输工具，用公路拖车将其运到客户的仓库。

③铁公路。所谓"铁公路"就是自己有动力，能够行驶和自动装货的火车车厢，它不需要机车、吊车和转辙装置，而是自带一套独特的装货设备。由于"铁公路"的出现，铁路公司已能直接进行"门到门"运输，而不必依赖于货车。在一定公里运距以内，"铁公路"系统比公路系统更优越，因为它不但可靠，而且费用低。

（2）滚装运输。

滚装运输在近海、内河、陆岛得到大力推广。滚装运输是基于运输过程中的装卸作业要克服重力因素的问题而产生的，指利用叉车、半挂车或载货汽车承载货物，将货物连同车辆一起开上滚装船,到达目的地之后再从船上开下的运输组织形式。一般机动车作为一个运输单元,由托运人驾驶直接驶上或驶离船舶,采用两种票据,客/车同渡完成客/车运输过程,从而实现客、车、货三位一体同步运输过程。在内海、海湾、海峡和沿海岛屿间的短途水运中,滚装运输通常具有明显的竞争优势。图3-10所示为欧洲滚装运输。

a)欧洲公铁滚装运输

b)欧洲半挂车公水滚装运输

c)欧洲铁路商品车滚装运输

图3-10 欧洲滚装运输

欧美等发达国家在驮背运输、滚装运输领域发展较为成熟,已经成为多式联运领域重要的组成部分。我国目前仍处于起步发展阶段,缺乏专用船舶、专用码头等设施,尤其是半挂车货滚船,滚装运输潜力远未充分挖掘。

2) 按照运输方式衔接的方式

(1) 空铁联运。

空铁联运指航空运输与铁路运输之间协作的一种联合运输方式。由于航空和普通铁路在运输对象上具有较大的差异性,因此,现阶段空铁联运主要应用于客运领域。伴随高速铁路网络覆盖度的提高,一些高附加值、对时效性要求高的货物的空铁联运成为可能。

传统的空铁联运组织模式包含两类,一类是直接衔接模式,即机坪装载区与高铁站台装卸区相互融合,在机场内进行货物装卸中转;另一类是间接衔接模式,即机场与铁路站场分离,经公路运输接驳。直接衔接是最为理想的,但也是难度最大和成本最高的,需要根据机场轨道交通的特性来确定衔接模式。具体而言,机场货运区引入铁路支线的模式包括以下三类:

①直达式。即高铁货运铁路线的机场站点设置在机场货运大楼的地下,货物在卸下后可通过地下转运通道直接上升进入机场货运大楼。

②邻近式。即高铁货运铁路线的机场站点位于机场货运区外,距离机场货运区较远,货物在机场高铁站台卸下后换装货运汽车由公路转运进入机场货运区。

③接驳式。即高铁货运铁路线的机场站点与空铁联运中心相连,货物在站台卸下后,通

过汽车运输方式将货物从空铁联运中心运至机场货运区内部。

（2）海陆联运。

海陆联运是海运与铁路、公路运输无缝衔接的一种联运方式，是国际多式联运的主要组织形式。大陆桥运输是目前国际海陆联运最主要的形式。

大陆桥运输是陆运与海运的结合体，陆路运输部分一般采用铁路集装箱专列，连接大陆两端的海港，使铁路与海运集装箱运输结合的一种运输方式。国际上主要的三条大陆桥运输通道为西伯利亚大陆桥、北美大陆桥、新亚欧大陆桥。其中，新亚欧大陆桥是目前大陆桥运输最主要的通道。

新亚欧大陆桥，又名"第二亚欧大陆桥"，是指东起中国连云港、西至荷兰鹿特丹的国际化铁路干线，全长10900km。其中，我国国内部分为陇海兰新线。大陆桥在我国途经山东、江苏、安徽、河南、陕西、甘肃、青海、新疆8个省、自治区，65个地、市、州的430多个县、市，到中哈边界的阿拉山口出国境。

新亚欧大陆桥运输比西伯利亚大陆桥运输有着较大的优势。第一，它使亚欧之间的货运距离比西伯利亚大陆桥缩短得更为显著，从日本、韩国至欧洲，通过新亚欧大陆桥，水陆全程仅为12000km，比经苏伊士河少8000多km，比经巴拿马运河少11000多km，比绕道好望角少15000多km。第二，它使东亚与中亚、西亚的货运距离大幅度减少。日本神户、韩国釜山等港至中亚的哈萨克、乌兹别克、吉尔吉斯、塔吉克、土库曼5个国家和西亚的伊朗、阿富汗，通过西伯利亚大陆桥和新亚欧大陆桥，海上距离相近，陆上距离相差很大。例如，到达伊朗、德黑兰，走西西伯利亚大陆桥，陆上距离达到13322km，走新亚欧大陆桥，陆上只有9977km，两者相差3345km，到达中亚的阿雷西，走西伯利亚大陆桥，陆上是8600km，走新亚欧大陆桥，陆上距离只有5862km，相差2774km。第三，由于运距的缩短，它在运输时间和运费上将比西伯利亚大陆桥又有所减少，更有利于同海运的竞争。第四，它的东端桥头堡自然条件好，位置适中，气候温和，一年四季可不间断地作业。

（3）海空联运。

海空联运又被称为空桥运输。在运输组织方式上，空桥运输与陆桥运输有所不同。陆桥运输在整个货运过程中使用的是同一个集装箱，不用换装，而空桥运输的货物通常要在航空港换入航空集装箱。采用这种运输方式，运输时间比全程海运少，运输费用比全程空运便宜。目前，全球市场采用海空联运的主要包括加拿大航空、美国大陆航空、俄罗斯航空公司等大型航空公司。国际海空联运线主要有：

①远东——欧洲：远东与欧洲间的航线有以温哥华、西雅图、洛杉矶为中转地，也有以中国香港、曼谷、海参崴为中转地，还有以旧金山、新加坡为中转地。

②远东——中南美：近年来，远东至中南美的海空联运发展较快，因为此处港口和内陆运输不稳定，所以对海空运输的需求很大。该联运线以迈阿密、洛杉矶、温哥华为中转地。

③远东——中近东、非洲、澳洲：这是以中国香港、曼谷为中转地中近东、非洲的运输服务。在特殊情况下，还有经马赛至非洲、经曼谷至印度、经中国香港至澳洲等联运线，但这些线路货运量较小。

3）按照集装箱联运范围

集装箱多式联运是一种以集装箱为运输单元，将不同的运输方式有机组合在一起，构成连续的、综合性的一体化货物运输。该方式在物流全程无需进行箱内货物倒换,从而实现线路之间的有效衔接。它能够使不同运输方式的优势得到充分发挥,实现不同运输工具之间的协作运输。集装箱联运主要有一般集装箱联运和国际集装箱联运两种方式。

(1)一般集装箱联运。一般集装箱联运是指仅在干线运输区段采用几种运输方式的联合协作运输,而在干线运输的首尾两端仍采用一般的运输方式,对接取以及送达运输用单独的手续进行业务的办理。这种联运方式无法实现"门到门"运输,但当运距很长时,仍能充分发挥集装箱的优势,且在不同的运输方式之间可以利用集装箱以及专门的装卸搬运设施实现箱体快速有效的转换,无需采用传统的装卸搬运方法进行货物的换装。

(2)国际集装箱联运。国际集装箱联运是指按照国际集装箱多式联运合同,以至少两种不同的运输方式,由多式联运经营人将国际集装箱从一国(或地区)境内接管的地点运至另一国(或地区)境内指定交付的地点。国际集装箱联运主要有"门到门"的集装箱联运和大陆桥集装箱联运两种形式。

案例 3-3

连云港是新亚欧大陆桥东方桥头堡和我国沿海经济带的节点门户城市,是中亚国家向东的最佳出海口,是沟通中亚和日韩、东南亚的关键节点,是海陆交汇的战略要地。2014 年 5 月 19 日,中哈物流基地在中哈两国元首的共同见证下正式启用运营。中哈物流基地依托连云港港口和东陇海铁路大通道,开通了至中亚、欧洲的国际铁路货运班列。2020 年,连云港中哈物流基地累计到发中欧班列 553 列、45408 标准箱,同比增加 17.27%。连云港中亚、中欧国际班列常态化运行,通过阿拉山口、霍尔果斯、二连浩特以及喀什 4 个口岸合计开行"连新亚""连新欧"等 6 条国际班列品牌线路,"连新亚"完成运量居全国首位,覆盖中亚、欧洲 7 个国家 11 个站点,成为全国运营规模最大、效率最高的跨境班列之一。

第四节　运输合理化

一、不合理运输的表现形式

1. 空驶

空车无货载行驶,是不合理运输的最严重形式。其主要表现是:

(1)能利用社会化的运输体系而不用,却依靠自备车,形成单程重车、单程空驶。

(2)由于工作失误或计划不周,造成货源不实,车辆空去空回,形成双程空驶。

(3)由于车辆过分专用,无法搭运回程货,只能单程实车,单程回空周转。

2. 对流

对流亦称"相向运输""交错运输",指同一种货物,或彼此可以互相代用的货物,在同一线路上或平行线路上做相反方向的运送,发生交错。另外,已经制定了合理流向图的产品,一般应按合理流向的方向运输,如果与合理流向图方向相反,也属于对流运输。

3. 迂回

迂回是舍近取远的运输。在没有制约的情况下,可以选取近距离而不选,却选择较远路线。迂回运输存在复杂性,不能简单处之。只有当计划不周、地理不熟、组织不当时发生的迂回，才属于不合理运输，如有交通、道路、噪声、排气等限制，不得已发生的迂回，不能属于不合理运输。

4. 重复运输

一批商品本可以一次直接运达目的地，但由于组织工作失误而使商品在中途停卸又重复装运的现象，这是重复运输的一种形式。另一种形式是，同品种货物在同一地点一面运进，同时又向外运出。重复运输增加了非必要的中间环节，延缓了流通速度，增加了费用，增大了货损。

5. 倒流运输

倒流运输是指货物从销地或中转地向产地或起运地回流的一种现象，这种现象经常表现为对流运输，原因在于往返运输都是不必要的，形成了双程浪费。倒流运输也可以看成是隐蔽对流的一种特殊形式。

6. 过远运输

过远运输指选择供货单位时，不选择就地就近获取某种商品或物资，而舍近求远从外地或远处运来同种商品或物资的运输。过远运输和迂回运输虽然都属于拉长距离、浪费运力的不合理运输，但两者不同的是，过远运输是因为商品或物资供应地舍近求远地选择而拉长了运输距离，而迂回运输则是因为运输线路的选择错误而拉长了运输距离。

7. 运输方式选择不当

未合理利用各种运输方式优势而不正确地选择运输工具造成运输成本偏高，或者运输速度太慢的现象，常见有弃水走陆、铁路及大型船舶的过近运输、超限超载运输、应当整车运输却采用零担运输、应当直达而选择了中转运输、应当中转运输而选择了直达运输等。

二、运输合理化的概念

运输合理化是指从物流系统的总体目标出发，按照货物流通规律，运用系统理论、系统工程原理和方法，选择合理的运输路线和运输工具，以最短的路径、最少的环节、最快的速度和最少的劳动消耗，组织好货物的运输与配送，以获取最大的经济效益。由于运输是物流中最重要的功能要素之一，物流合理化在很大程度上依赖于运输合理化。运输合理化的影响因素有很多，起决定性作用的有五个方面的因素，称为合理运输的"五要素"。

1. 缩短运输距离

运输过程中，运输时间、运输运费等若干技术经济指标都与运输距离有一定的关系，运距长短是运输是否合理的一个最基本的因素。

2. 减少运输环节

每增加一个运输环节，必然要增加运输的附属活动，如装卸、包装等，各项技术经济指标也会因此发生变化，所以减少运输环节对合理运输有促进作用。

3. 选择合理工具

各种运输工具都有其优势领域，对运输工具进行优化选择，最大限度地发挥运输工具的优势和作用，是运输合理化的重要一环。

4. 缩短运输时间

在全部物流时间中，运输时间占绝大部分，尤其是远程运输。因此，运输时间的缩短对整个流通时间的缩短具有决定性的作用。此外,运输时间缩短,还有有利于加速运输工具的周转,充分发挥运力效能,提高运输线路通过能力,不同程度地改善不合理运输。

  5. 降低运输费用

  运费在全部物流费用中占很大的比例,运费高低在很大程度上决定整个物流系统的竞争能力。实际上,运输费用的降低,无论对货主还是对物流企业都是运输合理化的一个重要目标。运费的高低也是各种合理化措施是否行之有效的最终判断依据之一。

  从上述要素考虑运输合理化,可以取得预期的效果。

三、运输合理化的措施

  1. 通过网络货运平台提高车货匹配效率

  造成不合理运输的空驶现象的重要原因是车货信息得不到及时有效的匹配,因此,对车货信息进行快速有效的匹配是进行合理化运输的重要手段。伴随互联网、物联网和大数据等技术的应用,网络货运应运而生。网络货运平台通过对驾驶员和货主信息进行匹配,进行车找货(配货)、货找车(托运),提供信息及交易服务的平台,具备精准定位、智能匹配、在途监控等一系列功能。网络货运平台的主要目的是借助互联网的信息实时性优势、大数据的整合能力以及物联网技术的应用,改变目前物流行业货车空转、货运信息处理效率低下的现状,让车辆和货物实现高效的匹配。同时也帮助承运企业重构企业内部流程,提高承运企业对驾驶员的监管能力,从而提高承运企业的核心竞争力。

  2. 利用大数据优化运输路径

  由于没有合理规划运输路径,或者针对部分地区的交通情况没有及时报备,导致物流运输过程中需要绕弯路,产生迂回运输,影响物流运输效率。在大数据技术下,可以利用大数据获取道路交通情况并快速规划出最优的运输路线,缩短运输距离,降低物流运输成本。路径优化系统运用数据、场景、技术和算法对人、车、货进行合理调度,在实现路径优化的基础上降低成本,从而实现整个行业的降本增效,并通过大数据等高科技实现车货高效匹配,减少空驶损耗,优化运输线路,减少污染。例如,快递物流利用大数据的"轴辐式"网络运输组织,将一个或多个节点设立成为枢纽中心站,非中心站的节点都由中心站彼此相连;货物先由各节点运至枢纽中心站,再依据目的站进行集中运输,在网络干线上形成规模效应,从而降低单位运输成本。

  3. 利用"大车队"模式共享运力资源

  传统的中小型运输企业或者个体货运驾驶员由于规模小,货源信息不足,经常出现无货源、空车返程的情况,导致发生运力利用率不足以及无法实现规模效益。大车队运营管理模式就是货主企业或物流企业通过整合零散的运力资源组建大车队,进行运力的标准化、专业化管理。"大车队"模式目前在零担、快递快运、本地配送等领域应用较为广泛。

  4. 通过合理配载提高实载率

  配载运输是充分利用运输工具的载质量和容积,合理安排装载的货物及载运方法,以求得合理化的一种运输方式。配载运输也是提高运输工具实载率的一种有效形式。一般来说,轻重搭配是配载的最简单的原则。即用重货铺底,以充分利用运输工具的载质量,搭配轻泡货以充分利用其可用空间体积。理想的结果是,轻重货的总质量加起来能无限接近于

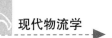

限定载质量的最大值,总体积加起来能无限接近限定体积数的最大值。例如,海运矿石、黄沙等重质货物,在上面捎运木材、毛竹等;铁路运矿石、钢材等重物上面搭运轻泡农副产品等。在基本不增加运力投入并且不减少重质货物运输的情况下,解决了轻泡货的搭运,提高运输工具的实载率。

5. 发展特殊运输技术和运输工具

依靠科技进步是运输合理化的重要途径。例如,专用散装及罐车解决了粉状、液状物运输损耗大、安全性差等问题;大型半挂车解决了大型设备整体运输问题;"滚装船"解决了车载货的运输问题;集装箱船比一般船能容纳更多的箱体,集装箱高速直达车船加快了运输速度等,都是通过采用先进的科学技术实现合理化。

6. 通过流通加工使运输合理化

有不少产品,由于产品本身形态及特性问题,很难实现运输的合理化,进行适当加工就能有效解决合理运输问题。例如,将造纸材在产地加工成干纸浆,然后压缩运输;轻泡产品捆紧提高装载量;水产品及肉类预先冷冻,就可提高车辆装载率并降低运输损耗;板材运输方式,极大提高了运输效率,降低了运输成本等。

案例 3-4

2017 年,美国联合包裹运送服务公司(UPS)营业成本为 583 亿美元,其中全年购买运输费用为 110 亿美元,占其总营业成本的 18.87%,这个成本占比在快递行业是相当低的,这主要得益于 UPS 在运用大数据运筹学开展业务方面处于快递行业的前沿,最典型的应用案例就是 Orion 系统。

21 世纪初,UPS 研发了一个名为 Orion 的道路优化与导航集成系统(On-road Integrated Optimization and Navigation),并于 2009 年开始试运行,目前已经更新到第五代。据了解,该算法有近 1000 页的代码。

Orion 系统依靠 UPS 多年配送积累的客户、驾驶员和车辆数据及每个包裹使用的智能标签,再与每台车的 GPS 导航仪结合,实时分析车辆、包裹信息、用户喜好和送货路线数据,可以实况分析下一条线路的 20 万种可选方法,并能在 3s 内找出从 A 点到 B 点间的最佳路线。此外,Orion 系统也会根据不断变化的天气情况或事故随时改变路线。基于这种动态优化的车队管理系统所能实现的降低成本、减少时间、降低减排量的效果都是非常显著的。例如,Orion 系统发现十字路口最易发生意外、红绿灯最浪费时间,只要减少通过十字路口次数,就能省油、提高安全,依此数据分析,UPS 一年送货里程大幅减少 4800km,等于省下 300 万 gal(约 1136 万 L)的油料及减少 3 万 t 二氧化碳排放,安全性和效率也大大提高了。还有一个著名的应用案例就是通过 Orion 系统大数据分析实现配送末端最优路径的规划,提出了尽量"连续右转环形行驶"的配送策略,因为左转会导致货车在左转道上长时间等待,不但增加油耗,而且发生事故比例也会上升。这项规划为 UPS 实现每年节省燃油成本 5000 万美元,并增加包裹配送 35 万件,这都是商业效率和效能的重要指标,尤其对持续发展而言。

案例 3-5

运输环节与其他环节存在的效益背反现象,也是运输合理化中需要关注的问题。以精益供应链和敏捷供应链两种模式下的运输决策为例,精益供应链是从精益生产的理念中蜕变而来的,其核心是追求缩减供应过程中的一切浪费,利用尽可能少的资源创造尽可能多的价值。敏捷供应链最早起源于柔性制造系统,要求供应链在最短的时间内对市场动态和需求变化作出反应,提供灵敏快捷的供应服务。

两种模式对运输服务的要求是不同的,比如精益供应链往往要求大批量集中发运货物,从而降低运输成本,但却可能带来仓储成本的增加;敏捷供应链则要求小批量多次发运货物,从而提高服务水平,降低仓储水平,但必然会引起运输费用的增加。因此,需要根据生产企业的制造特点、原材料和产成品的运输储存特点进行合理规划,实现成本的合理化。例如,钢铁企业对煤炭、铁矿石等大宗原材料需求稳定,原材料往往通过水路大批量集中运输,降低运输成本;同时保持码头等场站的集中库存和加工配送中心的合理库存提高供应稳定性。而对于深加工的钢材产成品,需求波动性相对高,往往在小批量加工后采用公路快速运输,不需要长时间堆放储存。

复习思考题

1. 阐述运输在物流系统中的地位和作用。
2. 运输方式有哪几种?不同运输方式的优缺点及适用条件是什么?
3. 什么是甩挂运输?开展甩挂运输需要解决的主要问题有哪些?分析我国目前甩挂运输的应用情况。
4. 对比分析多式联运目前在全球开展的情况,试分析制约我国多式联运发展的主要瓶颈有哪些?
5. 举例说明不合理运输的各种表现形式,如何实现合理化运输?
6. 近年来,国家大力推进运输结构调整,试分析如何深入推进"公转水""公转铁",实现运输结构优化?

第四章 储 存

【导入案例】
某医药集团下属物流公司的物流中心总建筑面积为8万 m^2,可容纳100万件药品在库存储,日最大吞吐量10万件药品大包装箱。一个100万元的订单,从下单到装车,整个过程只需不到2h,是目前国内规模最大、最先进单体医药物流中心之一的智能化仓储物流基地。

为了提高对不同货物的分拣处理能力,该物流基地设计了穿梭库和立体库两座大型智能仓库。针对订单量多、拆零比例高、月台面积需求大以及装车找货困难等特点,公司自主研发了一套自动调度装车系统,穿梭车按照系统指令收发货物,吞吐量可达6000箱/h,能够实现月台多次周转使用,以此释放楼库库存。存储量占据整个物流基地2/3的自动化立体库,拥有24m高的货架,14个巷道,可存放40万件货物,一个班仅需要2名操作工人。按照发货频次,物流基地将药品分为ABC三类,其中A类货物发货频次最高,B类、C类频次相对降低。由于立体库内的货物出货频次高,设置了三种拣选方式。第一种是利用堆垛机,进行整托盘输送,处理订单量大的货物;第二种是无轨小车拣选模式,黄色的无轨小车运行到指定位置,自动打印订单信息,由操作工核对后张贴在货物上,放入输运带;第三种是需要操作人员将堆垛机运送到U形拣选盘上的货物进行信息核对,并放入自动传输带,订单处理量介于前两种之间。这是立体库里为数不多需要人工操作的环节之一,传统仓库需要两三百人同时分拣的工作,在智能仓库中只需要2个人就能完成,基本接近实现了"无人物流仓库"。

第一节 储 存 概 述

一、储存的概念

在物流中,经常涉及库存、储备、储存的概念,三者既有区别又有联系,认识这些概念有助于理解物流中"储存"的含义。

1. 库存

库存指的是物品在仓库中处于暂时停滞状态的物资。物资的停滞状态可能由多个原因引起,大致可以分为:主动的各种形态的储备、被动的各种形态的储备和积压。例如,生产企业为保证生产活动的可持续而备下的零部件库存,能够不间断供应生产线的需求;销售企业提前备下库存,以满足促销活动带来的大量订单。

2. 储备

物资储备是一种有目的的储存物资的行动,也是这种有目的的行动和其对象总体的称谓。物资储备的目的是保证社会再生产连续不断地、有效地进行。所以,物资储备是一种主动的储存形式。例如,国家为满足应急情况的物资消耗需求,开展的粮食、药品等物资储备,目的是保证应急状态下不间断的物资补给。

储备和库存的区别在于：第一，库存明确了停滞的位置，而储备这种停滞所处的地理位置远比库存广泛得多，储备的位置可能在生产及流通中的任何环节，可能是仓库中的储备，也可能是其他形式的储备；第二，储备是有目的的、能动的、主动的行为，而库存有可能不是有目的的，可能完全是盲目的。

3. 储存

储存是一种包含库存和储备在内的一种广泛的经济现象，是一切社会形态都存在的经济现象。在任何社会形态中，对于无论是什么原因形成停滞的物资，也无论是什么种类的物资，在没有进入生产加工、消费、运输等活动之前或之后，总是要存放起来，这就是储存。这种储存不一定在仓库中，而是可以在任何位置上。图 4-1 展示了库存、储备、储存之间的关系。

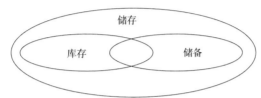

图 4-1 库存、储备、储存关系图

储备和储存的分类，见表 4-1。

储备和储存的分类　　表 4-1

类别	分类方式	类型名称	含 义
储备	按储备在社会再生产中的作用分类	生产储备	生产性企业为了保证生产的连续正常进行，或者调节生产与消费之间的矛盾而保有的物资准备，这种储备已脱离流通领域，但尚未投入生产过程
		流通储备	在社会再生产过程中，为了保证社会再生产的正常进行而停留于流通领域的各种物资准备。流通领域的"物"已经完成上一阶段生产过程，进入流通领域，但尚未进入再生产领域或消费领域
		消费储备	消费者为保证消费的需要而持有的一定数量的物资准备。这种储备是在最终消费领域中，已脱离流通领域但是尚未进入消费过程的储备，通常以暂存、暂放的形式储存
		国家储备	是国家有关部门出于国家安全或经济战略的目的，而针对某些特殊物资建立的物资准备
	生产储备按照企业库存的目的分类	经常储备	又称经常库存，是指在正常的经营环境下，企业为满足日常需要而建立的库存
		保险储备	为了应对各种意外原因导致的物资供应中断而建立的储备
		季节储备	为了克服某些物资供应的季节性影响而建立的储备
储存	按储存的集中程度分类	集中储存	以一定大数量集中于一个场所之中的储存形式，通常采用大型仓储设施和装卸搬运设备，集中进行存放、管理和作业。集中储存的单位储存费用较低，经济效果较好
		分散储存	储存的地点比较分散，且每个储存点的储存数量相对较低的储存方式

续上表

类别	分类方式	类型名称	含 义
储存	按储存的集中程度分类	零库存	指在社会再生产循环过程中,其中的某一个或某几个环节不再保有库存,以无库存(或很低的库存)作为生产或供应保障的一种系统的方式,它是现代企业管理所追求的库存状况的最高境界
	按储存的位置分类	仓库储存	指存放地点在各种类型的仓库、料棚和堆场之中,是一种正式形态的储存。为进行这种储存,需要有一套基础设施,还需要有入库、出库等正式手续
		车间储存	指存在于生产车间内的储存,是生产过程中的暂存形式,是一种非正式形态的储存。由于是暂存,不需要存、取等正式手续,也不进行核算
		场站储存	指存在于车站、货场、港口等换载衔接场所的储存,大多属于暂存性质,具有一定的附属性和服务性
		在途储存	指尚未到达目的地、正处于运输状态或等待运输状态而储存在运输工具中的储存。例如,在航空、铁路、公路、管道等运输线上的物资,装配线上的在制品等

二、储存的作用

1. 储存可以创造时间效用

同一种物品,在不同的时间有不同的价值和效用。同种物品由于时间状态不同,其使用价值的实现程度可能有所不同,其效益的实现也就会不同。因改变时间而最大限度发挥使用价值,最大限度地通过价值和使用价值的提高而提高了产出投入比,就称为"时间效用"。通过储存,使"物"在效用最高的时间发挥作用,实现资源在时间上的优化配置。从这个意义上讲,也相当于通过储存提高了物的使用价值。例如,通过储存调整均衡生产和集中消费,或均衡消费和集中生产在时间上的矛盾,实现产品的时间效用。

2. 储存可以加快产品交付时效,提高客户体验

产品的生产和消费往往不是同步进行,用户下订单的时候不一定刚好有足够的产品,需要一定的等待时间。通过储存,可以把提前生产的产品累积足够数量,甚至设置前置仓,仓库靠近消费地,一旦接到消费订单就可以立即交付,提高了产品的交付时效,进而提高了客户体验。

3. 合理储存可以降低物流成本

通过储存,有了库存保证,就可免除因接到订单而加班赶工、紧急采购的费用,能在有利时机进行销售,或在有利时机购进,可以增加销售利润或者减少采购成本。储存是大量占用资金的一个环节,仓库建设、维护保养、进库出库又要大量耗费人力、物力、财力,储存过程中的各种损失,也是很大的消耗。因而,储存中节约的潜力也是巨大的,通过储存的合理化,减少储存时间,降低储存投入,加速资金周转,可降低成本、增加利润。

4. 储存是连接各个物流环节的纽带

各个物流环节在连续不断的运动过程中,经常需要一定时间的停滞。储存是上一个环节运动的终点,经过一定时间的停滞后,又是下一个环节运动的起点。同时,很多物流环节的作用,是在储存所提供的场所和时间里完成的。离开了储存,其他物流环节就难以联系,很多作业也无法进行。因此,储存是连接各个环节的纽带。

第二节　储存设施设备

一、储存设施设备种类

储存设施设备按照储存物形态、特性等,可以分为以下类别。

1. 储存不同形态物的设备种类

储存不同形态物的设备种类主要包括:

(1)液体物储存设备。它主要有储罐、储液池、储槽、储液瓶、储液桶、储液袋等。

(2)粉状、颗粒状物储存设备。它主要有储罐、储槽、储桶、储袋等。

(3)固体状物储存设备。它主要有货架、集装箱、托盘、托板、储物柜等。

(4)气体物储存设备。它主要有储气罐、储气袋等。

2. 储存不同特性物的设备种类

储存不同特性物的设备种类有三类:有毒、有害物的储存设备;污染物的储存设备;易燃、易爆物的储存设备。三种类型储存物分别会造成不同的破坏和损害,都需要专门的储存设备,有密封的、高强度的罐体,包括储物袋和储物瓶等多种。

3. 专用储存设备种类

(1)民用物储存设备。它主要有加工油罐、食用油罐、酒精罐、调料罐、药液罐、酒类及葡萄酒储罐等。

(2)化工物资储存设备。它主要有酸罐、沥青加温储罐、液氧储罐(储槽)、石油储罐、液氨储罐、液氮储罐等。

(3)气体物资储存设备。它主要有沼气柜、煤气柜、氢气储罐、液化石油气储罐、高压气瓶、高压罐、常压罐等。

(4)建材类物资储存设备。它主要有乳胶罐(桶)、油漆罐(桶)、袋装水泥储存托盘(集装箱)、散装水泥仓、散装水泥罐、散装水泥集装袋等。

(5)其他类储存设备。它主要有污水罐、大型储水罐、消防储水罐、化粪储罐等。

4. 其他种类

(1)不同结构形式储存设备种类。它主要有一般货架、立体货架、卧式储罐、立式储罐、球形储罐、拼装罐、大型拼装罐等。

(2)不同材料储存设备种类。它主要有钢制货架、钢筋混凝土货架、搪瓷储罐、玻璃钢储罐、碳钢储罐、钛储罐、不锈钢储罐、聚乙烯储罐等。

(3)不同储存温度的储存设备种类。它主要有低温储槽、冰箱、冰柜等。

本章主要对仓库设施和仓储设备进行详细介绍。

二、仓库设施

仓库是为储存、保管物品的建筑物和场所的总称。自从人类社会生产有剩余产品以来,就有储存活动。仓库已经逐渐成为社会生产中不可或缺的一个重要环节。仓库作为物流服务的据点,在物流作业中发挥了巨大作用。

仓库按功能、建筑形态、服务对象以及新形态等,可以划分为以下几种类型。

1. 按功能分类

1) 产地仓库

产地仓库是伴随着电商发展,零售链条重塑后产生的一种仓库形态。企业在工厂、工厂群、农产品产地等附近设仓,货物经由仓库直接发给消费者。与过去多级经销下的物流模式不同,产地仓库模式的优点是将销售物流中多段分离的物流环节统一起来,使商品从制造商到消费者之间所有的物流环节实现一体化。由于供应商可以就近送货入仓,从而使物流集约化、规模化,通过企业具备的运输资源,实现从产地仓库向分拨中心、转运中心的多频次、小批量的连续补货,优化备货结构,提升现货率,缩短订货前置期,降低双方物流成本,提升紧急订单处理能力。

产地仓库主要应用于农产品、家电、服装等行业,把产地内众多中小厂家、小微电商集合起来,通过集约化的管理和专业化的运营,降低物流成本,提升物流效率。

2) 工厂仓库

工厂仓库是设置在工厂内的仓库,如按物品类别分为原材料仓库、配件仓库、产成品仓库、半成品仓库、在制品仓库等。工厂仓库对产品的控制较好、反应速度较快。传统大型生产制造企业,尤其是像粮油等这种重货基本上就是以工厂做仓储,服务于周围 100~300km 范围,不需要再在周边设仓;随着线上客户定制订单模式的发展,采用这种仓库模式的时效会更快,客户体验也更好。

3) 销地仓库

销地仓库一般布局在城市郊区,是城市配送中心的重要组成部分,主要面向城市居民生活消费,提供仓储、分拣、加工、包装等服务功能。销地仓库可分为综合型和专业型,综合型主要服务日用品、食品、药品、酒水等多种货物的仓储配送,专业型主要服务生鲜冷链配送、中央厨房加工、医疗物资等分拣配送。

4) 中转仓库

中转仓库是物资流通的中转站,一般设在铁路、公路的车站和沿海口岸或江河水路码头附近。中转仓库主要为适应商品流通过程中的中转、分运、组配和转换运输方式或运输工具的需要而设置。较大型的转运仓库,一般有铁路专用线直达库内站台。现在的快递快运,通常也采用中转仓库,如顺丰速运有华南陆运枢纽(广东)、西北陆运枢纽(西安)、北京顺义中转场等。通过中转仓可降低运输成本和提高运输效率。

5) 保税仓库

保税仓库是指经海关批准设立的专门存放保税货物及其他未办结海关手续货物的仓库,即用来存储在保税区内未交付关税的货物,就如境外仓库一样。进口货物进入保税仓库不需交付关税,直到离开保税仓库进境再交付关税;国内货物进入保税区视同出口,办理出口报关手续,享受出口退税政策。保税仓库提高了货物通关速度和便捷程度,减少额外费用,减少资金占用,降低贸易成本,对企业整个物流的运作可以减少很多成本,对于发展经济非常有利。

6）监管仓库

监管仓库是在海关批准范围内,接受海关查验的进出口、过境、转运、通关货物,以及保税货物和其他尚未办结海关手续的进出境货物,起到货物监管的作用。

7）交割仓库

交割仓库是指经期货交易机构核准,并按照其规定的规则和流程,为交易双方提供期货商品储存和交付服务的场所。它是期货交易所为进入交割期的合约实现实物交割而在商品主产区或主消费区特意设立的商品存储区域,以方便合约的买卖双方实现货款对付,完成交易。交割仓库是期货品种进入实物交割环节提供交割服务和生成标准仓单必经的期货服务机构。

交割仓库不仅能提供交割的相关服务,还能提供很多增值服务,如果仓储企业获得交割库资格,对于企业进行品牌宣传、拓展业务渠道、增加经济效益都能产生积极作用。

8）监管质押/金融监管仓库

监管质押仓库是用来储存提供融资服务的仓储物资的仓库,仓库提供的库存融资服务是以仓储物资等担保品为依托,针对仓储运营过程中的客户尤其是中小企业提供的融资及配套的结算、保险等服务的业务。它是将物流企业合法拥有的市场畅销、价格波动幅度小、处于正常贸易流转状态而且符合要求的产成品或者采购的原材料作为担保物来融资,然后在其后续生产经营过程中或质押产品销售过程中分阶段还款。这种模式让企业库存资产得以盘活,解决中小企业融资难的问题。实施金融监管需要重点解决的问题是通过加强质押物的实体感知、精确定位、实时监测、自动预警、反欺诈等手段,实现仓单质押的智能化感知、全流程追踪管理、标准化监管与作业。

2. 按建筑形态分类

1）单层仓库

单层仓库是指平房式单层建筑的仓库。单层仓库是最常见的、使用很广泛的一种仓库建筑类型,结构很简单,有效高度一般不超过6m的仓库,这种仓库建筑费用低,全部仓储作业都在一个层面上进行,货物在库内装卸和搬运方便,不足之处就是占地多,不能有效利用空间。

2）多层仓库

多层仓库是指在建筑结构上有两层或两层以上的仓库,适合在土地紧缺的地方建设,可以扩大使用面积。

高标准仓库是多层仓库中的一种典型形态。高标准指的是仓库本身的规格和配置,需要达到以下标准:

(1)仓库手续齐全,包括规划许可证、施工许可证、竣工验收合格证、消防备案证、土地证、房产证等。

(2)仓库的布局和空间,高标仓一般为"钢混框架+轻钢"布局,屋面采用保温隔热采光,高度净空不低于11m,一般都在13m以上,抗震设防烈度等级7度以上。

(3)设有标准装卸平台,平台的高度为1.3m,符合平常大型车辆,还设有升降平台,方便小型车辆使用;6m宽的带雨棚的平台,雨天不影响正常作业。

(4)空间要大,立柱、屋顶、墙体坚固,金刚砂处理地面,环氧无尘地坪,标线齐全,地面承重每平方米不少于5t。

(5) 设备齐全，具有配电室、动力柜、物流门、办公室、监控、应急照明、叉车充电站、厕所以及各种标志等。

(6) 消防设施齐全，有消防管道、消防栓、防火分区门及报警器、自动喷淋系统等。

3) 自动化立体仓库

自动化立体仓库是指采用高层货架，可借助机械化或自动化等手段立体储存物品的仓库。利用立体仓库设备可实现仓库高层合理化、存取自动化、操作简便化，自动化立体仓库是当前技术水平较高的形式。自动化立体仓库的主体由货架、巷道式堆垛起重机、入（出）库工作台和自动运进（出）及操作控制系统组成，如图4-2所示。

图4-2 自动化立体仓库

其中自动分拣系统一般由控制装置、分类装置、输送装置及分拣道口组成，这些装置通过计算机网络连接在一起，再加以配合人工控制以及相应的人工处理环节，构成一个完整的分拣系统。负责装卸搬运的智能仓储设备包括自动导引运输车（AGV）、多层穿梭车、机器人拆垛机、机器人码垛机等。这些智能仓储设备通过软件系统的控制，成为物流自动化系统不可分割的一部分。智能仓储自动化立体仓库在快递、电商、汽车、医药等高端细分领域快速推进。

3. 按服务对象分类

1) 粮食仓库

粮食仓库是储藏粮食的专用建筑物。粮食仓库的设计应考虑粮种、储藏量和建筑费用等因素，在构造上主要应满足粮食安全储藏和粮食仓库工艺操作所需的条件。粮食仓库一般要求做好控温隔热、防虫、防潮、防鼠害等防护措施。

根据承担的任务，国家粮库可分为如下4类：

(1) 收纳粮库。设于粮食产区，主要接收国家向农业生产者征购的粮食。一般以房式仓库为主，仓位大小要配套，以适应接收多品种粮食的需要。

(2) 中转粮库。设于交通枢纽地，主要接收从收纳仓库或港口调运来的粮食，作短期储存后，即调给供应库或储备库，以筒仓为主。

(3) 供应粮库。设于大、中城市，工矿区或经济作物区等粮食消费地区，主要接收由收纳仓库或中转仓库调来的粮食，以供应粮食加工厂或就地加工为成品粮或饲料，分别供应给粮店销售，以筒仓为主。

(4) 储备粮库。国家为了储备必要的粮食，以应付严重自然灾害等特殊情况而设置的粮库。一般以具备防潮、隔热、密闭或通风条件均好的房式仓库或地下仓库为宜。

2) 快递仓库

快速仓库是专门用于存放快递包裹的仓库。各大快递公司一般都有专门的仓库，包含快递中转仓库、配送仓库等，以满足快递运输、分拣、配送的需求。

快递仓库不同于储存型仓库，仓库内的货物快进快出，快递仓库的主要职能是分拣和中转集散。因此,在仓库设计中,仓库内的主要设备是分拣设备,分拣场地占地比例大,货架格子小而多。为保证分拣效率和准确率,当前各快递公司的大型仓库均使用自动化分拣设施,如图 4-3 所示。

图 4-3 快递仓库

3) 冷链仓库

冷链仓库是指通过机械制冷方式,使库内保持一定的温度和湿度的仓库,储存对象有食品、工业原料、生物制品、药品以及生鲜农产品等对温湿度有特殊要求的货物,如图 4-4 所示。

图 4-4 冷链仓库

根据温度和储存对象可以把冷链仓库分为不同类型,高温保鲜库(-10℃~8℃)适用于生肉类、乳制品、水果、蔬菜、花卉的保鲜;冷藏库(-20℃~-10℃)适用于冷冻面包、冷冻鱼类、加工肉类的低温冷藏;冷冻库(-35℃~-20℃)适用于冰激凌、冷冻食品、冷冻肉类等冷冻;超低温冷库(-80℃~-35℃)适用于金枪鱼、生鱼片等高端食品的低温储存。

4) 危险化学品仓库

危险化学品仓库是存储和保管储存易燃、易爆、有毒、有害物资等危险化学品的场所。

危险化学品主要包含八类,分别为第一类:爆炸品;第二类:压缩气体和液化气体;第三类:易燃液体;第四类:易燃固体、自燃物品和遇湿易燃物品;第五类:氧化剂和有机过氧化物;第六类:毒害品;第七类:放射性物品;第八类:腐蚀品。不同类别的危险化学品应放在不同类型危险化学品仓库中。

危险化学品仓库的分类标准是根据存放物品的火灾危险性来进行分类的,可以分为五大类,分别是:甲、乙、丙、丁、戊。甲类仓库的危险等级是最高的,甲类仓库原则上可以放置甲乙丙丁戊类物质;而乙类仓库除了不能放置甲类物质,其余类的物质都可以放置;丙类仓库不能放置甲乙类物质,但是可以放置另外三类的物质,并以此类推。

5)汽车整车仓库

汽车整车仓库指用于存放汽车整车的专门仓库,商品车下线后销售前需要存放的场所。整车仓库的主要存储对象是整车,所以不需要托盘、叉车等工具。仓库形式通常是平房仓库、简易仓库、露天仓库或多层仓库。

4. 其他类型仓库

1)海外仓库

国内企业在境外设立,面向所在国家或地区市场客户,就近提供进出口货物集并、仓储、分拣、包装和配送等服务的仓储设施,一般用于售卖跨境电商平台的商品。由于设立了这种仓库,客户下单后,出口企业通过海外仓库直接本地发货,大大缩短了配送时间,也降低了清关障碍;货物批量运输,降低了运输成本;客户收到货物后能轻松实现退换货,也改善了购物体验。

2)前置仓库

在最终消费者比较集中的最近区域设置的配送仓库。前置仓库将线上交易的线下配送,推高到新的竞争状态,传统 B2C 电商的隔日达,到次日达,再到当日达、4h 配送,再到前置仓库的 1h 甚至 30min 左右到达,更快满足消费者需求。前置仓库目前在国内主要是生鲜新零售采取的一种仓配模式。前置仓库的不足之处是储存的产品品类不会太多,经营成本较高。

3)仓配一体仓库

仓配一体化指为客户提供一站式"仓储+配送"服务,仓配一体仓库就是为仓配一体化服务而设立的仓库。仓储与配送作为电子商务后端的服务,主要是解决卖家货物配备(集货、加工、分货、拣选、配货、包装)和组织对客户的送货,通过仓配一体仓库,在互联网下的仓储网络与配送网络实现无缝结合,可以为客户提供一站式仓储配送服务,为更多的客户提供优质的仓配体验。

三、仓储设备

仓储设备是指仓储业务中所需使用的技术装置和机具,它可分成保管设备、分拣设备和装卸搬运设备。保管设备是仓库保管商品的主要设备,常用的保管设备有托盘和货架;分拣设备包括传送设备、自动拣选设备等;装卸搬运设备包括叉车等。

本节主要介绍货架和自动化仓储技术。

1. 货架

1)货架的概念和作用

货架是指由立柱、隔板或横梁等结构件组成的储物设施。货架的作用主要表现在以下几个方面。

(1)利用仓库空间。货架是一种架式结构物,使用货架可以充分利用仓库空间,从而提高仓库容量的利用率,扩大仓库的储存能力。

(2)减少货物损失。存入货架中的货物,相互之间不挤压,减少货物的损失。

(3)存取方便。货架中的货物存取方便,便于清点及计量。

(4)保证存储货物的质量。可以采取防潮、防尘、防盗、防破坏等措施,保证货物存储的质量。

(5)有利于实现机械化及自动化管理。新型货架的结构及功能有利于实现仓库的机械化及自动化管理,从而为仓库的管理带来了非常大的帮助。

2)货架的分类

仓储设备形式种类很多,因存储物品形状、质量、体积、包装形式等特性的不同,其使用的储存方式也不相同。例如,流体使用桶装包装,适用重力货架;一般物品使用箱装或袋装包装,适用轻型货架;而长形物件(如钢材、木材)则适用悬臂式货架。常见的货架形式如下。

(1)托盘货架。

其优点是存取方便,拣取效率高,但是这种货架的存取密度较低,需要较多的通道。根据存取通道宽度可分为传统式通道、窄道式通道和超窄式通道。托盘货架目前都采用自行组合方式,易于拆卸和移动,可按物品堆码的高度,任意调整横梁位置,又可称作可调式托盘货架,如图4-5所示。

(2)驶入式货架/贯通式货架。

该类货架取消位于各排货架之间的通道,将货架合并在一起,使同一层同一列的货物相互贯通,托盘或货箱搁置于由货架立柱伸出的托梁上(俗称"牛腿"),叉车或堆垛机可直接进入货架每个通道内,每个通道即可存储货物,又可作为叉车通道,如图4-6所示。

图4-5 托盘货架　　　　　　图4-6 驶入式货架/贯通式货架

当叉车只在货架一端出入库作业时,货物的存取原则只能是后入先出,称为驶入式货架;在货架两端贯通,叉车在两端均可进行取货作业,可实现货物先进先出的需要,称为贯通式货架,这种货架比较适合于同类大批量的储存。

(3)悬臂式货架。

该类货架由在立柱上装设悬臂构成。悬臂可以是固定的,也可以是移动的。悬臂式货架具有结构稳定、载重能力好、空间利用率高等特点,多用于存储长料,如金属棒、钢材、木材、管等,如图4-7所示。

(4)后推式货架。

后推式货架又名压入式货架,在前后梁间以滑座相接,由前方将托盘货物放在货架滑座上,后来进入的货物会将原先的货物推到前方。货物被规定于货架的一端进出,并遵循先进后出的作业原则,如图4-8所示。

(5)重力式货架。

重力式货架又叫辊道式货架、自重力货架,由托盘式货架演变而成,采用滚筒式轨道或底轮式托盘。货物由高的一端存入，滑至低端，从低端取出。与后推式货架不同的是采用先进先出的存储方式。货物滑动过程中，滑道上设置有阻尼器，控制货物滑行速度保持在安全范围内。这类货架适用于少品种大批量同类货物的存储，空间利用率高，如图4-9所示。

图4-7 悬臂式货架

图4-8 后推式货架

（6）移动式货架。

移动式货架易控制，安全可靠。每排货架有一个电动机驱动，由装置于货架下的滚轮沿铺设于地面上的轨道移动，如图4-10所示。

图4-9 重力式货架

图4-10 移动式货架

移动式货架仅需设置一条通道，空间利用率极高，安全可靠，移动方便，根据承重可分为重型、中型和轻型三种，一般重型货架采用电动控制便于移动，轻型、中型一般采用手摇移动。通常只需要一个作业通道，可大大提高仓库面积的利用率。它适用于库存品种多，但出入库频繁率较低的仓库，或者库存频率较高，但可按巷道顺序出入库的仓库。

（7）阁楼式货架。

阁楼式货架是在已有的工作场地或货架上建一个中间阁楼，以增加存储空间，可做二、三层阁楼。每个楼层可放置不同种类的货架，而货架结构具有支撑上层楼板的作用。这种货架可以减小承重梁的跨距，降低建筑费用，提高仓库的空间利用率。它适用于一些轻泡及中小件货物的存放，如图4-11所示。

（8）旋转式货架。

旋转式货架是一种旋转或循环的存储装置，其将货格里的货物移动到人或拣选机旁，再由人或拣选机取出所需的货物。如图4-12所示，根据旋转方式不同，它可分为水平旋转式、垂直旋转式、立体旋转式三种。这种货架存储密度大，货架间不设通道，和固定式货架相比，节省占地30%～50%。可以实现先进先出，所需机械设备较多，建造成本较高，但存取效率较高，属于典型的货到人的新型货架。旋转式货架由于货架可以转动，拣货线路简捷，拣货效率高,拣货时不容易出现差错,适合存储体积小、质量轻的物品。

图4-11 阁楼式货架

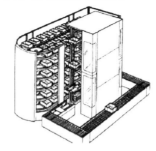
a)水平旋转式货架

b)垂直旋转式货架

图4-12 旋转式货架

(9)智能货架。

智能货架是一种发展中的新技术,目前尚没有定型产品。在结构上各厂家正在摸索和开发,就目前的成品而言,其结构有下列特点:

①在每一列货架上都装有一个单片机控制系统,用于处理和协调本列货架的相关数据和各个动作。货架的单片机系统与管理主机采用双向通信、管理主机向单片机发送控制指令,单片机向管理主机回送执行情况和故障信息。

②货架的机械结构常取组列式结构,在每一组的第一列货架上通常设置有 $20 \times 15\mathrm{cm}$ 的液晶显示屏,能方便直观地显示本组中多列货架的工作状况,显示物品存放的列号、层号等,同时还可实时地显示本组货架内的温度和湿度。

③货架上的操作、显示装置常有货架列显示器、大液晶显示屏、操作控制按钮、货物位置显示及移动控制、货架手动摇柄、组锁定开关、安全保护开关等。

④货架操作有三种工作状态,即智能、电动、手动。用电采用多项保护措施,其中有电动机过载保护、电压突变保护、人身安全保护、红外线安全保护、漏电自动保护等。

2. 自动化仓储技术

自动化仓储是指在不直接人工干预的情况下,能自动地存储和取出物料的系统。它是由多层货架构成,通常是将物料存放在标准的料箱或托盘内,然后由巷道式堆垛起重机对任意货位实现物料的存取操作,并利用计算机实现对物料的自动存取控制和管理。

自动化仓储主要由货物存取机、储存机构、输送设备和控制装置四个部分组成。相关的新技术有AS/RS(自动存取系统)、AGV(自动导引运输车)、拣货机器人等。本节主要介绍AS/RS和拣货机器人。

1)AS/RS

自动存取系统(Automated Storage and Retrieval System,AS/RS),也就是通常所指的自动化仓储系统,指不用人工直接处理、能自动存储和取出物料的自动化系统。自动化仓储技术是现代物流技术的核心,它集高架仓库及规划、管理、机械、电气于一体,是一门综合性的技术。

AS/RS是由高层立体货架、仓储机械设备、输送系统、信息识别系统、计算机控制系统、通信系统、监控系统、管理系统等组成的自动化系统。其中货架一般用钢材或者钢筋混凝土制作,仓储机械设备包括各种堆垛起重机、高架叉车、辊式或者链式输送机、巷道转移台车、升降机、自动引导小车、穿梭车等搬运设备和输送设备以及货箱托盘等。系统采用集成化物流计算机管理控制系统（WMS），并应用激光定位技术、红外通信、现场总线控制技术、条形码扫描、RF（射频）系统等先进技术。

AS/RS 可持续地检查过期产品或查找库存的产品，防止不良库存，提高管理水平。自动化仓储系统能充分利用存储空间，通过计算机可实现设备的联机控制，以先入先出的原则，迅速准确地处理物品，合理地进行库存管理及数据处理。

2）拣货机器人

拣货机器人属于自动化分拣设备，结合了 AGV 功能和仓库拣货功能。与其他货到人拣货技术将商品按品类送到人工拣选站台不同的是，拣货机器人将整个货架搬运至拣选站台，待拣货员取出所需商品后再将货架运回，拣货员只需在固定的拣货台工作，省去原来跑腿的环节，完成由"人找货"到"货找人"的革新，这种拣货方式的拣货效率和准确度极高。同时，引入拣货机器人后，仓库也节省了空间。由于能托举货架 360°旋转，货架的 4 个面都能存储商品，仓库储量翻了一倍。

拣货机器人能按指令运转，相互识别灵活避让。系统的算法不只决定让哪个机器人先走，还可以采用算法对货物的排放、货架的分布、机器人的轨迹、机械臂的落点等进行优化。例如，根据此前的订单情况，通过大数据显示，消费者经常一起下单的是某品牌的牙膏和牙刷，或者某品牌不同口味的商品，在货物上架时，这些商品就会尽量放在同一个货架的邻近位置，方便机器人搬动、取用。拣货机器人工作示意如图 4-13 所示。

图 4-13　拣货机器人工作示意图

第三节　储存组织方式

一、库存管理

为了提高库存管理的质量，既保证生产经营的正常进行，又能有效地降低库存成本，必须结合企业的实际情况选择有效的管理库存方法。库存管理方法是随着对库存管理研究的发展和通信技术的发展而不断变化的。下面是几种常用的库存管理方法。

1. ABC 分类法

1）ABC 分类法概述

ABC 分类法又称帕累托分析法、ABC 分析法、ABC 法则、ABC 管理法等，它是根据事物在技术或经济方面的主要特征，进行分类排队，分清重点和一般，从而有区别地确定管理方式的一种分析方法。由于它把被分析的对象分成 A、B、C 三类,所以又称为 ABC 分析法。ABC 法则是帕累托 80/20 法则衍生出来的一种法则。所不同的是,80/20 法则强调的是抓住关键,ABC 法则强调的是分清主次,并将管理对象划分为 A、B、C 三类。

ABC 分类法是由意大利经济学家维尔弗雷多·帕累托首创的。1879 年,帕累托在研究个人收入的分布状态时,发现少数人的收入占全部人收入的大部分,而多数人的收入却只占一小部分,他将这一关系用图表示出来,就是著名的帕累托图。该分析方法的核心思想是在决定一个事物的众多因素中分清主次,识别出少数的但对事物起决定作用的关键因素和多数的但对事物影响较少的次要因素。后来,帕累托法被不断应用于管理的各个方面。1951 年,管理学家戴克(H. F. Dickie)将其应用于库存管理,命名为 ABC 法。

2) ABC 分类步骤

(1) 收集数据。即确定构成某一管理问题的因素,收集相应的特征数据。以库存控制涉及的各种物资为例,如拟对库存物品的销售额进行分析,则应收集年销售量、物品单价等数据。以下步骤以销售量、单价和销售额作为特征数值进行分析。

(2) 分别统计出所有各种物资在统计期内的销售量、单价和销售额,并对每种物资制作一张 ABC 分析卡,填上品名、销售数量、销售金额,见表 4-2。

ABC 分 析 卡　　　　　　　　　　　　　　　　　　　　表 4-2

物资名称:		物料编号:	
单价	销售数量		销售金额

(3) 将 ABC 分析卡按销售额由大到小的顺序排列,并按此顺序序号将各物资填上物料编号。

(4) 把所有的 ABC 分析卡依次填写到 ABC 分析表中,并进行统计。根据一定分类标准,进行 ABC 分类,列出 ABC 分析表。各类因素的划分标准,并无严格规定。习惯上常把主要特征值的累计百分数达 70%~80% 的若干因素称为 A 类,累计百分数在 10%~20% 的若干因素称为 B 类,累计百分数在 10% 左右的若干因素称为 C 类,这样就得到 ABC 分类表(分析案例见表 4-3)。这个数字没有一个绝对的标准,多一点或少一点都可以,主要符合"多数""少数"的概念就可以了。

ABC 分 析 表　　　　　　　　　　　　　　　　　　　　表 4-3

物料编号	品种百分比(%)	品种累计(%)	单价(元)	销售量(个)	销售额(元)	销售额百分比(%)	销售额百分比累计(%)	ABC 分类
1	6.25	6.25	90	20	1800	30.03	30.03	
2	6.25	12.50	60	25	1500	25.03	55.06	A
3	6.25	18.75	30	30	900	15.02	70.07	
4	6.25	25.00	20	25	500	8.34	78.41	
5	6.25	31.25	50	7	350	5.84	84.25	
6	6.25	37.50	25	8	200	3.34	87.59	B
7	6.25	43.75	20	7	140	2.34	89.92	

续上表

物料编号	品种百分比(%)	品种累计(%)	单价(元)	销售量(个)	销售额(元)	销售额百分比(%)	销售额百分比累计(%)	ABC 分类
8	6.25	50.00	10	12	120	2.00	91.93	
9	6.25	56.25	15	7	105	1.75	93.68	
10	6.25	62.50	18	5	90	1.50	95.18	
11	6.25	68.75	26	3	78	1.30	96.48	
12	6.25	75.00	23	3	69	1.15	97.63	C
13	6.25	81.25	17	3	51	0.85	98.48	
14	6.25	87.50	15	3	45	0.75	99.23	
15	6.25	93.75	10	3	30	0.50	99.73	
16	6.25	100	8	2	16	0.27	100.00	
合计	100	—	—	—	5994	100	—	

（5）绘制 ABC 分析图。以累计因素百分数为横坐标，累计主要特征值百分数为纵坐标，按 ABC 分析表所列示的对应关系，在坐标图上取点，并联结各点成曲线，即绘制成 ABC 分析图（图 4-14）。

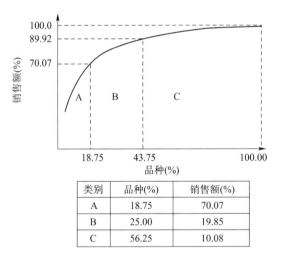

图 4-14 ABC 分析图

3）ABC 管理对策

对库存进行 ABC 分类之后，再根据企业的经营策略对不同级别的库存进行不同的管理和控制。

（1）A 类库存。这类库存物资数量虽少，但对企业却最为重要，是最需要严格管理和控制的库存。企业必须对这类库存定时进行盘点，详细记录及经常检查分析物资使用、存量增减、品质维持等，加强进货、发货、运送管理，在满足企业内部需要和顾客需要的前提下，维持尽可能低的经常库存量和安全库存量，加强与供应链上下游企业合作，降低库存水平，加快库存周转率。

(2) B 类库存。这类库存属于一般重要的库存,对这类库存的管理强度介于 A 类库存和 C 类库存之间。对 B 类库存一般进行正常的例行管理和控制。

(3) C 类库存。这类库存物资品种数量最大但对企业的重要性最低,因为被视为不重要的库存。对于这类库存,一般进行简单的管理和控制。例如,大量采购库存、减少这类库存的管理人员和设施、库存检查时间间隔较长等。

2. 经济订货批量(EOQ)模型法

经济订货批量(Economic Order Quantity,EOQ)是固定订货批量模型的一种,可以用来确定企业一次订货(外购或自制)的数量。通过平衡采购进货成本和保管仓储成本核算,以实现总库存成本最低的最佳订货量。当企业按照经济订货批量来订货时,可实现订货成本和储存成本之和最小化。这种方法特别适用于均匀稳定的需求物资的订货。

1) 基本模型

为了便于描述和分析,对模型做如下假设:

(1) 不允许缺货,补充时间极短,即下订单后可以立即到货;
(2) 需求是连续均匀的,即需求速度(单位时间的需求量)R 是常数;
(3) 订货费(每订购一次的固定费用)为 C_0,单位存储费为 C_1,货物(存储物)单价为 K;
(4) 设每次补充库存的时间间隔为 t,补充时存储已用尽,每次补充量(订货量)为 Q。存储状态如图 4-15 所示。

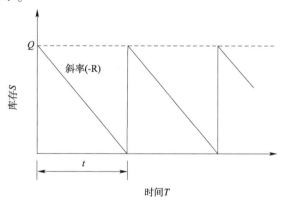

图 4-15 存储状态示意图

由于一次补充量 Q 必须满足时间 t 内的需求,故 $Q = Rt$,因此一次订货费为 $C_0 + KRt$,而时间 t 内的平均订货费为 $\frac{C_0}{t} + KR$。

由于需求是连续均匀的,故时间 t 内的平均存储量为 $\frac{1}{t}\int_0^t RT dT = \frac{1}{2}Rt$,因此,时间 t 内的平均存储费为 $\frac{1}{2}C_1 Rt$。

则时间 t 内的平均总费用为:

$$C(t) = \frac{C_0}{t} + KR + \frac{1}{2}C_1 Rt \tag{4-1}$$

$C(t)$ 随着 t 的变化而变化,如图 4-16 所示,当 $t = t^*$ 时,$C(t^*) = C^*$ 是 $C(t)$ 的最小值。

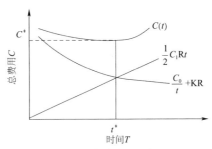

图4-16 存储费用示意图

为了求得 t^*,令 $\dfrac{\mathrm{d}C(t)}{\mathrm{d}t} = -\dfrac{C_0}{t^2} + \dfrac{1}{2}C_1 R = 0$,解得:

$$t^* = \sqrt{\dfrac{2C_0}{C_1 R}} \tag{4-2}$$

从而得到:

$$Q^* = Rt^* = \sqrt{\dfrac{2C_0 R}{C_1}} \tag{4-3}$$

$$C^* = C(t^*) = \sqrt{2C_0 C_1 R} + KR \tag{4-4}$$

因此得到,每隔 t^* 时间补充存储量 Q^*,平均总费用为 C^*,是最经济的。

由于货物单价 K 是常数,与补充量 Q^* 无关,故存储物总价 KQ 和库存策略的选择无关。因此,在求费用函数时,常将这一项费用略去,略去这一项后的费用为:

$$C^* = C(t^*) = \sqrt{2C_0 C_1 R} \tag{4-5}$$

该模型是存储论研究中最基本的模型,式(4-3)称为经济订购批量(EOQ)公式,有时也称为经济批量(Economic Lot Size)公式。

例 4-1 某产品单价为 20 元/件,每天保管费为产品价格的 0.1%,每次订购费为 50 元。已知客户对该产品的需求是 200 件/天,不允许缺货。假设该产品的进货可以随时实现。求该如何组织进货才能最经济?

解:根据题意,已知 K = 5 元/件,C_0 = 50 元,C_1 = 20 × 0.1% = 0.02 元/件·天,R = 200 件/天。

由式(4-2)、式(4-3)和式(4-5)得:

$$t^* = \sqrt{\dfrac{2C_0}{C_1 R}} = \sqrt{\dfrac{2 \times 50}{0.02 \times 200}} = 5(天)$$

$$Q^* = Rt^* = \sqrt{\dfrac{2C_0 R}{C_1}} = \sqrt{\dfrac{2 \times 50 \times 200}{0.02}} = 1000(件)$$

$$C^* = C(t^*) = \sqrt{2 \times 50 \times 0.02 \times 200} = 20(元/天)$$

因此,应该每隔 5 天进货一次,每次进货该产品 1000 件,使总费用(存储费和订购费之和)为最少,平均每天 20 元。若按年计划,则每年大约进货 365/5 = 73(次),每次进货 1000 件。

2) 扩展模型

在基本模型的基础上,根据实际情况,对问题的假设条件进行修改,从而建立相应的库存策略模型。

根据基本模型的假设条件,可以把基本模型归结为:

模型一:不允许缺货,补充时间极短。则可以扩展其他模型为:

模型二:允许缺货,补充时间较长;

模型三:不允许缺货,补充时间较长;

模型四:允许缺货,补充时间极短。

除了订货批量模型法,根据问题还可以使用其他的模型,如考虑价格折扣的区段价格采购模型。以上模型都是基于确定型需求的库存模型,还有针对需求是随机变量的库存模型,在此不做详细介绍。

3. 零库存模式

所谓零库存,是指物料(包括原材料、半成品和产成品等)在采购、生产、销售、配送等一个或几个经营环节中,不以仓库存储的形式存在,而均是处于周转的状态。"零库存"概念可以追溯到20世纪60年代,日本丰田汽车公司实施全新的生产模式——JIT生产制,具体的管理手段包括看板管理、单元化生产等技术,最终在生产过程中实现原材料和半成品的"零"积压,生产效率得到大大地提高。此后,在其他国家,"零库存"的概念逐渐延伸到原料供应、物流配送、产品销售等领域,成为企业降低库存成本的最佳策略。

实现零库存其实有两层涵义:一是生产和消费达到均衡,供需基本实现一致;二是实际生产数额较少,形成供小于求的局面,而企业追求的往往是第一层涵义,也就是通过调研分析对市场作出准确的预测,从而制定与需求相吻合的生产方案,以避免造成不必要的资源浪费或产品积压。

网络时代渐渐减少了烦琐的中间环节,直接实现交易,因而由定购约束生产的经营模式将日渐成型,避免盲目生产,从而为零库存的实现作出了有效的衔接,从一个市场到 N 个细分市场,再从 N 个细分市场走向统一。

实现零库存的形式有以下几种。

1) 委托保管方式

委托保管方式是接受用户的委托,由受托方代存代管所有权属于用户的物资,使用户不再保有库存,甚至可不再保有保险储备库存,从而实现零库存。受托方收取一定数量的代管费用。这种零库存形式的优势在于受委托方利用其专业的优势,可以实现较高水平和较低费用的库存管理,用户不再设库,同时减去了仓库及库存管理的大量事务,集中力量用于生产经营。但是,这种零库存方式主要是靠库存转移实现的,并不能使库存总量降低。

2) 协作分包方式

协作分包方式即美国的"SUB—CON"方式和日本的"下请"方式。其主要是制造企业的一种产业结构形式,这种结构形式可以若干企业的柔性生产准时供应,使主企业的供应库存为零;同时主企业的集中销售库存使若干分包劳务及销售企业的销售库存为零。

在许多发达国家,制造企业都是以一家规模很大的主企业和数以千百计的小型分包企业组成一个金字塔形结构。主企业主要负责装配和产品开拓市场的指导,分包企业各自分包劳务、零部件制造、供应和销售。例如,分包零部件制造的企业,可采取各种生产形式和库存调节形式,以保证按主企业的生产速率、按指定时间送货到主企业,从而使主企业不再设一级库存,达到零库存的目的。

3) 轮动方式

轮动方式也称同步方式，是在对系统进行周密设计前提下，使各环节速率完全协调，从而根本取消甚至是工位之间暂时停滞的一种零库存、零储备形式。这种方式是在传送带式生产基础上，进行更大规模延伸形成的一种使生产与材料供应同步进行，通过传送系统供应从而实现零库存的形式。

4) 准时方式

在生产工位之间或在供应与生产之间完全做到轮动，这不仅是一件难度很大的系统工程，而且需要很大的投资，同时，有一些产业也不适合采用轮动方式。因而，企业广泛采用比轮动方式具有更多灵活性、较易实现的准时方式。准时方式不是采用类似传送带的轮动系统，而是依靠有效的衔接和计划达到工位之间、供应与生产之间的协调，从而实现零库存。如果说轮动方式主要靠"硬件"的话，那么准时供应系统则在很大程度上依靠"软件"。

5) 看板方式

看板方式是准时方式中一种简单有效的方式，也称"传票卡制度"或"卡片"制度，是日本丰田公司首先采用的。在企业的各工序之间，或在企业之间，或在生产企业与供应者之间，采用固定格式的卡片为凭证，由下一环节根据自己的节奏，逆生产流程方向，向上一环节指定供应，从而协调关系，做到准时同步。采用看板方式，有可能使供应库存实现零库存。

6) 水龙头方式

水龙头方式是一种像拧开自来水管的水龙头就可以取水，而无需自己保有库存的零库存形式。这是日本索尼公司首先采用的。这种方式经过一定时间的演进，已发展成即时供应制度，用户可以随时提出购入要求，采取需要多少就购入多少的方式，供货者以自己的库存和有效供应系统承担即时供应的责任，从而使用户实现零库存。

案例 4-1

零库存管理法的实施始于日本的丰田汽车，此管理模式主要有以下特点：

(1) 环环相扣的拉动式生产模式。汽车的传统思维方式是"前一道工序向后一道工序供应工件"，这种传送式的盲目生产往往会造成过度生产的浪费、搬运的浪费、库存的浪费、加工本身的浪费以及等待的浪费等。而所谓拉动式生产，即"由后一道工序在需要的时刻到前一道工序去领取需要数量的特定零部件，而前一道工序则只生产所需要领取的数量"。因此，在丰田的车间，看不到分门别类堆积在物架上的零部件，也见不到其他工厂"零部件搬运工往来穿梭"的繁忙景象。

(2) 独创的看板管理支撑拉动式生产。根据拉动式生产的实际情况，把生产计划下达给最后的组装线，在指定的时间生产指定数量的指定车型，组装线便依次向前一道工序领取所需要的各种零部件。在这一过程中，"用于领取工件或者传达生产指令的媒介"就是为拉动式生产而量身定做的"看板方式"。它是生产中非常重要的一环，也支撑着拉动式生产模式。

丰田零库存管理保证了准时化采购，避免了过量采购导致的成本增加。因为没有多余的库存，减少了库存的维护资金，降低了储存空间成本、库存期间存货的管理费用以及库存的风险成本。另外，由于没有产成品积压，加快了资金的流动，提高了资金周转率，从而降低了总的生产成本。零库存模式增强了生产计划性。丰田零库存管理要求企业采用拉动式生产和看板管理，直接按订单生产，生产任务只下达到最后一道工序，前一道工序把后道工序作为自己的客户,生产什么、生产多少、何时生产都由后道工序决定,严格按照生产计划执行。但此模式一定程度也使得产品和订单的满足率降低。丰田零库存管理要求企业严格按照生产计划执行,当顾客对某种产品提出较大的需求时,库存系统中的存货无法立即满足顾客的需求,从而会导致某些顾客的流失,减少企业的潜在利润。

二、新型储存组织方式

1. 集中式仓储与分布式仓储

集中式仓储管理方法指的是统一管理库存。集中式库存具有更高的商品可得性,在管理上,集中式库存也更容易被企业所控制,数据的透明性更高。但由于集中式库存管理距离市场远,会影响分销商对市场的反应速度。

与之相对的是库存管理的另一种形式——分布式仓储管理,也就是云仓。分布式仓储系统是一个由多个仓库组成的基于协调中心的库存系统,各个仓库在地理位置上可以位于同一个地点,也可以分布在不同地点,但大多将库存建立在地区市场附近,便于对市场需求变化作出快速反应。协调中心根据需求和各仓库库存情况,指定相应的仓库为其供货。它的优点在于分销商可以通过直接提货,迅速地对市场需求作出反应;缺点在于商品可得性不高,会经常出现断货现象。而且生产商需要在不同的地区市场上建立库存点,将导致库存管理成本的提高。由于分布式库存管理方法难以被生产商所掌控,为了及时得到地区库存的统计数据,生产商还必须在信息系统上投入不少的费用。此外,因为地区市场的库存容量有限,地区分公司需要多次地向工厂调货,也致使运输成本较高。不过,由于地区仓库更靠近市场,向分销商配送的成本也会相应降低,因此总体来说运输成本与集中式库存相近。

2. 仓配一体的组织方式

仓配一体服务旨在为客户提供一站式仓储配送服务。仓储与配送作为电子商务后端的服务,主要是解决卖家货物配备(集货、加工、分货、拣选、配货、包装)和组织对客户的送货。随着物流业的开放和发展,客户需求逐渐增多,服务标准也越来越高,促使仓储企业和配送企业提供更多的整合的一体化全程服务,如代客提货、办理单证、代收货款、代办保险和索赔、代为送货等。这些客户需求的实现,有赖于仓储和配送的密切结合,实现仓储和配送一体化运营,如图4-17所示。

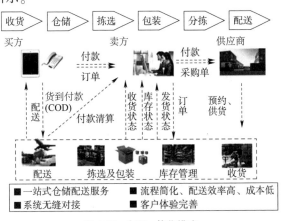

图4-17　仓配一体化模式

3. 前置仓的组织方式

前置仓模式是指在更靠近消费者的地方设立小型仓储单位，完成货物的暂存和末端配送。一般设置在消费者集中的社区附近。其运营模式是提前将产品配送至前置仓存储待售，客户下单后，由前置仓经营者组织完成包裹生产和"最后一公里"的上门配送。无论是订单响应速度还是配送成本，前置仓模式相比直接配送都具有很大优势。而在现代零售环境当中，仓库的前置变得越来越重要。可能是某个办公楼，可能是某个社区，也可能是直接把零售门店赋以仓库功能，用户下单后，能够尽可能在最短的距离和时间内送货上门。

案例 4-2

F公司是专业从事电商仓配物流的企业，在全国拥有500余个仓点，仓储总面积超360万m^2，仓储网络覆盖全国30多个省市地区。面对多元化的电子商务需求场景，F公司针对性地设计了相应的仓储配送方案。

（1）在常规B2C（企业到消费者）场景，公司搭建了由产地仓、中央仓、前置仓组成的三级仓网体系。产地仓（CDC）是位于工厂或农场周边的中小型仓库，能够让商品在生产制造的源头就近入仓，尽快接入仓运配一体化网络，以便更好地为全渠道仓储管理做计划；中央仓（RDC）是位于地区中心的大型高标仓，集中处理大规模的电商订单；前置仓（FDC）是位于城市内部的小型仓库，为周边区域提供分拨配送，并兼顾企业需求端业务。

（2）在跨境电商场景，公司拥有保税仓和海外仓。进口货品通过宁波中心保税仓批量进境进仓，待进入国内市场时再缴关税，有助于进境电商的运费降低、发货加快；海外仓面向出口，仓库设立在国外买家周边，具有境外货物储存、流通加工、本地配送、售后服务等功能。

基于大规模的仓网体系和规模化的客户服务及应用实践，公司还搭建了SaaS云平台，建立不同作业环节的算法模型来优化仓内人机作业配比，提供高性价比的智能仓储服务和解决方案。动态计算使约90%的订单能通过流水线拣选，拣选人员拣选活动范围不超过$2m^2$，与传统AGV方案相比极大地提升了效率。

第四节 储存合理化

一、不合理储存的表现形式

不合理储存主要有以下几种形式。

1. 储存时间过长

储存时间从两个方面影响储存的效果：一是被储物资获得"时间效用"；二是损耗加大，是"时间效用"的逆反。从"时间效用"角度来考查，有的物资储存一定时间，效用可能增大，时间继续增加，效用也会降低，彼此消长形成储存的最佳时间区域。但是，绝大多数物资，过长的储存时间都会影响总效益，因而都属于不合理储存范畴。

2. 储存的数量不合理

储存一方面保障了生产供应的正常运行，另一方面又占用了大量资金，增加了企业成本。储存数量过高或过低均会对企业产生负面影响。储存数量过高增强了供应、生产、消费的库存供应保证能力，但也增长了资金成本和空间成本。储存数量过低可能会导致生产资料断供、销售不足。因此,合理的储存数量不是一个恒定的数值,而有一个最佳的区域。

3. 储存条件不足或过剩

储存条件也从两个方面辩证地影响储存的效果:储存条件不足,不能够提供良好的储存环境,易造成损失;储存条件过剩,大大超过需要,从而负担过高的储存成本,也会导致亏损。利弊消长的结果,决定了储存条件只能在恰当范围,不足或过剩都不合理。

4. 储存结构失衡

储存结构是指被储物的种类及数量、储存期、储存地理位置方面的结构关系。其失衡表现在对用户的需求不能形成优化的存储结构。

二、储存合理化的概念

1. 概念

储存合理化是指用最经济、有效的办法来实现储存的功能。实现储物的"时间价值",这是合理化的前提或本质。但是,储存的不合理又往往表现在过分强调投入储存力量。所以,合理储存的实质是在保证储存功能实现的前提下尽量少投入,这也是一个投入产出的关系问题。

2. 储存合理化的主要标志

(1)质量标志。保证被储存物的质量是储存功能的根本要求。所以,合理化的主要标志是反映使用价值的质量。现代物流系统有保证被储存物价值的技术和管理手段,也在探索和实践物流全面质量管理,以求通过物流过程控制和工作质量控制来保证储存物的质量。

(2)数量标志。数量标志指的是在保证功能实现前提下合理的储存数量范围。目前管理科学的方法已能在各种约束条件的情况下,对合理数量范围作出决策。

(3)时间标志。在保证功能实现前提下,寻求一个合理的仓储时间。储存时间和数量相关,储存量大而消耗速率慢,则储存时间必然长,相反则短。具体可用周转情况来衡量,如周转天数、周转次数等。

(4)结构标志。它是从被储物不同品种、不同规格、不同花色的储存数量的比例关系对储存合理性的判断。尤其是相关性很强的各种物资(如成套、配套物资)的比例关系更能反映储存合理与否。

(5)分布标志。它是指不同地区储存的数量比例关系,以此判断对当地需求比的保障程度,也可以此判断对整个物流系统均衡性的影响。

(6)费用标志。根据仓租费、维护费、保管费、损失费、资金占用利息支出等各种费用,来判断储存是否合理。

三、储存合理化的措施

1. 实施重点管理

储存物种类很多、数量庞大,需要在管理上分清轻重,确定重点。ABC分析是基础分析方法和基础工作,在ABC分析基础上可以进一步解决各类储存物的结构关系、储存量、重点管理、技术措施等合理化问题;决定合理储备数量及经济地保有合理储备的办法,乃至实施零库存。

2. 运用预测新技术，科学控制库存

现如今大多企业配送中心对于库存需求的预测一般采用简单的时间序列、指数平滑等方法，预测精度较低。在仓库海量库存需求量的背景下，传统的需求预测方法已不适应企业现实需求。大数据技术的出现为库存的预测及控制提供了新的方法和手段，随着对人工神经网络等智能算法的认识不断深入，大数据与这些智能算法的结合使库存需求预测技术进一步精确和及时，为科学控制库存提供了技术保障。

3. 采用VMI协调管理，控制供应链库存总量

供应商管理库存（Vendor Managed Inventory，VMI）是一种以用户和供应商双方都获得最低成本为目的，在一个共同的协议下由供应商管理库存，并不断监督协议执行情况和修正协议内容，使库存管理得到持续地改进的合作性策略。这种库存管理策略打破了传统的各自为政的库存管理模式，体现了供应链的集成化管理思想，适应市场变化的要求。在VMI模式下，供应商掌握用户库存，形成合作伙伴关系，可以让制造商知道零售商的库存量，让双方共同预测下一个周期的市场需求，供应商进行适时适量的送货，以降低双方的库存。

4. 采用自动化仓储管理，提高效率

自动化仓储管理就是在企业仓库管理中，构建一个自动化仓储系统，从而实现企业仓储管理的自动化和标准化。自动化仓储系统包括硬件和软件两大部分，通过完整的自动化仓储管理系统，加上智能化储存设备、自动分拣设备、升降设备、搬运机器人等智能化技术，打破传统仓储管理的局限，提升仓储管理效率。

5. 采用现代储存保养技术，提高储存质量

（1）气幕隔潮。库门上方安装鼓风设施，在门口处气流形成气墙，可有效阻止库内外空气交换，防止湿气浸入，并不阻止人和设备出入。气幕还可起到保持室内温度的隔热作用。

（2）气调储存。调节和改变环境空气成分、抑制化学和生物变化、抑制害虫及微生物、保护被储物质量，这对有新陈代谢作用的果蔬、粮食等长期储存、保质、保鲜很有效，对防止生产资料在储存期出现有害化学反应也有效果。

（3）塑料薄膜封闭。塑料薄膜能隔水隔潮，阻缓空气交换，隔绝水分。置入杀虫剂、缓蚀剂，注入某种气体，可造就封闭小环境，比气调仓储简便易行且成本较低。也可用这个办法对水泥、化工产品、钢材等做包装材料或者进行防水封装。

案例4-3

储存环节和其他环节的效益背反现象时有发生。以生鲜门店为例，生鲜商品最重要的就是品质新鲜、配送及时，长时间的储存会降低采购成本但会导致大量损耗，小批量储存增加了采购和运输成本，但能够提高食品品质。对此，某生鲜连锁企业在全国各个门店采用"前店后仓"模式，每一家门店都是一个仓库，仓库的商品数量都经过消费者大数据精确计算得出，保证库存不积压、货物流转快，从而保障了生鲜商品质量上乘。针对线上订单，企业利用门店库存，利用高效率的同城配送团队，实现以门店为中心的3km内1h送达。这样虽然增加了配送成本，但也实现了门店库存共享和快速周转。

复习思考题

1. 阐述储存在物流系统中的作用，以及库存、储备、储存三者的区别与联系。

2. EOQ 模型有哪些基本假设？你认为这些假设是否在所有的订货活动中都适用？若不适用该如何处理？

3. 试举例说明，集中式仓储、分布式仓储和仓配一体化三种储存方式的特点和适用条件。

4. 不合理储存的表现形式有哪些？如何实现储存合理化？

5. 某企业保持有 10 种商品的库存，产品有关资料见表 4-4，为了对这些库存商品进行有效的控制和管理：

(1) 请选用 ABC 分析法将这些商品分为 A、B、C 三类；

(2) 给出 A 类库存物资的管理方法。

产品情况表　　　　　　　　　　表4-4

商品编号	单价(元)	销量(件)
a	5.00	400
b	7.00	1100
c	2.00	280
d	3.00	160
e	1.00	230
f	3.00	140
g	8.00	50
h	4.00	800
i	6.00	50
j	4.00	2000

6. 某企业车间需要某种配件，不允许缺货，按生产计划其年需要量为 20000 件，每件价格为 10 元，每采购一次采购费为 500 元，年保管费率为 12.5%。假设该配件的进货可以随时实现，应如何组织进货？

第五章 配　　送

【导入案例】

沃尔玛公司作为全美零售业年销售收入位居榜首的著名企业，素以精确掌握市场、快速传递商品和最好地满足客户需要著称，这与沃尔玛拥有自己庞大的物流配送系统并实施了严格有效的物流配送管理制度有关。沃尔玛现代化的物流配送体系，表现在以下几个方面：

（1）设立了运作高效的配送中心。从建立沃尔玛折扣百货公司之初，沃尔玛公司就意识到有效的商品配送是保证公司达到最大销售量和最低成本的存货周转及费用的核心。而唯一使公司获得可靠供货保证及提高效率的途径就是建立自己的配送组织，包括送货车队和仓库。配送中心的好处不仅使公司可以大量进货，而且可以要求供应商将商品集中送到配送中心，再由公司统一接收、检验、配货、送货。

（2）采用先进的配送作业方式。沃尔玛在配送运作时，大宗商品通常经铁路送达配送中心，再由公司货车送达商店。60%的货车在返回配送中心的途中又捎回沿途从供应商处购买的商品，这样的集中配送为公司节约了大量的资金。

（3）实现配送中心自动化的运行及管理。沃尔玛配送中心的运行完全实现了自动化。每种商品都有条码，通过几十公里长的传送带传送商品，激光扫描器和电脑追踪每件商品的储存位置及运送情况，每天能处理20万箱的货物配送。

（4）具有完善的配送组织结构。沃尔玛公司为了更好地进行配送工作，非常注意从自己企业的配送组织上加以完善。其中一个重要举措便是公司建立了自己的车队进行货物的配送，以保持灵活性和为一线商店提供最好的服务。这使沃尔玛享有极大竞争优势，其运输成本也总是低于竞争对手。

第一节　配　送　概　述

一、配送的概念

配送是指根据客户要求，对物品进行分类、拣选、集货、包装、组配等作业，并按时送达指定地点的物流活动。通过配送，最终使物流活动得以完整实现。

从物流要素来讲，配送几乎包括了所有的物流功能要素，是物流的一个缩影或某小范围中物流全部活动的体现。一般的配送集装卸、包装、保管、运输于一身，通过这一系列活动将货物送达目的地。特殊的配送则还要以加工活动为支撑，所以包括的方面更广。但是配送的主体活动与一般物流却有不同，一般物流是运输及保管，而配送则是运输及分拣配货，分拣配货是配送的独特要求，也是配送中有特点的活动，以送货为目的的运输则是最后实现配送的主要手段，从这一主要手段出发，常常将配送简化地看成是运输中的一种。

从商流特点来讲,配送和运输不同之处在于,运输是商物分离的产物,而配送则是商物合一的产物,配送本身就是一种商业形式。虽然配送具体实施时也有以商物分离形式实现的,但从配送的发展趋势来看,商流与物流越来越紧密的结合是配送成功的重要保障。

二、配送的作用

1. 完善物流系统和流通体系

20世纪中叶以来,由于大吨位、高效率运输力量的出现,使干线运输无论在铁路、海运还是公路方面都达到了较高水平,长距离、大批量的运输实现了低成本化。但是,干线运输后的支线转运或小搬运仍是物流的薄弱环节。配送服务因其灵活性、适应性、服务性,有效地衔接干线、支线运输和末端客户,使物流过程得以优化和完善。配送所实行的集中库存、集中配送等规模化生产形式,对于从根本上结束小生产方式的商品流通,改变其分散的、低效率的运行状态,从而实现与社会化大生产相适应的流通的社会化,具有重要作用。

2. 提高物流的经济效益

通过"计划配送""共同配送"等形式,实现了货源和运力资源的整合,能够一定程度上降低迂回运输、重复运输、空载等不合理活动。通过增大经济批量来达到经济地进货,又通过将各种商品用户集中一起进行一次发货,代替分别向不同用户小批量发货来达到发货的经济性,也减少了不必要的中转、装卸和搬运,降低商品损耗。由于配送服务直接面向用户,能够拓展服务于终端用户的安装、回收等增值活动,因此能够极大提高物流经济效益。

3. 通过集中库存使企业实现低库存或零库存

传统模式下,生产和流通企业自建自营仓库,并各自进行配送活动。将配送业务统一外包给配送企业后,生产和流通企业可以完全依靠配送中心的准时配送,而不需要保持自己的库存。或者,生产企业只需要保持少量保险储备而不必留有经常储备。同时商流和物流分开,企业能够专注于商业经营,降低资金压力,专业化的配送服务也改善了自身的经营环境。

4. 提高供应稳定水平

生产企业自己保持库存、维持生产,由于受到库存费用的制约从而导致供应保证程度很难提高,而若采取配送方式,配送中心可以比任何单位企业的储备量更大。因而对每个企业而言,供应中断、影响生产的风险便相对缩小,使用户免去物资短缺之忧。

第二节　配送的分类

一、按照企业经营环节分类

1. 供应配送

企业为了产品供应需求而采取的配送服务方式,往往由用户或用户集团组建配送据点,集中组织大批量进货(取得批量优惠),然后向本企业或向集团若干企业配送。其应用领域主要是生产型大型企业、企业集团或商业连锁超市集团公司。用配送方式进行供应,是保证供应水平、提高供应能力、降低供应成本的重要手段。

2. 流通配送

流通配送是在商品流通环节进行的配送活动。流通配送对象及用户往往是不固定的，依据对市场的占有情况而定，配送的经营状况也取决于市场状况，配送随机性较强而计划性较差。各种类型的商店配送一般多属于流通配送。

在流通配送环节，可以通过延迟加工来实现大规模生产和定制化生产的有机相结合。大规模生产能够带来规模经济，通过延迟加工在满足客户多样化需求的同时，提高了快速响应能力。当接到客户订单时，能以最快的速度完成产品的差异化过程与交付过程，以不变应万变，从而缩短产品的交货提前期提高企业竞争能力。

3. 电商配送

在电商配送中，快递企业大都采用仓配一体化的物流运作模式。电商行业小批量、多批次、时效性强的特点，要求配送活动能够实现快速分拣、中转集散和末端配送。仓配一体化模式在仓库存储功能的基础上，提供分拣和配送服务，通过建设高效、安全、透明、经济、便捷的仓储配送体系，来提高物流运作效率，满足新型流通业态的发展需要。

二、按照组织方式划分

按照组织方式，可以分为企业自营配送模式、第三方配送模式以及共同配送模式等。本节只介绍企业自营配送模式和第三方配送模式，共同配送模式在下节中详细介绍。

1. 企业自营配送

企业自营配送模式是当前生产流通或综合性企业所广泛采用的一种配送模式。企业通过独立组建配送中心，实现内部各部门、厂、店的物品供应的配送。较为典型的企业(集团)内自营配送模式，就是连锁企业的配送。大大小小的连锁公司或集团基本上都是通过组建自己的配送中心，来完成对内部各场、店的统一采购、统一配送和统一结算的。这种配送模式，在满足企业内部生产材料供应、产品外销、零售场店供货和区域外市场拓展等企业自身需求方面发挥了重要作用。

其优势是有利于企业供应、生产和销售一体化作业，系统化程度相对较高。既可满足企业内部原材料、半成品及成品的配送需要，又可满足企业对外进行市场拓展的需求。但企业独立建立配送体系的投资规模将会大大增加，在企业配送规模较小时，配送的成本和费用相对较高。

2. 第三方配送

第三方配送是与主营配送相对的一种配送模式，也称为外包配送，是指由具有一定规模的、专业从事配送服务的第三方配送企业，利用其自身业务和资产优势，承担客户在规定区域内的配送业务。其所从事的是配送代理业务，本身不购销商品，专门为客户提供货物保管、分拣、加工、运送等服务，具有专业性和规模经济性。

其优势是由于第三方物流供应商拥有丰富的物流经验，具有熟悉不同物流市场的专业知识，能根据各生产企业的特点制订最合适的物流方案，可以有效降低物流成本、提高运作效率、分担企业风险。但由于第三方物流企业的介入，使得制造企业自身对物流的控制能力减弱，同时企业是通过第三方物流来完成产品的配送与售后服务，削弱了企业与客户之间的关系，不利于建立稳定密切的客户关系。

三、按照末端配送形式划分

1. 快递末端配送

1）传统的送件上门模式

快递末端配送模式中,传统的方式就是"门到门"的运作模式。快递投递需要快递员与收件人当面完成快件的交接。这就要求在快件的投递时间窗口内,快递员和收件人要在时间和空间上都要保持一致,即要在同一时间到达同一地点,一旦其中一方不能到达,则投递失败。

2）快递驿站

快递驿站是快递代收点的一种形式。快递驿站一般是快递企业自建或是与超市、物业等合作,专门提供包裹代收服务的一种商业模式,也承担代寄、退货等业务。

3）智能快递柜

快递柜又称自助提货柜、智能提货柜、智能快递存储柜、智能快递箱等。快递柜是一个基于物联网的,能够将快件进行识别、暂存、监控和管理的设备。快递柜与服务器一起构成智能快递终端系统,由服务器对系统的各个快递柜进行统一管理,并对快件的入箱、存储以及领取等信息进行综合分析处理。由于它集成了物联网、智能识别、动态密码、无线通信、物业功能等技术,能够实现快递邮件的智能化集中存取、指定地点存取、24小时存取、远程监控和信息发布等功能,可以改善快递的投送效率及用户邮件的存取体验。

2. 同城配送

同城配送,也称本地派送,提供一个城市内A地到B地之间(尤其是市区范围内)的物流配送。同城配送的发展,一方面是以5G、移动互联网等新一代信息技术的发展,利用信息平台可以实现需求方和服务方的快速响应和匹配;另一方面是随着外卖和新零售产业的发展,相较于传统快递,个人用户需求呈现高离散、即时性和个性化特征,用户要求更快的即时物流需求爆发性增长。

同城配送服务是涵盖了配送、仓储、搬运、安装、代收货款、采购物流等多方面的集合体,由专门的同城配送物流公司通过资源整合,除可以承接本城市商家的送货业务外,还承接其他物流公司的上门收货、送货上门的业务。不仅家电、家具等大宗类商品需要"同城配送"服务,其他一些小件商品(包括送餐、送煤气、送矿泉水等)也同样需要。

案例 5-1

某国内领先的同城速递信息服务平台,是最早以众包的形式解决O2O电商领域"最后一公里"的配送问题的平台。在智能路径规划系统推出之前,一些老骑士往往根据经验来进行抢单,因为熟悉路线,他们能很快地判断哪些单可以抢,知道抢到之后怎么配送更顺路。但是,对于大多数新手和非熟手来说,则需要很长一段时间的配送路径摸索过程。通过智能路径规划系统进行派单后,系统会事先计算出发货地和收货地的区域,中间要经过的路线和区域,并通过大数据算法自动优化骑士的配送路线,提升骑士配送的准确率和效率。为了降低未接单率,平台推出了调节运力的动态定价系统。系统能做到对每个订单周围的运力情况、供需情况进行精准的判断,详细地评估可能影响该区域订单配送的各项因素,以此对该区域的具体订单进行定价,通过价格的方式来激励骑士接单,以达到调配运力的目的。

第三节 共同配送

一、概述

1. 共同配送的概念和运作机制

共同配送是配送组织的主要形式,最早产生于日本,在日本已经进入非常成熟的发展阶段。关于共同配送,日本有两种较为常见的定义。在日本工业标准(JIS)中,"共同配送是为提高物流效率,对许多企业一起进行配送",这个定义较为简单,强调了共同配送的目的,但没有深入其本质。日本运输省也对共同配送进行了界定,认为共同配送指"在城市里,为使物流合理化,在几个有定期运货需求的企业间,由一个货车运输业者,使用一个运输系统进行的配送"。也就是把过去按不同货主、不同商品分别进行的配送,改为不区分货主与商品,统统把货物装入同一条线路运行的车辆上,用一台货车为更多的顾客服务,实现货物及配送的集约化。在该定义中比较强调货车运输业者在共同配送中的地位。

我国国家标准《物流术语》(GB/T 18354—2021)中对共同配送的定义是:由多个企业或其他组织整合多个客户的货物需求后联合组织实施的配送方式。本书中的共同配送是指生产商、产品加工企业、运输企业通过各种合作方式,对地区内有配送需求的用户进行资源的集约化整合,统一安排配送活动,对资源配置实现优化。

2. 共同配送的运作机理

共同配送是多个企业联合组织实施,在共同配送中心内,对不同企业的货物进行整合,然后统筹安排配送时间、次数、路线和货物数量,再配送到不同的门店。配送规模扩大带来的经济效益提高,即降低产品单位运输成本。如图5-1所示,其主要利用规模效应来解释,当配送产品增加到某一规模(如P点时),从成本的角度来说,共同配送的模式是优于线路配送和厂家直送的。

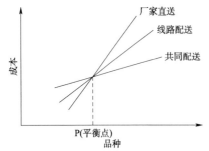

图5-1 配送方式与物流成本关系曲线

如图5-2所示,在配送共同化之前,相应的供货商需和每个货物需求者送货一次,因此,接触次数总计为9次,需要安排9辆配送车进行配送运输,且回程都是空驶。采用共同配送模式后,所有供应商通过配送中心完成货物的配送,触次数总计为7次,只需要4辆配送车辆,减少空驶。可以看出采用共同配送方式后,大幅度提高了配送效率和集约化程度。

3. 共同配送的作用

1)共同配送的成本价值

从货主的角度来看,由于共同配送是多个货主企业共享一个第三方物流服务公司的设施和设备,由多个货主共同分担配送成本,从而削减每位货主的固定开支。另外,由多个不同货主的零散运输通过整合可以变成成本更低的整车运输,从而使得运输费用大幅度降低。

从物流企业的角度来看,共同配送可以在不增加物流成本的前提下实现小批量、多批次送货,提高企业物流服务水平,从而便于实施更加优惠的低价政策,间接为客户带来费用的节约;可以把物流各环节紧密连成一个有机整体加以运营管理,减少不必要的中间环节和损耗,提高物流作业质量和工作人员效率。

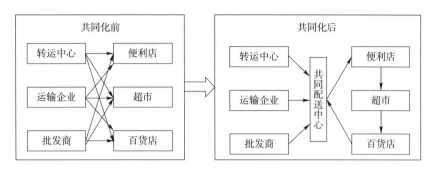

图 5-2　配送共同化前后的效果对比

2)共同配送的服务价值

共同配送可以实现多品种、小批量、高频率的及时配送,从而使零售企业降低缺货率、增加商品的品种、提高商品的新鲜度,减少商品因过期而产生的损失。这些都提高了连锁企业的客户服务水平。

与一般的配送方式相比,共同配送可实现长距离、高密度的商品聚集与发散。一般配送中心的覆盖范围通常在半径 300km 内,而共同配送中心完全可以超越这个范围。另外,其所能容纳的客户群体也更加庞大,送货入库和配货上门的用户数量增多。因此,共同配送还扩大了服务群体和服务范围。

3)共同配送的社会效益

共同配送可以减少在途车流总量和闹市区卸货妨碍交通的现象,改善交通运输状况,减轻环境污染。通过集中化处理可以有效合理地利用现有的物流设施与设备,做到物尽其用,实现物流资源的共享和物流功能的互补,并充分节省物流处理空间和人员。

二、共同配送的组织形式

按照共同配送组织实施的主体分类,共同配送的组织形式有以下类型。

1. 企业自营的共同配送

由企业自建配送中心,各个门店的不同货物需求通过共同配送中心提供服务,各门店所需求的货物来自不同的供应商,批量送到配送中心,配送中心收到各个门店的小批量需求后,再组织实时的共同配送。这种模式多应用于连锁零售领域,如沃尔玛、苏果超市等,都有自建的配送中心,为不同门店进行共同配送,如图 5-3 所示。

2. 第三方物流共同配送

第三方物流共同配送模式是由众多第三方物流企业通过合作或者投资的形式进行配送。第三方物流共同配送模式是一种追求配送合理化的组织管理策略,其本质是在配送中心的统一计划统一调度下,通过第三方物流企业作业活动的规模化来降低作业成本,提高物流资源的利用效率,如图 5-4 所示。这种配送有利于节省运力和提高运输车辆的货物满载率。这种模式多用在一些专业配送领域,如苏汽龙捷共同配送中心就是这种模式的共同配送。

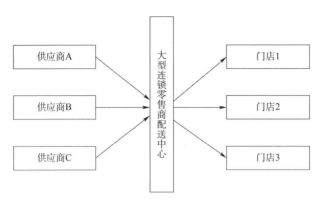

图 5-3　大型连锁超市共同配送示意图

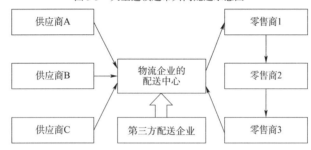

图 5-4　第三方物流共同配送示意图

3. 企业联盟共同配送

企业联盟共同配送是多家企业联合起来形成联盟,在联盟内实现资源共享对客户进行配送服务的物流模式。这种模式要求物流企业在联盟内享有一个业务平台,通过资源整合实现规模效益,集中协调配合,提高联盟的配送效率,这是一种有利于发挥集团性优势的现代企业管理方法。物流企业联盟的核心组织是配送中心(作业中心),每一个物流企业在其统一计划、统一调度下互相配合展开业务,在运输方面通过混合装载,实现货物的集约运输。共同配送模式实现了联盟内的物流资源的优化配置,更好地发挥了物流活动分工与协作的优势。这种模式目前在快递末端配送领域应用比较广泛,如快递到镇、村的末端配送中,由于量小、分散,各个快递企业各自配送成本过高,可以由多家快递企业合资成立一家快递企业,对各快递企业的包裹组织共同配送,有效降低成本、提高效率。

三、共同配送运作支撑

共同配送作为城市物流的重要组成部分,其运作需要相关的要素支撑,以保障共同配送的高效运作。总体来说,城市共同配送的合理高效运行,需要配送网络、配送信息平台、配送管理支持等。

1. 配送网络建设

配送网络的建设是保障高效配送的基础和前提。它主要包括配送网络的结构、配送中心的选址布局、配送线路规划、装卸货点的配置。

1) 配送网络结构

根据物流网络在实际构建中的模式来分类(以销售物流为例),物流网络可分为两种基本形式,一种是直送形式,另一种是经过物流中心或者配送中心的形式,其他方式都是这两种形式的组合。图 5-5 是物流网络实际构建中的基本形式。

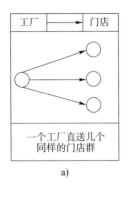 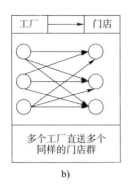 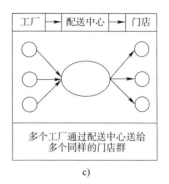

图 5-5 物流网络实际构建中的基本形式

由图 5-5 可以看出,前面两种属于直送模式,环节少,效率可能比较高,但运输成本较高。只在厂商具有强大的配送能力和足够的仓储能力,且客户数量不多时,该模式可以适用。而第三种模式,在厂商和门店中间增加一个配送中心。在承担大规模流通任务的时候,这种模式能提高厂商和门店的物流效率,节约运输成本,增加利润。

以上三种模式可以演化出一种具有普遍意义的模式,即 LD-CED 模式:以 LD 为核心、以 CED 为运作机制的网络构建模式。其中,LD 即指"物流中心(Logistics Center) + 配送中心(Distribution Center)",而 CED 即"收集(Collection)—交换(Exchange)—发送(Delivery)"。C 指收集(Collection),即将分散的业务对象收集起来。E 指交换(Exchange),即将收集起来的业务对象在集中地的物流中心(配送中心)进行分类、汇总,并按照业务需求进行拣选、组配,然后将目的地相同的业务对象通过干线运输至目的地的物流中心(配送中心),最终把目的地相同的业务对象经过进一步拣选、组配,送至离目的地最近的(或者分工负责那个地区的)配送中心。D 指发送(Delivery),即将发送至配送中心的业务对象进行集中,并统一运送到目的地。该模式如图 5-6 所示。

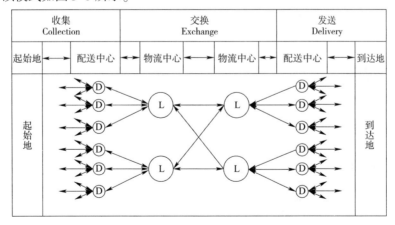

图 5-6 LD-CED 模式

图 5-6 中物流中心和配送中心都对称地分布在起始点和到达点之间,这样可清楚地看到该模型所说明的各个环节。但是,这种结构在实际中可能是以集成的方式出现的,即图中

的两个物流中心可能合并起来变成一个物流中心,两个配送中心也可能与物流中心合并起来,最后可能简化为图5-5c)那样的典型结构。总之,图5-6可以有各种变化,但不管如何变化,CED模式是不变的。

2) 配送中心选址

配送中心位置的选择,将显著影响实际营运的效率与成本,以及日后仓储规模的扩充与发展。配送中心拥有众多建筑物、构筑物以及固定机械设备,一旦建成很难搬迁,如果选址不当,将付出长远代价。在工厂和零售店位置确定的情况下,选择物流配送中心的位置,要在满足服务水平要求的条件下,使系统总成本(包括生产和采购成本、库存保管成本、设施运营成本以及运输成本等)达到最小。这可通过建立优化模型求出合理方案。

3) 配送线路规划

配送路线合理与否对配送速度、车辆的合理利用和配送费用都有直接影响,因此配送线路的优化问题是配送工作的主要问题之一。采用科学合理的方法来确定配送路线是配送活动中非常重要的一项工作。确定配送路线的方法有许多种,常见的有经验判断法、综合评价法,以及建立规划模型求解优化方案的方法。

在配送路线中,一种重要的方法是Milkrun路线。Milkrun是汽车物流行业专用术语,中文译名为循环取货,是指一辆货车按照既定的路线和时间依次到不同的供应商处收取货物,同时卸下上一次收走货物的空容器,并最终将所有货物送到汽车整车生产商仓库或生产线的一种公路运输方式,如图5-7所示。对于某一个汽车整车生产商来讲,可能会有十几条甚至上百条的Milkrun路线,投入运营的车辆按照每日整车生产计划持续地进行零部件的运输。Milkrun一词字面意思描述了送奶工给若干用户送奶并回收空奶瓶的过程;而在汽车物流中装载货物容器的空满正好与送牛奶过程相反,即到供应商处取货时留下空容器,把装满货物的容器带走,而在送牛奶过程中是在用户处留下牛奶而把空瓶带走。该运输方式适用于小批量、多频次的中短距离运输要求。该运输方式降低了汽车整车企业的零部件库存,降低了零部件供应商的物流风险,减少了缺货甚至停线的风险,从而使整车生产商及其供应商的综合物流成本下降。

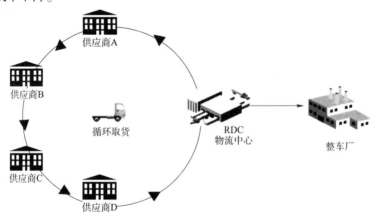

图5-7 Milkrun路线示意图

2. 配送信息平台

社会化共同配送,必须要依托于强大的信息平台进行资源的整合与接入。建设城市共同配送公共服务平台,需要政府、企业、协会等共同参与,坚持"政府引导、市场主导"的原则。城市共同配送公共服务信息平台,可纳入第四方物流体系,即为第一方、第二方和第三方提供物流规划、咨询、物流信息系统、供应链管理活动,不实际承担具体的物流运作活动。配送信息平台建设要解决不同信息平台的联通性,利用智能化信息技术提高信息化水平。使配货—运抵全程实现信息化管理,货物运送时间、路线、增减等各环节由平台进行统筹安排,形成强大的调度处理中心,利用大数据云计算对配送线路进行实时规划,尤其对需求点分散、时效要求高的配送业务特别重要,如外卖配送;车、货、库的资源交易对接智能化,企业的车、货、库日常管理实现信息化。企业数据信息与平台时时联动;物流配送关联的金融、人才、设备、技术等资源高度聚合,共同作用于物流配送行业。

3. 配送管理支持

由于城市配送涉及城市交通、车辆停靠等,城市配送的合理发展必须配套相应的管理政策。例如,综合考虑城市配送需要、城市道路交通状况等因素,科学确定并及时向社会发布限制/允许城市配送车辆通行的区域和时段;加强对大型物流中心、公用型城市配送中心和分拨中心等配送基础设施周边道路的交通管理,科学实施规划和设置配送车辆通行的标志标线,完善城市配送车辆停靠限制措施,优化城市配送运输通道网络等。

案例5-2

江苏省某城市从县域经济发展实际出发,通过采取整合资源、健全网络、统一平台、政策支持、规划引导、拓展功能等措施,整合搭建了县域范围的专业城乡配送平台,走出了一条具有全国示范效应的末端配送体系建设新路子。7家快递公司通过靶枪整合、物流信息共享、快递员共享、快递网点共享,在县城建设了快递共同配送中心,配送中心收到货物后,通过传输带进行分拣,先初至城区和15个镇,然后再由快递车辆将快递物品派送至城区的社区网点及各个镇,再由各网点把快递物品送到每一位客户手中。实施"统仓共配"后,由于优化了配送线路、优配了业务人员和运输设备,业务员配送面积缩小到原来的1/4,作业效率明显提升。配送延误率下降80%,商品丢失短少率下降96%,消费者满意度提高20%,消费者投诉率下降60%。

第四节 配送路径规划

物流配送优化主要是对配送车辆路径的优化问题,它是一个复杂的组合优化问题。配送车辆路径规划方案的优劣对提高物流配送企业的运营效率及服务水平有着重要的影响。配送形式有从单个配送中心给多个需求点配送、多个配送中心给多个需求点配送等,本节以多个配送中心的配送问题为例,通过建立数学规划模型并对模型进行求解,获得配送车辆的最优路径方案。

一、建立模型

1. 问题假设

(1)各个配送中心的货物供应量充足;

(2)没有特殊装载要求的货物,即所有的货物都可以混装在一起;

(3)对于装载的货物,仅考虑体积和质量的限制;

(4) 车辆的容积和额定载质量都相同,各个配送中心的车辆数有限,总的车辆数充足;

(5) 对于满足整车运输的需求点,优先从最近的配送中心直接派车,故书中模型假设每个需求点的货物都不够装满一整车。

2. 变量定义

将模型中所涉及的变量定义如下:

$$X_{lk} = \begin{cases} 1 & 配送中心\ l\ 派出车辆\ k\ 执行配送任务 \\ 0 & 否则 \end{cases}$$

$$X_{lkj} = \begin{cases} 1 & 配送中心\ l\ 派出车辆\ k\ 为需求点\ j\ 配送货物 \\ 0 & 否则 \end{cases}$$

$$X_{lkij} = \begin{cases} 1 & 由配送中心\ l\ 派出的车辆\ k\ 经过线路(i,j) \\ 0 & 否则 \end{cases}$$

3. 模型建立

建立配送车辆调度的数学模型如下:

$$\min Z = C_0 \sum_{l=1}^{L}\sum_{k=1}^{M_l} X_{lk} + C_1 \sum_{l=1}^{L}\sum_{k=1}^{M_l}\sum_{i=0}^{N}\sum_{j=0}^{N} X_{lkij} \cdot d_{ij} \tag{5-1}$$

$$\sum_{l=1}^{L}\sum_{k=1}^{M_l} X_{lkj} = 1 \qquad j = L+1, L+2 \cdots N \tag{5-2}$$

$$\sum_{j=L+1}^{N} X_{lkj} \cdot V_j \leq V \qquad l = 1,2 \cdots L; k = 1,2 \cdots M_l \tag{5-3}$$

$$\sum_{j=L+1}^{N} X_{lkj} \cdot W_j \leq W \qquad l = 1,2 \cdots L; k = 1,2 \cdots M_l \tag{5-4}$$

$$X_{lk} = 1 - \max\{1 - \max\{\sum_{j=L+1}^{N} X_{lkj}, 0\}, 0\} \qquad l = 1,2 \cdots L; k = 1,2 \cdots M_l \tag{5-5}$$

$$\sum_{i=1}^{N} X_{lkij} = X_{lkj} \qquad l = 1,2 \cdots L; k = 1,2 \cdots M_l; j = L+1, L+2 \cdots N \tag{5-6}$$

$$\sum_{j=1}^{N} X_{lkij} = X_{lki} \qquad l = 1,2 \cdots L; k = 1,2 \cdots M_l; i = L+1, L+2 \cdots N \tag{5-7}$$

$$\sum_{k=1}^{M_l} X_{lk} \leq M_l \qquad l = 1,2 \cdots L \tag{5-8}$$

式中: M——表示可用车辆总数(模型中假设车辆数 M 足够用);

M_l——表示配送中心 l 可供调度的车辆数;

L——表示配送中心个数;

N——表示网络结点数,即配送中心及需求点数的总和,需求点有 N-L 个(1 个需求点所需的货物视为 1 件,即总的货物件数为 N-L);

d_{ij}——表示从 i 到 j 的距离(当 $i,j = 1,2 \cdots L$ 时表示物流中心,当 $i,j = L+1, L+2 \cdots N$ 时表示需求点);

V——表示车辆额定容积;

W——表示车辆额定载重;

V_j——表示需求点 j 所需货物的体积;

W_j——表示需求点 j 所需货物的质量;

C_0——表示指派一辆车的固定费用;

C_1——表示车辆行驶的每 km 运输单价。

在上述模型中,式(5-1)表示求最少的运输费用;式(5-2)表示每个需求点只由一辆车配送;式(5-3)表示每辆车装货不超过其额定容积;式(5-4)表示每辆车装货不超过其额定载重;式(5-5)表示若 $\sum_j X_{lkj} > 0$,则 $X_{lk} = 1$,即如果配送中心 l 的车辆 k 为需求点 j 配送货物,则该车辆执行运输任务,此时目标函数需计算指派该车的固定费用;式(5-6)表示指派的车辆只驶入所送货的需求点;式(5-7)表示指派的车辆只驶出所送货的需求点;式(5-8)表示每个配送中心指派的车辆数不超过其可调度的车辆总数。

二、模型求解

上述模型用不同的算法进行求解。为在合理的时间内得到满意解,本节根据模型特点提出了一种启发式算法,算法描述如下:

步骤1:计算每个需求点与各个配送中心的距离,按照就近原则进行归类分群,即把各个需求点归入与之距离最近的配送中心。判断各个群内所有需求点所需货物的总体积是否超过所有车辆的总容积,或者需求点所需货物的总质量是否超过所有车辆的总容重,若是,则记该群为超饱和群。

步骤2:考虑未分派车辆的所有配送中心,计算其地理位置重心,若存在超饱和群,则优先对超饱和群内分派车辆执行配送任务;否则对与该重心距离最远的配送中心所对应的群分派车辆执行配送任务。

步骤3:从该群内与重心距离最远的需求点开始,以该需求点为中心,添加相邻的需求点,直至达到一辆车的体积、质量的最大容量,把这些需求点分派给同一辆车;同样的方法分配该群内的其他需求点。若该群内的所有需求点均分配完毕且满足所分派车辆的体积、质量的约束,转入步骤5;否则,转入步骤4。

步骤4:把剩下的需求点归入与之距离最近的未分派车辆的需求点所在的群,返回步骤2和步骤3,直至所有的群都分派车辆完毕。转到步骤5。

步骤5:对每一辆车分派到的需求点,用 Dijkstra 算法求出该车的最短行驶路线。

三、例题

1. 例题描述

有3个物流配送中心向25个需求点配送货物,车辆的额定载质量为9t,额定容积为 $20m^3$,指派一辆车的固定费用 C_0 为30元,车辆行驶的每 km 运输单价 C_1 为2元/km,各个配送中心及需求点的坐标、配送中心的车辆数、需求点的坐标所需货物的体积及质量见表5-1,试制订一个合理的运输方案,使总的运输费用最少。

基 本 信 息 表　　　　　　　　表5-1

指标	配送中心			需 求 点																								
编号	1	2	3	4	5	6	7	8	9	10	11	12	13	14	15	16	17	18	19	20	21	22	23	24	25	26	27	28
x/km	11	28	42	5	8	12	23	13	28	17	9	16	22	23	33	41	19	47	27	42	7	21	41	30	13	39	32	30
y/km	9	40	20	6	12	23	14	28	5	3	36	37	33	43	48	9	20	12	19	43	29	9	33	11	48	12	16	25

续上表

指标	配送中心			需 求 点																								
W_i/t	—	—	—	3.1	2	1.2	4.2	4.1	2.3	3.1	3.5	1.6	5	2.9	3.4	1.1	1.3	2.5	1.7	1.3	2.5	2.4	2.3	2.1	2.6	3.6	2.5	1.3
V_i/m³	—	—	—	6.8	3.5	4.2	5.2	8.1	3	4.6	8.2	3.2	9	5.3	8.3	1.9	3	6.4	3.7	3.1	5.8	6.1	5.6	5	4.3	5.6	4.6	2.5
车/辆	3	6	4	—	—	—	—	—	—	—	—	—	—	—	—	—	—	—	—	—	—	—	—	—	—	—	—	—

2. 例题求解

步骤(1):按照步骤 1 的方法,归入配送中心 1 的需求点有{4,5,6,7,8,9,10,17,21,22};归入配送中心 2 的需求点有{11,12,13,14,15,20,25};归入配送中心 3 的需求点有{16,18,19,23,24,26,27,28}。其中配送中心 1 对应的群为超饱和群。

步骤(2):计算未分派车辆的配送中心 1、2、3 的重心坐标得到(27,23),配送中心 1 对应的群为超饱和群,因此优先考虑对配送中心 1 分派车辆。

步骤(3):计算配送中心 1 对应的各需求点与重心坐标(27,23)的距离为{27.8,22,15,9.85,14.9,18,22.4,8.54,20.9,15.2},最大者为 27.8,即以需求点 4 为中心,添加相邻的需求点。该群内与需求点 4 的距离为{0,6.71,18.4,19.7,23.4,23,12.4,23.1,16.3},按照从小到大排序的对应需求点为{4,5,10,22,6,7,17,9,21,8},需求点 4 的质量、体积集合为{W,V}={3.1,6.8},依次添加需求点 5 后{W,V}={5.1,10.3},添加需求点 10 后{W,V}={8.2,14.9},添加需求点 22 后{W,V}={10.6,21},此时质量、体积均超过车辆的额定值,故需求点 22 不能分派给该车辆。该车辆记为 X_{11},所以得到车辆 X_{11} 分派的需求点为{4,5,10},对该群内剩下的需求点{6,7,8,9,17,21,22}用同样的方法分派车辆,得到车辆 X_{12} 分派的需求点为{6,8,21},X_{13} 分派的需求点为{7,9,22}。此时,配送中心 1 的车辆已经分派完毕,但还有需求点{17}未分派到车辆,故转入(4)。

步骤(4):把剩下的需求点{17}归入与之距离最近的未分派车辆的需求点所在的群。计算需求点{17}与未分派车辆的需求点{11,12,13,14,15,16,18,19,20,23,24,25,26,27,28}的距离为{18.9,17.3,13.3,23.3,31.3,24.6,29.1,8.06,32.5,31,14.2,28.6,21.5,13.6,12.1},最小为 8.06,对应需求点{19},故把需求点{17}归入需求点{19}对应的配送中心 3 所在的群。转到步骤(2)。

用同样的方法得到配送中心 2 的车辆 X_{21} 分派的需求点为{12,14,25},车辆 X_{22} 分派的需求点为{11,13},车辆 X_{23} 分派的需求点为{15,20};配送中心 3 的车辆 X_{31} 分派的需求点为{17,19,24,27,28},车辆 X_{32} 分派的需求点为{16,18,23,26}。所有的群都已经分派车辆完毕,转到步骤(5)。

步骤(5)用 Dijkstra 算法求出每一辆配送车辆的最短行驶路线。

按照以上步骤得到优化方案见表 5-2。

车辆调度优化方案　　　　　　　　　　　　　　　　　表 5-2

配送中心	车　　辆	需　求　点	行　车　路　线
1	X_{11}	4,5,10	1—5—4—10—1
	X_{12}	6,8,21	1—6—8—21—1
	X_{13}	7,9,22	1—9—7—22—1

续上表

配送中心	车辆	需求点	行车路线
2	X_{21}	12,14,25	2—12—25—14—2
	X_{22}	11,13	2—11—13—2
	X_{23}	15,20	2—15—20—2
3	X_{31}	17,19,24,27,28	3—28—17—19—24—27—3
	X_{32}	16,18,23,26	3—26—16—18—23

由表5-2得到每个配送中心派出的每辆车为各个需求点运送货物最后回到原点的最佳行车路线,分派网络图如图5-8所示。

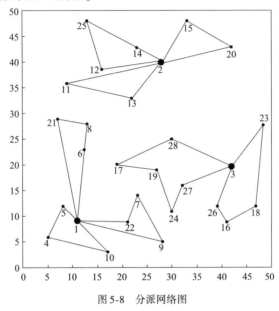

图5-8 分派网络图

第五节 配送合理化

物流配送难度大,在实际操作中,会出现很多不合理的配送形式。物流合理化是配送系统要解决的问题,也是衡量配送本身的重要指标。

一、不合理配送的表现形式

1. 资源筹措的不合理

配送是利用较大批量筹措资源,通过筹措资源达到规模效益来降低资源筹措成本,使配送资源筹措成本低于用户自己筹措资源成本,从而取得优势。但如果配送量计划不合理、资源筹措过多或过少;在资源筹措时不考虑建立与资源供应者之间长期稳定的供需关系等,就会使筹措成本不但不能降低,用户反而要多支付一笔配送企业的代筹代办费用。

2. 库存决策不合理

配送应充分利用集中库存总量低于各用户分散库存总量,从而大大节约社会财富,同时降低用户实际平均分摊库存负担。如果只是把配送当作库存的转移,不能科学决策,造成库存量过多或不足,就起不到配送应有的作用。

3.配送路径规划不合理

配送中心需按不同客户的不同订货要求组织配送,根据客户的需求量分配车辆和规划配送路径。由于从事物流配送的车辆货运工作条件复杂,涉及的货运点多、货物种类繁多、道路网复杂,有些客户还对配送需求提出一些约束条件的要求,大多数的管理者及运输驾驶员都是凭经验操作,没有进行科学合理的路径规划,从而车辆达不到满载,路线不能进行优化,配送成本不能得到降低。

二、配送合理化的判断标志

对于配送合理化与否的判断,是配送决策系统的重要内容,目前国内外尚无一定的技术经济指标体系和判断方法,按一般认识,可考虑以下标志。

1.库存标志

库存是判断配送合理与否的重要标志。具体指标有两方面:

(1)库存总量。在实行配送后,配送中心库存数量加上各用户在实行配送后库存数量之和应低于实行配送前各用户库存量之和。

(2)库存周转。由于配送企业的调剂作用,以低库存保持高的供应能力,库存周转一般总是快于原来各企业库存周转。

2.资金标志

实行配送应有利于资金占用降低及资金运用的科学化。具体判断标志如下:

(1)资金总量。用于资源筹措所占用流动资金总量,随储备总量的下降及供应方式的改变必然有一个较大的降低。

(2)资金周转。资金周转是否加快,是衡量配送合理与否的标志。

(3)资金投向的改变。实行配送后,资金必然应当从分散投入改为集中投入,以能增加调控作用。

3.成本和效益标志

总效益、宏观效益、微观效益、资源筹措成本都是判断配送合理化的重要标志。对于配送企业而言(在满足用户要求,即投入确定了的情况下),则企业利润反映配送合理化程度。对于用户企业而言,在保证供应水平或提高供应水平(产出一定)前提下,供应成本的降低,反映了配送的合理化程度。

4.供应保证标志

实行配送,各用户最担心的是供应保证程度降低,这并不简单是心态问题,更可能是要承担风险的实际问题。配送的重要一点是必须提高而不是降低对用户的供应保证能力,才算实现了合理。供应保证能力可以从缺货次数、配送企业集中库存量、即时配送的能力及速度等方面进行判断。

5.社会运力节约标志

末端运输是目前运能、运力使用不合理,浪费较大的领域,因而人们寄希望于配送来解决这个问题。这也成了配送合理化的重要标志。运力使用的合理化是依靠送货运力的规划和整个配送系统的合理流程及与社会运输系统合理衔接实现的。送货运力的规划是任何配送中心都需要花力气解决的问题,可以简化判断如下:社会车辆总数减少,而承运量增加;社会车辆空驶减少;一家一户自提自运减少,社会化运输增加。

6. 物流组织合理化标志

配送必须有利于物流合理。这可以从以下几方面判断:是否降低了物流费用;是否减少了物流损失;是否加快了物流速度;是否发挥了各种物流方式的最优效果;是否有效衔接了干线运输和末端运输;是否不增加实际的物流中转次数;是否采用了先进的管理方法及技术手段。

三、配送合理化的措施

1. 推行一定综合程度的专业化配送

通过采用专业设备、设施及操作程序,取得较好的配送效果并降低配送过程综合化的复杂程度及难度,从而追求配送合理化。

2. 推行加工配送

通过加工和配送结合,充分利用本来应有的这次中转,而不增加新的中转求得配送合理化。同时,加工借助于配送,使加工目的更明确,与用户联系更紧密,并避免了盲目性。这两者有机结合,投入不增加太多却可追求两个优势、两个效益,是配送合理化的重要经验。

3. 实行双向配送

配送企业与用户建立稳定、密切的协作关系,其不仅成了用户的供应代理人,而且承担用户储存据点,甚至成为产品代销人,在配送时,将用户所需的物资送到,再将该用户生产的产品用同一车运回,这种产品也成了配送中心的配送产品之一,或者作为代存代储免去了生产企业库存包袱。这种送取结合,使运力充分利用,也使配送企业功能有更大的发挥,从而追求合理化。

4. 推行准时配送系统

准时配送是配送合理化的重要内容。配送做到了准时,用户才有资源把握,可以放心地实施低库存或零库存,可以有效地安排接货的人力、物力,以追求最高效率的工作。另外,保证供应能力,也取决于准时供应。从国外的经验看,准时供应配送系统是现在许多配送企业追求配送合理化的重要手段。

5. 推行即时配送

即时配送是最终解决用户企业断供之忧,大幅度提高供应保证能力的重要手段。从这个角度来说,即时配送是配送企业快速反应能力的具体化,是配送企业能力的体现。

6. 推行共同配送

通过共同配送,可以共用资源,发挥资源的最大能力,以最小的资源消耗、最低的配送成本完成配送,从而追求合理化。

案例 5-3

近年来,我国快递业务量持续增长,而"送货上门"的派件模式使得快递员的效率无法得到提升,快递柜的出现提高了快递末端配送效率,但快递柜的布设、维修等均需要相关的成本。快递柜作为存储设施解决了配送效率问题,以更高的存储成本换取了配送成本的降低。

例如,某快递企业的快递柜在广州、深圳等一线城市市场占有率超过70%,在快递柜行业占据龙头地位。每投放一件快递,快递柜所属企业将向投递员收取服务费,大格每次收费0.4元,中格、小格每次收费0.35元;对于收件人,可以选择购买5元的月卡或缴纳超12小时0.5元的滞期费。这样的收费模式意味着,新增的存储成本将由快递企业和消费者分摊。从效益背反的角度说,快递柜为配送成本带来了实打实的压减,相应提高的存储成本应当由获益各方合理承担,寻找到了效益优化的平衡点。

复习思考题

1. 阐述配送的概念,以及配送与运输的区别和联系。
2. 配送组织方式有哪几种?不同配送组织方式的适用条件有什么特点?
3. 快递配送中广泛应用的智能快递柜、快递驿站等方式,与传统的配送上门方式相比有哪些优势与不足?如何解决人们对快递配送的不同需求?
4. 试分析实施共同配送有什么难点?如何解决?
5. 随着本地电商等新零售模式的兴起,城市即时配送快速发展。结合实际生活体验,谈一谈即时配送的应用场景和运作特点。
6. 某企业有3个物流配送中心,需要给25个客户需求点配送货物,配送车辆额定载重为20t,额定容积为35m³,每派出一辆车的固定费用 C_0 为50元,运输单价 C_1 为2.5元/km,各个配送中心及需求点的坐标、配送中心的车辆数、需求点的坐标所需货物的体积及质量见表5-3,试制订一个合理的运输方案,使总的运输费用最少。

配送信息表　　　　　　　　　　　　　　　　　　　表5-3

指标	配送中心			需求点																								
各点编号	1	2	3	4	5	6	7	8	9	10	11	12	13	14	15	16	17	18	19	20	21	22	23	24	25	26	27	28
x坐标 (km)	10	25	38	18	9	12	25	21	30	23	32	5	16	18	20	32	35	40	26	14	23	9	16	39	42	45	33	19
y坐标 (km)	12	30	23	25	3	5	20	8	16	18	30	20	28	29	18	38	40	35	10	21	6	16	9	15	33	28	18	35
质量 (W_j/t)	—	—	—	7	5	4	8	6	4	2	4	6	5	7	6	4	6	5	2	3	4	5	6	4	3	6	8	4	7
体积 (V_j/m²)	—	—	—	12	10	8	15	6	5	7	10	4	7	12	15	9	11	5	13	6	11	10	6	14	15	8	16
车辆数	4	3	6	—	—	—	—	—	—	—	—	—	—	—	—	—	—	—	—	—	—	—	—	—	—	—	—	—

第六章 包 装

【导入案例】
近年来,快递包装成本不断攀升,包装材料浪费、污染等问题愈加严重,引起了物流行业对可循环、低耗材、环保化包装的重视。某物流公司致力于为供应商、平台商户、社会客户提供工厂到仓、经销商、门店和消费者的全链路、全渠道服务。为了优化物流包装的运作水平,提高仓储空间使用率,该公司提出了智能包装解决方案,如图 6-1 所示。该公司利用历史数据分析,结合客户订单信息、商品主数据、包装耗材数据等相关数据,通过大数据算法模型优化,自动为订单商品选择包装材料类型、确定包装方式,提供装箱顺序和装箱位置的方案,实现包装智能化应用。在智能包装解决方案中,包装耗材标准得到了统一,通过智慧化的决策提高了快递包装效率,每年可节省 16% 的包装成本,同时大大提高了顾客满意度。

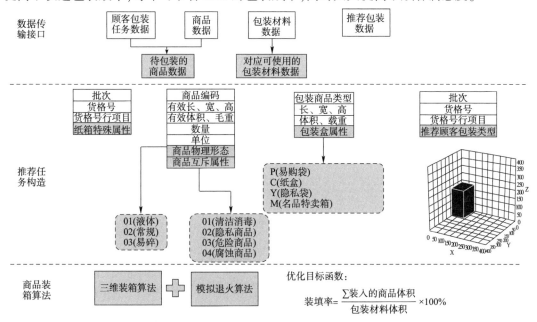

图 6-1 智能包装解决方案

第一节 包 装 概 述

一、包装概念

在社会再生产过程中,包装处于生产过程的末尾和物流过程的开头,既是生产的终点,又是物流的始点。作为生产的终点,产品生产工艺的最后一道工序是包装。因此,包装对生产而言,标志着生产的完成。从这个意义来讲,包装必须满足生产的要求。作为物流的始点,包装完成之后,包装的产品便具有了物流的能力,在整个物流过程中,包装便可发挥对产品保护和便于物流作业的作用,最后实现销售。从这个意义来讲,包装对物流有贯穿始终的作用。现代物流观念形成前,包装被看成生产的终点,一直是生产领域的活动,主要从生产终结的要求出发,因而常常不能满足物流的要求。

现代物流认为,包装与物流的关系,较其与生产的关系更密切,其作为物流始点的意义较其作为生产终点的意义要大。因此,在对系统进行划分时,包装应当从生产系统转入物流系统之中,这是现代物流的一个新观念。包装(package,packaging)为在流通过程中保护产品、方便储运、促进销售,按一定技术方法而采用的容器、材料及辅助物等的总体名称。

二、包装功能

包装功能是指对于包装物的作用和效应,从产品到商品,一般要经过生产领域、流通领域、销售领域,最后到达消费者手中,在这个转化过程中,包装起着非常重要的作用。包装的功能主要有三个方面:一是自然功能,即对商品起保护作用;二是物流功能,即降低货物损耗、集装化货物提高物流效率;三是社会功能,即对商品起媒介作用,利用包装介绍商品、吸引消费者,从而达到扩大销售占领市场的目的。从物流功能的角度,包装主要发挥保护与盛载、方便物流作业以及商品追溯管理等功能。

1. 保护与盛载

商品包装的一个重要功能就是要保护包装内的商品不受损伤。在运输途中,由于运输工具或运输道路的原因,商品难免会受到一定的冲击或者压力,这样就会使商品受到损害;在储存过程中,因为商品要层叠堆积码放,所以会受到放在它上面其他商品的压力,这样也可能会损害商品;另外,在储存过程中,商品可能还会受到外部自然因素的侵袭,如被雨水淋湿或被虫、鼠咬坏等。因此,在设计包装时,应充分考虑商品特性以及物流作业要求。例如,包装必须具备一定的强度,能承受物流过程中的冲击、振动、颠簸、压缩等,形成对外力破坏性作用的抵抗和防护作用;防止商品发生化学变质损失,在一定程度上起到阻隔水分、溶液、潮气、光线、腐蚀性气体的作用,起到对环境、气象的影响进行抵抗的作用;有阻隔霉菌、虫、鼠、其他生物侵入的能力,形成对生物的防护作用。此外,包装还有防止异物混入污物污染、防止丢失、散失、盗失等作用。

2. 方便物流作业

由于包装与被包装物都属于商品,商品在流通领域中就存在着运输储存等客观因素。各类商品大小形态不一,这样会给运输或储存带来许多不便,因此包装单位大小要和装卸、保管、运输相适应,尽量做到便于集中输送以获得最佳的经济效果,同时又要求能分割及重新组合以适应多种装运条件及分货要求。其中,成组化包装将同一种商品或同一类商品或不同类商品,以包装为单位,通过中包、大包的形式将其组合包装在一起,使包装后更便于运输和装卸搬运,从而提高物流效率。

3. 商品追溯管理

商品包装的一个重要作用就是提供商品自身的信息,如商品的名称、生产厂家和商品规格等,以帮助工作人员区分不同的商品。在商品的储存过程中,仓库工作人员也是通过商品包装上的商品标志来区分商品,进行存放和搬运的。在传统的物流系统中,商品包装的这些功能可以通过在包装上印刷商品信息的方式来实现。如今,随着信息技术的发展,更多使用条形码技术。条形码技术是在计算机的应用实践中产生和发展起来的一种自动识别技术,它是为实现对信息的自动扫描而设计的,是一种快速、准确而可靠地采集数据的有效手段。仓库管理人员在使用扫描仪对条形码进行扫描的同时,商品的详细信息就可以输入到物流信息系统中,进而物流信息系统可以发出一定的指示,指导工作人员对该商品进行一定的操作,可以极大地提高物流过程的整体效率。

三、包装分类

按照流通要求、包装对象、形变程度、不同用途等,包装可分为不同的类别。

1. 按流通中的作用分类

按包装在流通中的作用分类,可以分为商业包装和运输包装。商业包装是以促进销售为主要目的,如图6-2所示,其特点是外形美观,有必要的装潢,包装单位适于顾客的购买量以及商店陈设的要求。运输包装以强化输送与保护产品为主要目的,需要在包装费用和物流损失之间寻找最优,如图6-3所示。降低包装费,包装防护性往往也随之降低,商品流通损失就必然增加;相反,如果加强包装,流通损失降低,包装费用就必然增加。因此,包装适中才最优。

图6-2 商业包装

图6-3 运输包装

2. 按包装对象分类

按包装对象的针对性分类,可以分为专用包装和通用包装。专用包装,根据被包装物流特点进行专门设计、专门制造的只适用于某种专门产品的包装,如水泥袋、蛋糕盒、可口可乐瓶等,如图6-4所示;通用包装,根据标准系列尺寸的包装,用于各种无特殊要求的或标准尺寸的产品。

3. 按形变分类

按包装容器的抗变形能力、形状、结构、使用次数,可以对包装分类进行细化。按容器的抗变形能力分类,分为硬包装和软包装两类,硬包装又称刚性包装,包装体有固定形状和一定强度;软包装又称柔性包装,包装体可有一定程度变形,且有弹性,可以对外力起到缓冲作用从而使被包装物得到保护。按容器形状分类,分为包装袋、包装箱、包装盒、包装瓶、包装罐等。按容器结构形式分类,分为固定式和可拆卸折叠式两类。固定式包装尺寸、外形固定不变,这类包装的最大问题是,空包装回收返运时,空箱占有体积;可拆卸折叠式包装可通过折叠拆卸,在不需包装时缩减容积以利于管理及返运。按容器使用次数分类,分一次性包装和多次周转包装两类。一次性包装在拆装后,包装不能再次使用;多次周转包装建立逆向物流的回送渠道后可反复使用。多次周转包装如图6-5所示。

图6-4 专用包装　　　　　图6-5 多次周转包装

4. 按用途分类

按包装技术的层次和用途可以将包装分类细化。按包装层次及防护要求分类,分为个装、内装、外装三类,个装是对商品个体包装;内装是内部包装;外装是外部包装,往往是集合的大包装。按包装的保护技术分类,分为防潮包装、防锈包装、防虫包装、防腐包装、防振包装、危险品包装等。防潮包装、危险品包装分别如图6-6、图6-7所示。

图6-6 防潮包装　　　　　图6-7 危险品包装

第二节　包装技术和方法

物流包装技术和方法主要围绕物流集装、包装、选箱等技术方法展开,对于包装材料研发、包装结构、材料检测等方面侧重较少。

一、包装技术

根据不同包装单元形成相关包装技术,包括包装袋、包装盒、包装箱(集装箱)、包装瓶、包装罐等相关技术。

1. 包装袋

包装袋是柔性包装的重要技术。包装袋材料是挠性材料,有较高的韧性、抗拉强度和耐磨性。其结构是筒管状,一端封死,包装后封装另一端。包装袋广泛用于运输包装、商业包装、内装、外装。一般分成下述三种类型:

(1)集装袋。这类是大容积的运输包装袋,盛装量在 1t 以上。其顶部有便于吊装、搬运的吊架或吊环,顶部设进货孔,由袋底的卸货孔卸货,适于颗粒状、粉状、小块状、球状货物,多用聚丙烯、聚乙烯等聚酯纤维纺织而成,如图 6-8 所示。

图 6-8 集装袋

(2)一般运输包装袋。这类包装袋盛装质量为 0.5~100kg,大部分是织物袋,或由几层挠性材料构成,如麻袋、草袋、水泥袋等。其主要包装粉状、粒状和体积小的货物,适于外包装及运输包装。

(3)小型普通包装袋。这类包装袋盛装质量较轻,通常由单层材料制成,也有用多层不同材料复合而成的。其包装范围较广,液状、粉状、块状和异形物品等都可采用,适于内装、个装及商业包装。

2. 包装盒

包装盒为介于刚性和柔性包装两者之间的包装技术。包装材料有一定的韧性,不易变形,有较高的抗压强度,刚性高于袋装材料,结构是立方体,也可制成圆盒状、尖角状,有开闭装置,适合包装块状及异形物品。包装盒强度不大,包装量也不大,不适合做运输包装,只适合做商业包装、内包装。

3. 包装箱

包装箱是刚性包装技术中的重要一类。包装材料为刚性或半刚性材料,有较高强度且不易变形。结构和包装盒相同,只是容积、外形都大于包装盒,通常以 10L 为分界。包装箱整体强度较高,抗变形能力强,包装量也较大,适合做运输包装、外包装。包装箱包括瓦楞纸箱、木箱、塑料箱、集装箱等。

(1)瓦楞纸箱。其是用瓦楞纸板制成。按外形结构分类,有折叠式瓦楞纸箱、固定式瓦楞纸箱和异形瓦楞纸箱三种;按箱体材料分类,有瓦楞纸箱和钙塑瓦楞箱。

(2)木箱。如图 6-9 所示,其有木板箱、框板箱、框架箱三种,木板箱一般用作小型运输包装,有较大的耐压强度,但箱体重、体积大、没有防水性;框板箱由条木与人造板材制成;框架箱由条木构成箱体骨架,有敞开式、木板覆盖式两种。

(3)塑料箱。其用作小型运输包装容器,自重轻,耐蚀性好,可装载多种商品,整体性强,

图 6-9 木箱

能满足反复使用的要求,可制成多种色彩以对装载物分类,手握搬运方便。

(4)集装箱。由钢材或铝材制成的大容积、标准尺寸的物流装运设备。从包装角度看,属大型包装箱,属于运输包装的类别,也是大型反复使用的周转型包装。集装箱是一种用于货物运输,便于使用机械装卸的组合包装容器。它的原意就是运输货物的容器,也称"货箱"。国际上正式使用民用集装箱运输开始于 1955 年。随着标准集装箱的发展,集装箱专用码头和专用船舶也出现了。在陆地,建立了集装箱陆上运输系统,还发展了大量铁路和公路专用车辆。集装箱的规格尺寸由国际标准化组织(ISO)104 技术委员会统一制定,共分 3 个系列、12 种箱型。目前国际上通用的是 1A、1B、1C、1D 和 1E 五种。集装箱类型和尺寸见表 6-1。

集装箱类型和尺寸　　　　表 6-1

尺　寸	型　号				
	1A	1B	1C	1D	1E
长度(ft)	40	30	20	10	7
宽、高度(ft)	8	8	8	8	8
质量(t)	30	25	20	10	7

4.包装瓶

包装瓶是小型容器、刚性包装的一种,有圆、方、高、矮、异形瓶若干种,瓶颈口径远小于瓶身,瓶颈顶部开口。其主要做商业包装、内包装,盛装液体、粉状货。瓶口需要封盖才能将包装物与外界隔绝,封盖方式有螺纹式、凸耳式、齿冠式、包封式等。

5.包装罐(筒)

包装罐(筒)为刚性罐体包装容器,强度高、抗变形能力强,装填后将罐口封闭。其可做运输包装、外包装,也可做商业包装、内包装。它有小型、中型和集装罐(图 6-10)三种:小型罐一般做销售包装、内包装;中型罐一般做化工、土特产的外包装,起运输包装作用;集装罐是大型罐体,灌填和排出不在同一罐口,属运输包装,适合包装液状、粉状及颗粒状货物。

图 6-10 集装罐

二、包装方法

货物种类太多,需要借助一定的包装方法来进行组合和区分,包装模数就是关于包装基础尺寸标准化及系列尺寸选定的规定。包装模数标准确定之后,各种进入流通领域的产品只需按模数规定尺寸进行包装,便可以按一定规定组合,利于集装箱及托盘的装箱、装盘。

包装模数如和仓库、运输设施的尺寸模数统一化,不但能使包装实现合理化,而且能实现全物流系统的合理化。因此,包装模数问题是物流现代化的基础问题。然而,包装模数尺寸标准化有一定的局限性,大部分工业产品,尤其是散、杂货可以实现包装的标准化;有些长型、异型等无法按模数尺寸包装的,就只能做个别处理。因此,包装方法主要解决货物集装方式、包装结构设计以及装箱过程。

1. 集装方法

集装的全称为"集合包装",将许多单件物品,通过一定的技术措施组合成尺寸规格相同、质量相近的大型标准化的组合体,这种大型的组合状态称为集装。

从包装角度,集装属于大型包装形态。在多种产品中,小件以及散杂货物很难像机床、建筑构件等产品那样进行单件处理,由于其杂而散,且个体体积质量不相同,所以,需要进行一定程度的组合,一般包装箱、包装袋等都是杂散货物的组合状态。

在科学不发达、装卸依靠人力时,杂散货组合包装受两个因素制约:一是包装材料,材料强度和自重制约了包装的大型化;二是装卸能力,包装必须限制在人的体能范围之内,因此,那时组合体质量一般在50kg以下。集装技术是材料科学和装卸技术两个领域取得突破进展之后出现的,用大单元实现组合,是包装技术的一大进展。从运输角度看,集装的组合体往往又是一个装卸运输单位,可便利运输和装卸,因而在运输领域把集装看成一个运输体(货载),称单元组合货载或称集装货载。其主要的集装单元包括托盘、集装箱、周转筐等。

集装单元的选择是按标准化、通用化要求集小为大,使中小件、散杂货以一定规模进入流通领域,形成规模处理的优势。集装的效果实际上是有一定规模优势的。

(1) 使装卸合理化。这是集装的最大效果。与单个物品逐一装卸处理比较,其效果主要表现在:缩短装卸时间和降低装卸作业劳动强度。中、小件大数量散杂货装卸,工人劳动强度极大,由于强度大、装卸速度慢,而易出差错、货损、工伤事故。采用集装不但减轻了装卸劳动强度,而且集装的保护作用可有效防止装卸时的碰撞损坏及散失丢失。

(2) 使包装大型化、合理化。采用集装成为大型包装,形成规模,便于机械化、自动化操作;物品的单体包装及小包装要求可降低甚至可以去掉小包装,从而在包装材料上有很大节约;集装的大型化和防护能力增强,也有利于保护货物。

(3) 便于储存保管。在储存保管方面,集装方式是对集装整体进行运输和保管,大大方便了运输及保管作业,也能有效利用运输工具和保管场地的空间,大大改善环境。

(4) 便于管理。集装的货载封装之后,在整个物流过程中,便不需要反复不断地清点,从而大大节省了管理力量,同时,也能有效防止物流过程中出现的差错、丢失等问题。

(5) 促进系统化。集装的最大效果,还是以其为核心所形成的集装系统,可以将原来分立的物流各环节有效地联合为一个整体,使整个物流系统实现合理化。物流的现代化、系统化进展是离不开集装的。

2. 装箱方法

随着企业现代化生产线的建设,包装作为产品生产过程中必不可少的工序,已经开始摆脱手工或者半自动落后的包装方式,越来越多地采用先进的、效率更高的智能装箱技术和方法,推动包装功能向精确化、专业化方向发展。智能装箱方法是根据商品尺寸、类型以及包装尺寸,利用计算机算法构建最佳装箱模型,使得容器的最终装载状态尽量满足需求的方法。该方法主要应用于配送、装卸、仓储等物流环节,广泛地出现在铁路货车车厢装载、汽车车厢装载、轮船配载、集装箱装载等物流作业过程,尤其在零担货运、商超配送、生鲜配送物流服务过程中,由于其作业过程比较复杂、反复进行装卸作业、作业空间多变且较为狭小,装箱过程更加复杂,因此更加依赖于装箱方法去解决这个复杂的装车、装箱配载组合优化问题。

第三节 包装材料

一、纸及纸制品

1. 牛皮纸

牛皮纸是不透明的一般包装纸,有较高强度和耐磨性,柔韧性好,有一定的抗水性,可用作铺衬、内装和外装,可制成纸袋,还用作瓦楞包装纸的面层。

2. 玻璃纸

玻璃纸是透明或半透明的防油纸,用于内装、小包装和盒外、瓶外封闭包装,有装饰、绝潮、隔尘等作用。其主要特点是美观、透明,有很强的装饰性能,其缺点是强度较低。

3. 植物羊皮纸

植物羊皮纸是用硫酸处理的半透明纸,也称硫酸纸,主要用于带一定装饰性的小包装,如用于包装食品、茶叶、药品等,可在长时间存放中防止受潮、干硬、走味。

4. 沥青纸、油纸及蜡纸

沥青纸、油纸及蜡纸是包装原纸经浸渍沥青或油、蜡而制成的改性包装纸,有较强的隔水、隔气、耐磨的保护性能。其主要用于个装、内装和箱、盒包装内衬,工业品包装中较多采用。

5. 板纸

板纸有三种类型:草板纸、白板纸和箱板纸。草板纸档次较低,另两种档次较高。草板纸用作包装衬垫物及讲究外观效果的包装匣、盒;白板纸用于价值较高商品的内装及中、小包装外装;箱板纸用于强度要求较高的纸箱、纸盒、纸桶。

6. 瓦楞纸板

瓦楞纸板由两层纸板和芯层的瓦楞芯纸黏合构成。面层是箱板纸,瓦楞芯有不同形状,按瓦楞高度和密度分为A、B、C、D四种,工业品包装采用较厚的强度较高的A、B、C三种,各种瓦楞纸板主要参数、性能和结构见表6-2。与相同厚度其他纸制品相比,瓦楞纸板的主要特点是质量轻、强度性能好,有很好的抗振性及缓冲性,对被包装物有保护作用,面层具有装饰和促销作用,还有生产成本较低的优势。

瓦楞纸板主要类型和性能　　　　表6-2

种　类	瓦楞高(mm)	瓦楞数(个/m)	耐平面压力排序	耐垂直压力排序	耐平行压力排序
A	4.5~4.8	120	3	1	3
B	2.5~3.0	170	1	3	1
C	3.5~3.7	140	2	2	2
D	1.1~1.2	320	—	—	—

7. 蜂窝纸板

蜂窝纸板是与瓦楞纸板结构类似但芯层不同的包装纸板。它由两层纸板和芯层的蜂窝状芯纸黏合而成。这种纸板性能类似瓦楞纸板但制作成本较高,应用不如瓦楞纸板广泛。

二、塑料及塑料制品

塑料及其制品种类很多,各有特点,是物流包装领域应用最为广泛的材料。其主要包含以下几种。

1. 聚乙烯

有高压聚乙烯、中压聚乙烯及低压聚乙烯三种。其密度情况是:高压聚乙烯为低密度,而中、低压聚乙烯密度较高。它主要用于制造塑料薄膜,也用于制造瓶桶及包装箱、盒。其中尤以高压聚乙烯薄膜使用广泛。聚乙烯薄膜不能透过水分,但能透过氧及二氧化碳等气体,适合蔬菜、水果包装保鲜,也用于工业品个装、内装。发泡的泡沫塑料用于包装防振。

2. 聚丙烯

聚丙烯的特点是无毒,没有增塑剂的污染及溶出,可制成薄膜、瓶、盖及用薄膜扁丝编成包装袋,用于食品、药品包装,集装袋等大型袋也采用聚丙烯材料为基层材料。

3. 聚苯乙烯

聚苯乙烯主要用作盒、罐、盘等包装容器和热缩性薄膜包装材料。发泡后的聚苯泡沫塑料用作包装衬垫及内装防振材料。

4. 聚氯乙烯

聚氯乙烯可制成瓶、盒、箱及薄膜,用于小包装袋或制成周转塑料箱,也可发泡制成硬质泡沫塑料。由于高温下可能分解出氯化氢气体,有腐蚀性,因而不宜用于金属材料做防锈包装。

5. 钙塑材料

钙塑材料由大量填充钙质材料的改性塑料制成。由于钙质材料这种低值填料的加入,也大大降低了材料的成本,使之可以成为木材、纸板的代用材料制造钙塑瓦楞纸板、钙塑包装桶、包装盒等。

三、金属

1. 镀锡薄板

镀锡薄板俗称马口铁,是表面镀有锡层的薄钢板。除有薄钢板的优点外,锡层还有很强的耐腐蚀性和装饰性。不同钢基成分和钢板工艺,可加工成各种形状的容器。其主要制造高档罐容器,如各种饮料罐、食品罐等。镀锡薄板表面装潢之后成为工业和商业包装。

2. 涂料铁

涂料铁由镀锡薄板面涂以涂料加工制成,可以用于盛装各种食品,主要用作食品罐。

3. 铝合金

铝合金是以铝为主要合金元素的包装材料,有铝箔、薄板、铝板及型材几种。它可制成各种包装物,如牙膏皮、饮料罐、食品罐等小包装,以及航空集装箱等大型包装,还可与塑料复合制成复合薄膜,用于商业小包装材料。其主要特点是隔绝能力强,强度质量比大,包装材料轻,无效包装较少。此外,铝合金材料无毒、外观性能好、易装饰美化,这也是现代包装不可缺少的品质。

四、其他材料

木材和木制品为传统包装材料,以木材为原料制成的胶合板、纤维板、刨花板等板材也用于做包装箱、包装桶等。它主要用于外包装,也广泛用于高档商品的小包装。

玻璃、陶瓷是历史悠久的包装材料。其主要特点是有很强的隔绝性能和耐腐蚀性能,强度较高,因此有很强的保护商品的作用,装潢、装饰性能好,因此广泛用于商业包装,较多用于个装,有宣传、美化的推销作用。包装形态是瓶、罐,陶瓷可制成较大的罐、坛。它主要用于食品、饮料、酒类、药品等包装,也用于包装化学工业腐蚀性的物品。

复合材料是将两种或两种以上的材料复合制成的包装材料。它能发挥各种包装材料的优点,并避免它们的缺点。使用较多的是薄膜复合材料,主要有纸基复合材料、塑料基复合材料、金属基复合材料等。

第四节　包装合理化

一、不合理包装的表现形式

1. 包装不足

包装不足指的是包装强度不足,强度不足使包装防护性不足,造成被包装物的损失;包装材料水平不足,包装材料选择不当,不能承担运输防护及促进销售作用;包装容器的层次及容积不足,缺少必要层次与不足所需体积而造成损失;包装成本过低,不能保证有效地达到必要要求的包装。

包装不足造成的主要问题是在流通过程中的损失及降低促销能力。我国曾进行过全国包装大检查,认定包装不足引起的损失一年达100亿元以上,在经济总量中占有很大比重。

2. 包装过剩

包装过剩指的是包装设计要求过高,如包装物装潢设计、强度设计过高,材料截面设计过大,包装方式超过实际需求的过剩等;包装材料选择不当,选择过高,如可以用纸板而采用镀锌、镀锡材料等;包装技术过高;包装层次过多,包装体积过大;包装成本过高,一方面可能使包装成本支出大大超过减少损失可能获得的效益,另一方面,包装成本在商品成本中比重过高,损害了消费者利益。

消费者购买商品的主要目的是内装物的使用价值,包装物大多成为废物而被丢弃,造成浪费的同时加重了环境负担。过重过大的包装,会加大物流成本,影响消费者对产品的判断,反而会降低促销能力。日本的一项调查发现,发达国家包装过剩问题严重达20%以上。

二、包装合理化的主要措施

物流诸因素是可变的,确定包装形式,选择包装方法,都要与物流诸因素的变化相适应。

(1) 对包装有影响的第一个因素是装卸。例如,手工装卸方式包装的包装质量必须限制在手工装卸的允许能力之下,外形及尺寸也应适合于人操作。手工装卸的包装质量和时代有关,过去,往往达到 60~100kg;在工人受到保护的时代,包装质量有所降低,以减轻体力消耗。但这并不等于包装质量越轻越好。质量太轻,装卸的反复频率就要增加,也引起疲劳并降低效率,过轻包装,往往将两个合并操作,这样也容易造成损失。现代管理科学对人工装卸最佳质量进行研究的结果确定:包装的质量为工人体重的40%较为合适,即男劳动力为20~25kg,女劳动力为15~20kg。采用机械装卸,包装的质量可大大增加,如采用集装箱做外包装,质量可达10t以上。

（2）对包装有影响的第二个因素是保管。在确定包装时,必须对保管的条件和方式有所了解。例如,采用高垛,就要求包装有很高的强度,否则就会压坏。如果采用低垛或料架保管,包装的强度就可以相应降低,以节约资源和费用。

（3）对包装有影响的第三个因素是输送。输送工具类型、输送距离长短、道路情况如何都会对包装产生影响。例如,道路情况比较好的短距离汽车输送,就可以采用轻便的包装。同一种产品,如果进行长距离的车船联运,就要求严密厚实的包装。

（4）对包装有影响的第四个因素是流通与生产。按照客户的个性化要求,进行不同尺寸、不同材料、不同规格的包装,主要有：

①散装或小包装的适度包装作业。将无包装的散装物进行不同程度的包装,或者对有内包装、销售包装的小包装体进行更大程度的集合包装。

②大件货物拆解、分割及包装作业。长、大、重的结构性的大件货物拆解之后用包装材料进行包装作业,变成新的包装体；对于原材料性的大件货物,通过下料、打碎、磨细等加工操作,之后进行不同程度的集合变成新的包装体。

③大包装货物的分割、分装及包装作业。将大包装货物拆装,拆装之后的货物重新包装成小包装体提供给用户,也可以对小包装体进行不同数量的组合,作出新的集合包装。

④不同种类货物拆装、分拣及重新组合包装。将若干不同种类货物拆装,进行分拣,并按新的要求进行配货,或将不同种类货物进行不同数量的组合,作出新的集合包装。

三、绿色包装

1. 绿色包装概念

绿色包装(Green Packaging)是指满足包装功能要求的对人体健康和生态环境危害小、资源能源消耗少的包装。绿色包装一般应具有五个方面的内涵：一是实行包装减量化(Reduce),即包装在满足保护、方便、销售等功能的条件下,物料使用量最少；二是包装应易于重用(Reuse),或易于回收再生(Recycle),通过生产再生制品、焚烧利用热能、堆肥化改善土壤等措施,达到再利用的目的；三是包装废弃物可以降解腐化(Degradable),其最终不形成永久垃圾,进而达到改良土壤的目的；四是包装材料对人体和生物应无毒无害,包装材料中不应含有毒性的元素、病菌、重金属,或这些含有量应控制在有关标准以下；五是包装产品从原材料采集、材料加工、制造产品、产品使用、废弃物回收再生,直到其最终处理的生命周期全过程均不应对人体及环境造成危害。

2. 绿色包装材料

包装材料是绿色包装的最重要的内容,应尽量选用无毒无害、可降解、环境负荷小的包装材料,如有毒有害材料的替代材料、环保油墨、可降解新型塑料、可食性包装膜、纸包装、竹包装等。

(1)有毒有害材料的替代材料。应用新型环保材料代替泡沫塑料作为防振材料,如对电子产品的包装采用可天然降解的植物纤维缓冲包装材料替代原先使用的 PE-LD 防振包装材料。替代后包装的缓冲效果并无明显下降,但新包装的环境性能有了显著提高。

(2)环保油墨。快递面单和包装封面印刷中的油墨含有铅(Pb),对环境及人体都有不同程度的影响,而且在用于食品包装印制时,油墨对人体有害的成分还会直接危害食用者的健康。对环境友好的油墨包括水溶性油墨、UV 油墨和水溶性 UV 油墨。

(3)可降解新型塑料。由谷物合成的塑料——PLA 聚合物材料生产的水杯不需要进行任何处理,可以与食品垃圾一道废弃。该杯子可与食品垃圾一起降解成水、二氧化碳和有机物;玉米淀粉树脂是由玉米经塑化而成的,可以制成多种一次性塑料用品,如水杯、塑料袋、商品包装等;用粉碎的草莓秧制成的食品包装薄膜可防止氧化,以达到食品保鲜的目的,这种薄膜可自然分解,符合环保要求。此外,还可将变质粮食、甘蔗渣、麦草、报纸等废弃物加工成各种各样的防振减压材料。

3. 包装循环利用

包装产业已是各国重要产业之一,资源消耗巨大,因而资源回收利用、梯级利用再循环是包装领域现代化的重要课题。包装循环利用有许多有效的合理化措施。

(1)通用包装。其具有广泛适用性。按标准模数尺寸制造瓦楞纸、纸板及木制、塑料制通用外包装箱,这种包装箱不用专门安排回返使用。由于其通用性强,无论在何处落地,都可转用于其他包装。

(2)周转包装。可多次反复周转使用,有一定规模并有固定流转渠道的产品可采用,如周转包装箱、饮料、啤酒瓶等。周转包装可按某种产品的特殊需要制造,有较强的专用性;可以不安排专程回运,实现往返运输,因而运力利用也是合理的。

(3)梯级利用。一次使用后的包装物,用毕转作他用,形成了一级一级的利用,直到完全报废。如瓦楞纸箱损坏后,切成较小纸板再制小箱,或用于垫衬。有的包装物设计成具有多种用途,在一次使用完毕之后,可再使用其他功能。这就使资源利用更充分、更合理。

(4)再生利用。对废弃的包装经再生处理,转化为其他用途或制成新材料,如废弃包装塑料制再生塑料等。

案例 6-1

Y 公司是国内先进的互联网包装平台,为客户提供创新环保的包装产品和一站式包装供应链服务,在电商包装领域处于行业领先地位。"拉链纸箱"是公司的明星产品,通过给纸箱装上一条拉链,不再需要用胶带反复缠绕,解决了传统纸箱开箱体验差、胶带不环保、开启效率低等问题。公司在包装工艺上持续创新,拥有国内外专利 800 余项。"拉链纸箱 4.0"的创新设计提高了打包效率,创新波浪胶带不会因温度而开胶,创新箱体便于回收利用;"拉链纸箱 6.0"研发应用了"绿盾"抗菌抗病毒涂层,保护收货人和快递员健康。同时,公司采用绿色环保的包装材料,包装产品通过专利涂料和波浪胶带实现了密封、防水、抗菌的效果,不需要和其他胶带、热缩膜等塑料产品搭配使用,实现了包装材料的节约;植物塑料袋、全降解塑料袋、循环箱等产品更体现了先进的环保理念,面向塑料材料本身进行改良,寻求高分子领域的创新。

案例 6-2

农产品包装主要是对农产品包装的规格、包装材料、结构以及标志等给予统一的规范措施。例如，根据农产品的特殊形态设置不同的缓冲结构，进行真空压缩、缓冲材料、防腐技术等，从而进一步提高农产品品质可靠性；运用商品条码、RFID（射频识别）技术等信息技术，让消费者更加了解农产品的源头信息；面向暴力分拣、高温、物流延迟等挑战因素，选取更能保证农产品完好的包装，包括带孔厚纸箱、网套、分割纸板等。这些优化措施会提高包装成本，但可以在储存成本、运输成本、配送成本等其他方面得到补偿。例如，防碰撞的农产品包装可以在物流运输环节提高效率，降低物流运输和装卸搬运成本；可追溯包装可以提高食品安全性和客户体验等。

复习思考题

1. 阐述包装的功能和分类。
2. 阐述包装的技术和方法，以及其适用的条件和领域。
3. 试分析装箱方法主要应用在哪些领域？其主要作用是什么？
4. 举例说明不合理包装的表现形式有哪些？如何实现包装合理化？
5. 阐述什么是绿色包装？绿色包装的主要材料有哪些？
6. 包装循环利用的合理化措施有哪些？
7. 近年来，我国快递业务量稳居世界第一，与此同时，快递包装问题带来一系列环境问题，谈一谈如何从全链条角度推动快递包装减量化、循环化？

第七章　装卸搬运

【导入案例】

码头是自动化智能设备应用较成熟的物流细分领域之一。通过自动化设备及系统的应用,实现集装箱码头岸边与堆场之间的运输、堆场内的作业、道口的进出等全过程自动化运作;大幅度降低人工费和总运行费,降低员工劳动强度,提高码头运行效率,24h 连续作业,满足客户多样性需求。

洋山深水港区四期自动化码头,位于洋山深水港区最西侧,建设历时 3 年,如图 7-1 所示。码头采用国际上最新一代的自动化集装箱装卸设备和一流的自动化生产管理控制系统,其自动化集装箱码头的作业管理、设备过程控制软件及系统集成为自主设计与研发。自动化系统需要控制系统精确、科学地发布指令,也需要自动化装卸装备稳定、高效地完成作业指令。洋山深水港区配有自动化装卸设备 16 台桥吊、88 台轮胎吊、80 台 AGV,这些自动化装备可以完成年吞吐量 630 万标准箱,日最高操作量 7847.25 标准箱。采用"双小车集装箱装卸桥 + 自动导引运输车(AGV) + 自动轨道式龙门起重机(ARMG)"的综合方案,主要装卸环节均实现全电力驱动,提高了能源利用效率,降低了能耗,极大地减少了碳排放,减少了废气和噪声对环境的影响。未来整个码头运营管理现场几乎看不到人,全部是智能操作和系统自动调度。全自动化模式开启后,港区运营效率将得到大幅提高,人力成本下降。

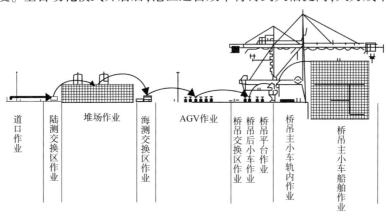

图 7-1　洋山深水港区四期自动化码头布局

第一节　装卸搬运概述

一、概念

装卸(Loading and Unloading)是指在运输工具间或运输工具与存放场地(仓库)间,以人力或机械方式对物品进行载上载入或卸下卸出的作业过程。搬运(Handling)是指在同一场所内,以人力或机械方式对物品进行空间移动的作业过程。实际操作中,装卸与搬运密不可分,被作为一种活动对待,二者通常合称"装卸搬运",有时候单称"装卸"或单称"搬运"也包含了"装卸搬运"的完整含义。装卸改变的是"物"的存放、支承状态,搬运是改变"物"的空间位置。习惯上,物流领域常将装卸搬运这一整体活动称作"货物装卸";在生产领域中常称作"物料搬运"或"物料输送"。

二、装卸搬运作用

装卸搬运是随运输和保管等活动而产生的必要活动,在物流过程中不断出现和反复进行,每次都要花费时间,往往成为决定物流速度的关键。装卸搬运消耗的人力也很多,在物流成本中所占的比重也较高。铁路运输装卸搬运作业费占运费的20%左右,水路运输占40%左右。装卸搬运是降低物流费用的重要环节。

此外,装卸搬运操作时需要接触货体,是造成货物破损、散失、损耗、混合等损失的主要环节。例如,袋装水泥纸袋破损和水泥散失主要发生在装卸搬运过程中,玻璃、机械、器皿、煤炭等产品在装卸搬运时最容易造成损失。

三、装卸搬运分类

装卸搬运有连续装卸与间歇装卸两大类型。连续装卸是同种大批量散货、液体货或小件杂货通过连续输送机械,连续不断作业,在货物对象不易形成大包装的情况中适用,如粮食、矿石、煤炭等大宗散货;间歇装卸适用的对象是货流不固定的各种货物。

具体而言,主要装卸搬运作业方式有:

(1)吊上吊下方式。采用起重机械从上部起吊货物,在吊车运行或回转的范围内实现搬运或依靠搬运车辆实现小搬运。由于吊起及放下属于垂直运动,所以为垂直装卸方式。

(2)叉上叉下方式。采用叉车从货物底部托起货物,并依靠叉车的运动进行搬运,货物可不经中途落地直接放置到目的地处。这种方式主要是水平运动,属于水平装卸方式。

(3)滚上滚下方式。它主要指港口装卸的一种水平装卸方式。利用叉车或半挂车、汽车承载货物,连同车辆一起开上船,之后再从船上开下,称"滚上滚下"方式。利用叉车的滚上滚下方式,船上卸货后,叉车须离船;利用半挂车、平车或汽车的滚上滚下方式,拖车将半挂车、平车拖拉至船上后,拖车离船,载货车辆连同货物一起到达目的地,再将原车开下或拖车上船拖拉半挂车、平车开下。这种方式需有专门船舶,称"滚装船"。

(4)移上移下方式。这种方式须是两车(如火车及汽车)将货物从一个车辆上水平移动推移到靠接车辆上,称移上移下方式。

(5)散装散卸方式。对散装物进行装卸,一般从装点直到卸点,中间不再落地,采用的设备主要是管道系统,用于管道输送的长度可以改变。这种装卸方式的装、卸两个点无须靠近在一起,可以保持相当长的距离,是集搬运与装卸于一体的装卸方式。

第二节 集装单元与装卸搬运设备

一、托盘

1. 托盘的定义

托盘(pallet)是指在运输、搬运和存储过程中,将物品规整为货物单元时,作为承载面并包括承载面上辅助结构件的装置。托盘是重要的集装器具,是适应装卸机械化发展起来的。托盘的发展与叉车同步,共同形成装卸系统,使装卸机械化水平大幅度提高,使长期以来物流过程中的装卸瓶颈得以解决。所以,托盘的出现也促进了整个物流水平的提高。

托盘的自重小,用于托盘本身的劳动消耗较小,且装卸操作十分方便,装盘后可采用捆扎、紧包等技术处理,简便易行。托盘造价不高,又容易互相代用,所以无需像集装箱那样必有固定归属,即使返空运输,也比集装箱等大型装卸器具容易。同时,托盘体积虽小,但通过集装化装运比一般包装的组合量大得多。

2. 托盘的分类

按照形态划分,托盘可以分为平托盘、柱式托盘、箱式托盘和轮式托盘等;按照用途可以分为通用托盘和特种托盘等。其中,平托盘是使用量最大的一种,按台面分类,又可分成单面使用型、双面使用型、翼型三种;按叉车插入方式分类,可分为单向、双向、四向插入型三种;按制造材料分类,可分成木制平托盘、钢制平托盘、塑料制平托盘和胶合板制平托盘。木制平托盘基本构造如图7-2所示。

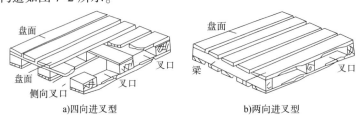

图7-2 木制平托盘基本构造

针对某些较大数量运输的货物,可制出装载效率高、装运方便、适于某种物品有特殊要求的专用托盘。例如,用于航空货运或行李托运用的航空托盘,支撑和固定立放的平板玻璃的玻璃托盘,以及适用于轮胎储运的专用托盘。各类托盘形状构造如图7-3所示。

3. 托盘的使用

托盘专用是按某一领域的要求,在这一领域的各个环节,采用专用托盘作为贯通的手段,实际上,是这一个小领域的托盘联运。为适应各厂、车间、仓库内部提高工效、追求物流合理化的需求,定制出专用的托盘。托盘专用无需按照社会物流标准化的要求,因而托盘的选择更合理,在这一领域中有其他领域无法比拟的技术经济效果。平板玻璃专用托盘的物流是托盘专用的典型例子,这种产品不可能利用通用联运平托盘,平板玻璃专用托盘解决了立装、紧固等问题,形成了这一领域的"门到门"贯通运输。在工厂物流系统中,如汽车工厂的零部件专用托盘,其流程是托盘装入零部件后,进入立体仓库保管,按照装配计划,从立体仓库取出托盘进入装配流水线,内置的零件在一定装配位置装配完后,空盘再回送至供应部门,如此往复使用。

a)箱式托盘

b)柱式托盘

c)轮式托盘

d)轮胎专用托盘

图 7-3 各类托盘形状构造

托盘循环共用是托盘的重要使用方式,目的是托盘在制造商、批发商、零售商、承运商和用户之间共享和循环使用、自由流通。托盘循环共用是社会化的,很难在一个行业或一个小地区自行解决,因此,要解决托盘循环共用问题,必须实行全社会统一的托盘技术标准和托盘管理制度。实行循环共用的托盘有固定的尺寸标准和有限的种类。

托盘循环共用系统中的管理和集装箱有很大的不同,主要在于循环共用托盘种类少,尺寸及材料大体相同,托盘价格相差不大。因此,无须如同集装箱那样严格计划返运,也无须如同集装箱那样有明确的不可变的归属。基于这个特点,托盘可只保留一个数量的归属权,具体托盘则可在联营系统中广泛进行交换,而不强调个别托盘的归属和返盘。

具体而言,联营循环共用托盘的使用有以下几种方式:

(1)对口交流方式。有关单位之间签订协议,各单位所属托盘可在若干有关单位之间运营,共同承担接收、回送等义务,到一定时期清算。

(2)即时交换方式。以运输承担人和发货人为双方,当发货人发出一批托盘后,运输承担人则给予发货人同等批量托盘。这种方式在趋近一体化的欧洲采用颇为广泛。

(3)租赁方式。托盘由托盘公司所有,货主自己不备托盘,使用时从附近租赁公司租用,接货后空盘就近归还租赁公司。这是一种社会化很强的托盘管理形式。目前的第三方托盘循环租赁平台多采用这种模式。

(4)租赁交换并用方式。这种方式是运输当事人与货主之间采用交换方式,而与托盘公司之间采用租赁方式。

(5)结算交换方式。这种方式针对即时交换的缺点而制定,采用结算交换方式,托盘流动方式与即时交换方式相同,只是无须在现场交换,而通过传票处理,在规定的日期内返还即可。对不能按期返还的或造成丢失的要支付赔偿金。该方式对托盘回收、返还的责任范围等均有明确规定,因而较即时交换方式更有优越性。

二、集装箱

1. 集装箱定义

集装箱(container)是指具有足够的强度,可长期反复使用的适于多种运输工具而且容积在 $1m^3$ 以上(含 $1m^3$)的集装单元器具。集装箱具备下述特征功能:一是能长期反复使用;二是以箱为整体进行物流,途中转运时箱中货物无须倒装、换装,箱内货物只在起点和终点进行逐个处置;三是物流过程中以集装箱为一体进行运输的转换及运输形态和其他形态的转换。

商品集装箱运输自问世以来,就以其强大的生命力迅速在世界各国全面推行,并被公认为是一种新型的、高效率的运输方式,是一次物流领域的革命。集装箱以及由此建立的一整套运输体系,逐步实现了全球范围内的船舶、港口、航线、公路、中转站、桥梁、隧道、多式联运相配套的物流系统,堪称人类有史以来创造的伟大奇迹之一。特别是自1964年国际标准化组织集装箱技术委员会制定了集装箱尺寸、质量和托盘国际标准以后,不仅提高了集装箱作为共同运输单元在海、陆、空运输中的通用性和互换性,同时提高了集装箱运输的安全性和经济性,促进国际集装箱多式联运的发展。集装箱的标准化还给集装箱的载运工具和装卸机械提供了选型、设计和制造的依据,从而使集装箱运输成为相互衔接配套、专业化和高效率的运输系统。

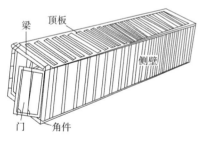

图 7-4　集装箱的一般结构

2. 集装箱的构造

集装箱的一般构造如图 7-4 所示,梁起支撑作用,板起承载封闭作用,有底板、顶板、两侧板,两端是端壁、端门。箱顶部两端安装起吊的挂钩,以便于吊车类装卸机具进行装卸操作。有的集装箱箱底设叉车的叉入槽孔,以利用叉车进行装卸作业。

3. 集装箱的分类

按箱内适装货物可分成两大类。通用集装箱也称通用干货集装箱、杂货集装箱,具有集装箱的基本结构,是集装箱的代表,应用广泛,使用量大;专用集装箱是满足专业要求的特殊集装箱。

通用集装箱使用最广、数量最大,钢制箱体,内部不安装其他设备,箱门设于一端或侧面,如图 7-5 所示。通用集装箱不但强调装运货物的通用性,也强调运输和贸易的通用性。有些集装箱,如我国的部分铁路集装箱,虽也符合上述基本特点,但其不能实行国际联运或国内水陆联运,故也不属于通用集装箱范畴。

专用集装箱种类较多,主要满足特殊适箱货物的使用,包括保温集装箱、隔热集装箱、罐式集装箱、动物集装箱、平板玻璃集装箱、车辆集装箱、机械及部件专用集装箱、石棉及各种纤维材料集装箱、服装集装箱等。还有不同结构的专用集装箱,包括不同开门位置和完全没有门的特种集装箱、折叠式集装箱、拆解式集装箱、台架式集装箱、抽屉集装箱、隔板集装箱等。罐式集装箱和折叠式集装箱如图 7-6 所示。

图 7-5 通用集装箱

 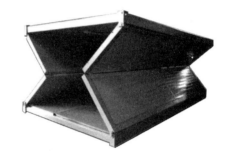

a)罐式集装箱　　　　　　　　　　b)折叠式集装箱

图 7-6 专用集装箱

按运输方式分类,可分为联运集装箱、铁路集装箱和空运集装箱。联运集装箱主要适用于以海运为核心的国际联运;铁路集装箱有两大系列,一个系列是与国际集装箱联运接轨的联运集装箱,另一个系列是我国特有的,规格尺寸不与国际接轨;空运集装箱是适合于航空货运及航空行李托运用的集装箱,如图 7-7 所示。

图 7-7 空运集装箱

4. 集装箱标准化

集装箱的标准不仅与集装箱本身有关,也与各运输设备、各装卸机具,甚至与车站码头、

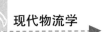

仓库的设施都有关。其大类别有硬件标准和软件标准两部分:硬件标准包括尺寸、结构和强度、集装箱角件、集装箱门搭扣件等;软件标准包括名称术语、作业规则、使用方法、装运方法、代码标志等。最基础的标准是《集装箱术语》(GB/T 1992—2006),国际标准化组织(ISO)及我国国家标准都有相关的专门标准。表7-1是集装箱的部分标准。

集装箱的部分标准　　　　　　　　　　　　　　　　　　　　　表7-1

代　号	名　称
GB/T 1413—2008	系列1集装箱　分类、尺寸和额定质量
GB/T 3220—2011	集装箱吊具
GB/T 1836—2017	集装箱　代码、识别和标记
GB/T 1992—2006	集装箱术语
GB/T 7392—1998	系列1:集装箱的技术要求和试验方法　保温集装箱
GB/T 16299—1996	飞机底舱集装箱技术条件和试验方法
GB/T 17271—1998	集装箱运输术语
GB/T 17894—1999	集装箱自动识别
GB 11602—2007	集装箱港口装卸作业安全规程
GB/T 15419—2008	国际集装箱货运交接方式代码
GB/T 30349—2013	集装箱货运代理服务规范

参照ISO集装箱标准,我国制定了GB/T 1413—2008,其中规定了系列1集装箱的外部尺寸和部分内部尺寸,系列1各种型号集装箱的外部尺寸与国际标准集装箱基本一致,适用于国际多式联运(表7-2和表7-3)。

系列1部分集装箱外部尺寸和额定质量　　　　　　　　　　　　表7-2

集装箱	长度(mm)		宽度(mm)		高度(mm)		额定质量(kg)
	尺寸	公差	尺寸	公差	尺寸	公差	
1AA	12192	0-10	2438	0-5	2896	0-5	30480
1AAA					2591		
1A					2438		
1AX					<2438		
1BBB	9125	0-10	2438	0-5	2896	0-5	30480
1BB					2591		
1B					2438		
1BX					<2438		
1CC	6058	0-6	2438	0-5	2591	0-5	30480
1C					2438		
1CX					<2438		

续上表

集装箱	长度(mm)		宽度(mm)		高度(mm)		额定质量(kg)
	尺寸	公差	尺寸	公差	尺寸	公差	
1D	2991	0-5	2438	0-5	2438	0-5	10160
1DX					<2438		

国际标准集装箱规格系列　　　表7-3

箱型	长(mm)	宽(mm)	高(mm)	总质量(kg)
1AAA	12192	2438	2896	30480
1AA	12192	2438	2591	30480
1A	12192	2438	2438	30480
1AX	12192	2438	<2438	30480
1BBB	9125	2438	2996	25400
1BB	9125	2438	2591	25400
1B	9125	2438	2438	25400
1BX	9125	2438	<2438	25400
1CC	6058	2438	2591	24000
1C	6058	2438	2438	24000
1CX	6058	2438	<2438	24000
1D	2991	2438	2438	10160
1DX	2991	2438	<2438	10160

三、智能装卸搬运设备

1. 自动导引运输车(AGV)

1)设备组成与原理

AGV 是 AGVS(Automated Guided Vehicle System,又称仓储机器人系统)的硬件组成部分,AGVS 主要由三部分组成:AGV、导引装置(固定通道、半固定通道、无通道等)、控制系统(计算机控制、遥控、手动控制等)。通过与仓库内相关管理系统对接,完成仓内操作任务。

AGV 由蓄电池、负载搬运装置、安全装置[急停按钮、激光雷达、安全 PLC(可编程逻辑控制器)、安全速度模板]、驱动装置、控制装置(指令解析、无线通信、导航数据处理、图像处理、障碍物检测、速度、转向控制、电源、充电控制)几部分组成。AGV 组成布局与运行过程如图 7-8 所示。

AGV 控制系统由主控制器、安全设备、人机接口、无线电台、运动控制器、传感器、导航系统等器件组成。主控制器用于发布和接收指令,该控制器是专为移动机器人控制和应用而设计的处理器,适合在工业环境下使用,是 ACV 系统的主控制单元。安全设备直接与控制器中的安全线路连接,确保机器人对环境的安全。通过人机接口及无线通信,可以实时下达指令并观测运行状态。移动机器人主控制器通过接收导航系统及传感器数据,控制伺服驱动器及运动控制器进行执行操作。涉及的技术和方法包括导航技术、避障算法、遗传算法（Genetic Algorithm, GA）、神经网络（Neural Network, NN）、模糊控制（Fuzzy Control, FC）等。AGV 工作原理如图 7-9 所示。

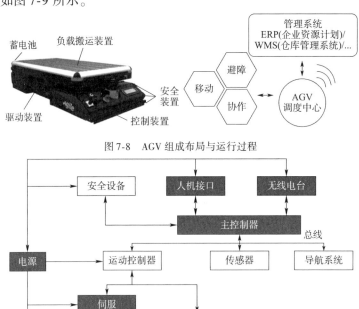

图 7-8　AGV 组成布局与运行过程

图 7-9　AGV 工作原理

2）AGV 在物流领域中的应用

拣选 AGV 是仓内"货到人"解决方案的核心支撑。拣选 AGV 是搬运机器人的"升级"，以及在"货到人"自动化（半自动化）拣选作业中的应用。一般通过搬运标准化拣选货架至拣选工位，结合人工拣选，实现货到人操作，减少人工走动，并提升拣选准确率。基于 AGV 的半自动化拣选系统，一般配有拣选 AGV、AGV 调度系统、拣选工位及 AGV 充电站等设备。

分拣设备常用基于智能机器人与分拣平台的自动化分拣系统，在小件电商分拣中心逐渐被广泛应用。相对传统流水线分拣系统，占地面积更小、成本更低，且机器人之间并联不会出现单一设备损坏导致系统崩溃的情形，可极大提高分拣效率。不同分拣设备能力对比见表 7-4。

不同分拣设备能力对比　　　　　　　　　　　　　　　　　表 7-4

参　　数	AGV 分拣系统	交叉带分拣	人 工 分 拣
设计分拣能力（件/h）	1.8 万（速度 1.5m/s, 10 个工人）	1.2 万（速度 2m/s, 8 个工人）	<1.5 万, 50 个工人
实际分拣能力（件/h）	1.7 万（10 个工人）	1 万（10 个工人）	<1.5 万, 50 个工人
包装规格（cm）	最大 40×40×30	最大 55×50×50 最小 10×5×0.1	不限
有效荷载（kg）	0.01~5	0.01~30	不限

续上表

参　数	AGV 分拣系统	交叉带分拣	人 工 分 拣
占地面积(m²)	1300	1500	1500
机器人数量(个)	350	173	—
格口数量(个)	240	164	—
横向进给站(人/站)	4/2	6/2	10/2
供包口(人/口)	10/10	8/2	12(分拣)
数据收集器数量(个)	20	2	—
包装收集(人)	8	8	14
补给(人)	3	3	—
工人合计(人)	20~30	20~30	约50

码头是自动化/智能设备应用较成熟的物流细分领域之一。通过自动化设备及系统的应用,实现集装箱码头岸边与堆场之间的运输、堆场内的作业、道口的进出等全过程实现自动化运作,从而大幅度降低人工费和总运行费,降低员工劳动强度,提高码头运行效率,24h 连续作业,满足客户多样性需求。自动化集装箱码头 AGV 采用基于航位推算和绝对位置校正的导航定位技术,涉及的硬件包括无线射频识别天线、定位磁钉、惯性测量单元(陀螺仪)和编码器等,如图 7-10 所示。

图 7-10　集装箱 AGV 车辆

2. 协作机器人

协作机器人(Collaborative Robot,Cobot)指被设计成可以在协作区域内(机器人和人可以同时工作的区域)与人直接进行交互的机器人。通过机器与人的分工协作,共同完成仓库的分拣等工作。随着市场对机器人的柔性要求越来越高,经济实惠、即插即用、编程简单直观、高精度、高安全性的协作机器人逐渐受到重视。协作机器人的特点有:无须对仓库进行整体改造,使用成本相对较低,部署快,适宜中小型物流企业;灵活轻便、安全性高、独立性强;结构较简单,自重较轻,负载较低。

固定协作机器人在物流作业过程中常见为固定机械手,广泛用于装卸、码垛、分拣、打包等物流作业,一般为单臂固定机械手,也有双臂机械手,主要用于复杂流通加工、包装等物流作业。

移动协作机器人是用于辅助人工作业的可移动智能机器人,包括自主移动机器人、跟随机器人。融合了 AGV 自主移动及机械手灵活抓取两项功能的移动协作机器人,主要用于拣选、物料搬运、分拣等物流作业。固定协作机器人和移动协作机器人如图7-11所示。

a)固定协作机器人　　　　　　　　b)移动协作机器人

图7-11　协作机器人

3. 穿梭车

穿梭车主要基于AS/RS(自动化仓储系统)，通过自动搬运至指定端口，实现货物快速上架等操作，是一种智能机器人。穿梭车可与上位机或仓储自动化管理系统进行通信，结合RFID(射频识别)、条码识别等技术，实现自动化识别、存取等功能。它具有技术集成度高、速度快、定位精度高等优点，可以最大限度地提高存储空间利用率，降低综合成本投入。带导轨的专用货架是实现仓储货架自动化、半自动化存取的基础。穿梭车结构如图7-12所示。

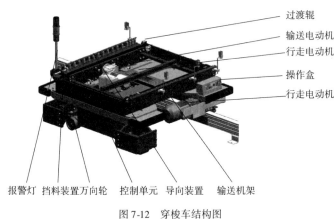

图7-12　穿梭车结构图

第三节　装卸搬运的合理化

一、装卸搬运合理化举措

1. 提高装卸搬运活性

为了分析某一物料在系统中的平均机动性，可通过活性系数曲线来描述，就是将某一物

料按其流程及各段的活性系数绘制在坐标图上,得到该物料的活性系数曲线,并可计算出该物料的平均活性系数,计算模型如下:

$$\bar{\alpha} = \frac{1}{n}\sum_{i=1}^{n}\alpha_i \tag{7-1}$$

式中:n——货物经过 n 个作业流程;

α_i——货物在第 i 个作业流程的活性系数;

$\bar{\alpha}$——货物在 n 个作业流程的平均活性系数。

装卸搬运活性的含义是:从物的静止转变为装卸搬运的难易程度。用"活性指数"区别,分为 0~4 共 5 个等级,见表 7-5。活性越低说明装卸搬运系统的流畅性、衔接性、运行效率等方面亟需改进,是评定装卸搬运系统改进效果的重要指标和依据。装卸搬运活性值越高,物料流动越容易,所要求的工位器具投资费用及其工位器具所消耗的费用水平越高。对装卸搬运系统进行设计时,不应机械地认为越高越好,应综合考虑投资成本、运营成本,合理选择物料装卸搬运活性系数,进行装卸搬运系统设计。

装卸搬运活性指数　　　　　　　　　　　　　　　　表 7-5

放置状态	需要进行的作业				活性指数
	整理	架起	提起	拖运	
散放地上	√	√	√	√	0
置于一般容器	0	√	√	√	1
集装化	0	0	√	√	2
无动力车	0	0	0	√	3
动力车辆或传送带	0	0	0	0	4

2. 少消耗能源

利用货物的质量,有一定落差地装卸,减少或不消耗装卸动力,是装卸合理化的重要方式。使用溜槽、溜板之类的简单工具,货物从高处滑到低处,无须消耗动力。如果采用吊车、叉车将货物从高处卸下,动力消耗虽比从低到高小,但是仍需消耗。两者比较,无动力消耗的装卸显然更为合理。尽量消除或削弱重力的影响,也会减少劳动消耗。例如,在两种运输工具的换装时,采取落地装卸方式,一下一上要将货物落地、举高,这就必须消耗动力,如果适当安排,将两种运输工具靠接,使货物平移换装,则能有效消除重力影响,实现合理化。

3. 装卸规模化

在装卸时也存在规模效益问题,表现在一次装卸量或连续装卸量要能使机械充分发挥最优效率,即使得装卸机械的能力达到一定规模才会有最优效果。追求规模效益的方法,主要是通过各种集装实现间断装卸时一次操作的最合理装卸量,也通过散装实现连续装卸的规模效益。

4. 防止和减少过大包装和无效物的装卸

包装过大、过重,在实际装卸搬运时反复在包装上消耗劳动。物流作业的货物,有时混杂着没有使用价值或使用价值不合用的掺杂物,如煤炭中的矸石、矿石中的水分、石灰中未烧熟及过烧石灰等,反复装卸时,实际对这些无效物质反复消耗劳动,因而形成无效装卸。装卸过程前,尽量去除无效物质或者尽可能减少相关装卸作业。

二、装卸搬运系统设计

为了实现合理化装卸搬运,常用搬运系统分析方法(System Handling Analysis,SHA)进行整体系统规划与设计。装卸搬运系统是指一系列的相关设备和装置,用于一个过程或逻辑动作系统中,协调、合理地将物料进行移动、储存或控制。一般说来,这些移动的"进行"需要设备和容器,需要一个包括人员、程序和设施布置在内的工作体系。设备、容器和工作体系称为物料搬运的方法。因此,装卸搬运的基本内容有三项:物料、移动和方法。这三项内容是进行任何搬运分析的基础。

搬运系统分析方法的实施步骤如下:

(1)物料的分类。在制订搬运方案过程中,首要的工作就是分析物料(产品或零件),即按物料的物理性能、数量、时间要求或特殊控制要求进行分类。

(2)布置。在对搬运活动进行分析或图表化之前,先要有一个布置方案,一切搬运方法都是在这个布置内进行的。

(3)各项移动的分析。确定每种物料在每条路线(起点到终点)上的物流量和移动特点。

(4)各项移动的图表化。把分析结果转化为直观的图形。通常用物流图或距离与物流量指示图来体现。

(5)物料搬运方法的知识和经验。在找出一个解决办法之前,需要先掌握物料搬运方法的知识,运用有关的知识来选择各种搬运方法。

(6)确定初步搬运方案。在这一步中,要提出关于路线系统、设备和运输单元(或容器)的初步搬运方案;也就是把收集到的全部资料数据进行汇总,从而求得具体的搬运方法。实际上,往往要提出合理的、可行的初步方案。

(7)修改和限制。在考虑一切有关的修正因素和限制因素以后,对这些初步方案进一步调整。在这一步,要修正和调整每一个方案,把可能性变为现实性。

(8)各项需求的计算。对初步方案进行调整或修正是为了消除所有不能实现的设想。在选择最佳方案之前,还需要算出所需设备的台数或运输单元的数量,算出所需费用和操作次数。

(9)方案的评价。评价核心指标为装卸搬运活性,同时考虑成本、生态等效应影响。评价的目的是要从几个方案中选择一个较好的方案。不过,在评价过程中,往往会把两个或几个方案结合起来又形成一个新的方案。

(10)选定物料搬运方案。经过评价,从中选出一个最佳方案。

SHA方法实施过程如图7-13所示。

搬运系统分析方法可以从企业物流产品特性、作业流程、空间限制等方面系统设计物流装卸搬运系统,并以物流设施整体运作经济效益、生态效益、社会效益最优化为目标选择最佳方案,系统解决了装卸搬运合理化的问题。

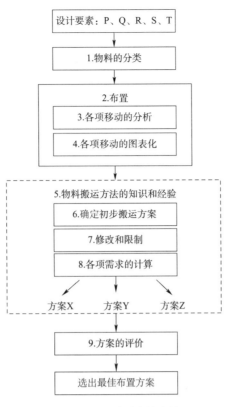

图 7-13　SHA 方法实施过程

复习思考题

1. 阐述装卸搬运的定义和特点。
2. 集装单元都有哪些类型？举例说明集装单元的应用对物流作业的作用。
3. 阐述托盘循环共用系统的定义、特点和应用领域。
4. 集装箱是在什么背景下出现的？某全球知名杂志曾评价"没有集装箱，就没有全球化"，试分析此句评价背后的涵义。
5. 智能装卸搬运设备都有哪些？不同类型的智能装卸搬运设备有何特点？
6. 简述装卸搬运合理化的措施。

第八章 流通加工

【导入案例】

中央厨房是负责集中完成食品的成品、半成品制作的产业,具有标准化作业、集约化管理、工业化生产等产业特征,功能涵盖集中采购原料、工序专业化、检验检测、冷冻储藏、供应链信息处理、统一包装、统一配送。传统餐厅的加工模式是直营分店实行单店采购后再自行进行加工,而中央厨房采用巨大的操作间,采购、选菜、切菜、调料等各个环节均有专人负责,半成品和调好的调料一起,采用统一的运输方式,在指定时间内运到分店。中央厨房菜品加工流程如下。

1. 原材料集中采购

中央厨房菜品加工流程中所需原材料都是通过统一渠道进行集中采购的,这样不仅降低了采购成本,而且能够保证食材的新鲜度,原材料采购回来以后会由实验室进行采样进行农残检测,以确保消费者吃的每一口菜品都是新鲜的放心食品。

2. 统一生产加工

对于中央厨房菜品加工流程中,采购回来的原材料会根据不同的特点进行分类统一生产加工。对于果蔬类产品,会先进行清洗工作,通过果蔬清洗机流水线式清洗,可以迅速将果蔬产品进行清洗干净;对于根茎类蔬菜,如马铃薯、胡萝卜类产品,根据其加工要求在清洗过程中进行切片或者是切丝处理,这样清洗完成后的产品,可以直接拿来进入下一环节进行深加工;对于肉食类食材,根据其加工要求将肉进行切片、切丝或者是绞肉处理备用。

3. 自动烹饪

加工好的原材料,进入中央厨房菜品加工流程中自动烹饪的环节,这一环节可以将准备好的原材料加工成各种不同口味的菜品。此外,利用全自动炒菜机可以实现自动化操作,炒制多种不同的菜品,同时炒制的速度快,一般5min就可以炒制一锅菜品,可以一次满足大型食堂的几百人甚至是上千人用餐。

4. 配送

炒制好的成品菜品,统一由配送餐车配送至各个线下门店进行统一销售。

采用中央厨房进行集中流通加工的优势非常明显。首先,中央厨房从采购到加工都有严格的控制标准,通过集中规模采购、集约生产实现了菜品的质优价廉;其次,集约化、标准化的加工操作模式保证了菜品的标准与质量,同时降低了食品安全风险;再次,集中加工提高了原料综合利用能力,边角余料可以通过再加工进行使用,减少浪费,从而降低了生产成本;最后,中央厨房的设置使经营点缩小后厨面积或取消自有厨房,不仅可以改善环境,而且还扩大了一线店堂面积,减少勤杂人员,节约了人力资源成本。

第一节　流通加工概述

一、概念

流通加工(Distribution Processing)是根据顾客的需要,在流通过程中对产品实施的简单加工作业活动的总称。其中,简单加工作业活动包括包装、分割、计量、分拣、刷标志、拴标签、组装、组配等。其作用在于提高物流的效率,增加物品的附加价值,满足客户的个性化需求,促进销售。

流通加工对物品进行简单的、适当的加工,仍然和流通总体一样起到供应链各环节之间"桥梁和纽带"作用。但是,它不是通过"保持"流通对象的原有形态实现这一作用,而是通过改变或完善流通对象的形态实现"桥梁和纽带"作用的。流通加工和生产加工的区别为:

(1)加工对象不同。流通加工的对象是进入流通过程的商品,以此区别于多环节的生产加工。流通加工的对象是商品,且大多是简单加工,是辅助及补充。如果必须进行复杂加工,那就应专设生产加工环节。要特别注意的是,流通加工绝不是对生产加工的取消或代替。

(2)价值实现方式不同。从价值观点看,生产加工的目的在于创造价值及使用价值,而流通加工则在于完善其使用价值并在不做太大改变的情况下提高价值。

(3)实施主体不同。流通加工的组织者是从事流通的人,能密切结合流通的需要进行这种加工活动;从加工单位来看,流通加工由流通企业或者物流企业完成,而生产加工则由生产企业完成。

(4)加工目的不同。流通加工的一个重要目的,是为了消费(或再生产)的加工,这与生产相同。但是流通加工更以流通为目的,纯粹是为流通创造条件,这是其特殊之处。

二、流通加工作用

流通加工在实现时间、空间价值方面,不能与运输和储存相比,因而不是物流的主要功能和必然环节。但流通加工具有补充、完善、提高增强作用,具有其他功能要素不具备的作用,完善了流通环节,创造更高的价值,对完善国民经济产业结构和社会化分工意义重大。

1. 提高原材料利用率

利用流通加工集中下料,将简单规格产品按使用部门的要求下料。例如,将钢板剪板、切裁;钢筋或圆钢裁制成毛坯;木材加工成各种长度及大小的板、方等。集中下料可以优材优用、小材大用、合理套裁,有很好的技术经济效果。又如,对平板玻璃进行流通加工集中裁制,平板玻璃利用率可以从60%左右提高到85%~95%。

2. 满足中小需求的初级加工

用量小或临时需要的用户,缺乏初级加工的能力,就可以依靠流通加工。目前,发展较快的初级加工有:将水泥加工成生混凝土,将原木或板方材加工成门窗,冷拉钢筋及冲制异型件,钢板预处理、整形、打孔等加工。

3. 提高加工效率及设备利用率

加工点采用效率高、技术先进、加工量大的专门设备,将分散加工变成规模加工,提高加工质量。例如，钢板下料对于小的使用者非常困难，在流通过程集中加工形成规模，就可以采用高效率的剪切设备解决这个问题。

4．发挥各种输送手段的最高效率

流通加工一般设置在消费地，将物流分成从生产厂到流通加工、从流通加工到消费环节两个阶段。第一阶段在数量有限的生产厂与流通加工点之间进行定点、直达、大批量的远距离输送；第二阶段则采用配送，输送流通加工后的多规格、小批量、多用户的产品，发挥各种输送手段的最高效率。

5．改变货物功能

许多制成品在生产过程中经简单装潢加工，改变产品外观，能使产品售价提高20%以上。流通加工可以成为产品获得高附加价值的活动，这种高附加价值的形成，主要通过满足用户需要、提高服务功能而获得。例如，净菜加工的包装环节，将蔬菜进行清洗、分选和简单加工，提高便利性的同时提高商品附加值。

6．延迟加工

延迟策略是为了降低供应链的整体风险，有效地满足客户个性化的需求，将最后的生产环节或物流环节推迟到客户提供订单以后进行的一种经营策略。将产成品的最后工序依据市场进行调整，在产品落地市场区域进行最终加工。例如，进口牛奶是以大宗商品形态进口，到消费地再进行灌装；服装企业存储未染色的服装，直到销售季节开始获得更多顾客偏好信息后才开始染色等。这种延迟加工降低了物流成本，提高了物流效率。

三、流通加工分类

流通加工可以分为两类：增值性流通加工和增效性流通加工。增值性流通加工是对货物进行分拆、分拣、分装、组合包装、打膜、加刷唛码、刷贴标志、改换包装等辅助性作业，使产品价值增值；增效性流通加工是从提高物流作业效率、促进销售等角度，对货物在包装形态等方面进行改进，提高运输、装卸搬运等效率。

1．增值性流通加工

1) 为弥补生产领域加工不足进行的深加工

许多生产领域的加工只能到一定程度，许多因素限制了生产不能完全实现终极的加工。例如，钢铁按标准规定的规格大规模生产，以保证产品的通用性；木材如果在产地制成木制品的话，会造成运输的极大困难，所以只加工到圆木、板方材程度，进一步的下料、切裁、处理等加工则由流通加工完成。这种流通加工实际是生产的延续，是生产加工的深化，有很强的增值性，对弥补生产领域加工不足有重要意义。

2) 为满足需求多样化进行的服务性加工

从需求角度看，需求存在着多样化和易于变化两个特点，为满足这种要求，经常是用户自己设置加工环节。例如，生产消费型用户的再生产活动往往从原材料初处理开始。就用户来讲，现代生产的要求是生产型用户能尽量减少流程，集中力量从事较复杂的技术性较强的劳动，而不愿意将大量初级加工包揽下来。这种初级加工带有服务性，由流通加工来完成，生产型用户便可以缩短自己的生产流程，使生产技术密集程度提高。对一般消费者则可以省去烦琐的预处置，而集中精力从事较高级的能直接满足需求的劳动。

3）为提高原材料利用率和加工效率的流通加工

许多生产企业的初级加工由于数量有限而使加工效率不高,也难以投入先进的科学技术。大型流通加工企业可以利用其综合性强、用户多的特点,集中加工形式,实行合理规划、合理套裁、集中下料的办法,这就能有效地提高原材料利用率,减少损失浪费。同时也充分利用加工设施设备,提高了加工效率。

2. 增效性流通加工

1）为保护产品进行的流通加工

在物流过程中存在对产品的保护问题,即要防止产品在运输、储存、装卸、搬运、包装等过程中遭到损失,保证实现使用价值。这种加工并不改变进入流通领域的"物"的外形及性质,而在于保护,主要采取稳固、改装、冷冻、保鲜、涂油等方式。

2）提高物流效率、方便物流的加工

有一些产品本身的形态难以进行物流操作。例如,鲜鱼的装卸、储存操作困难;过大设备的搬运、装卸困难;气体物的运输、装卸困难等。进行流通加工可使物流的各环节易于操作,如鲜鱼冷冻、过大设备解体、气体液化等。这种加工往往改变"物"的物理状态,但并不改变其化学特性,并最终仍能恢复产品原来的物理状态。

3）为促进销售进行的流通加工

流通加工可以从若干方面起到促进销售的作用。例如,将过大包装或散装物分装成适合一次销售的小包装的分装加工;将原以保护产品为主的运输包装改换成以促进销售为主的装潢性包装;将零配件组装成用具、车辆以便于直接销售;将蔬菜、肉类洗净切块以满足消费者要求等。这种加工不改变"物"的本体,只进行简单的改装加工或者组装、分块等深加工。

4）衔接不同运输方式,使物流合理化的流通加工

在干线运输及支线运输的节点,设置流通加工环节,可以有效解决大批量、低成本、长距离干线运输与多品种、小批量、多批次末端运输和集货运输之间的衔接问题。在流通加工点与大生产企业间形成大批量、定点运输,又以流通加工点为核心,组织对多用户的配送,也可将运输包装转换为销售包装,从而有效衔接不同的运输方式。

第二节 流通加工主要形式

流通加工形式比较多,随着现代流通体系建设的深入,流通加工形式将进一步演化和创新,常见的加工形式包括钢材、农产品、木材、水泥、玻璃、装备零配件、能源、垃圾等货物的流通加工。

(1)钢材的流通加工。经过流通加工的钢材数量,在工业发达国家所占的百分比较高。如日本有35%左右的钢材是经过流通加工再配送给各个用户的。钢材的流通加工方式以剪板、切割、轧钢、打孔、冷拉、集中下料等为主。

(2)水泥的流通加工。目前实行以下三种加工方式:第一,将大批量、长途、散装输送来的水泥,转换为纸袋包装或小规模的散装;第二,将出厂的熟料运到使用地区分散磨制成水泥;第三,将水泥与砂石一起加工搅拌成各种标号及特性的生混凝土作为商品出售。

(3)木材的流通加工。其基本上有两种方式：一种是将木材磨制成碎屑，制成造纸原料，然后进行配送或输送；另一种是将木材加工成各种规格甚至加工成成品，如将原木加工成板材、方材、胶合板等。

(4)能源的流通加工。对燃料进行流通加工的目的，一方面是为了便于输送。例如，将碳磨成粉再用水调和成泥浆状，然后用管道输送；将天然气压缩成液体，然后装罐输送等。另一方面是为了充分利用能量，提高能源利用效率。例如，除矸石加工、配煤加工、防止煤炭自燃的流通加工等。

(5)玻璃的流通加工。"集中套裁，开片供应"是设立若干玻璃套裁中心，按用户图纸统一套裁开片，供应成品，用户可将其直接安装到采光面。该加工形式使玻璃利用率由62%~65%提高到90%以上，废玻璃相对数量少并且易于集中回收处理和逆向物流。

(6)装备零配件的流通加工。机电装备难以整机运输时常常需要进行现场组装，尤其对于装配较简单、装配技术要求不高、主要功能已在生产中形成、装配后不需进行复杂检测及调试就可以恢复原来产品的形状及性能的装备，可采用半成品(部件)高容量包装出厂，在消费地拆箱组装的方式。组装一般由流通企业在所设置的流通加工点进行，组装之后随即进行销售。

(7)垃圾的流通加工。对于垃圾的流通加工主要分为压缩处理、分类回收、掩埋焚烧。压缩处理是通过压缩体积来减少处理数量；分类回收是对有用物回收的流通加工，需要对垃圾进行分选分拣，可以采用简单的设备、工具和大量的人力来完成的工作；掩埋焚烧是垃圾减量的有效手段，但是对于环境和居民生活影响较大。

本书介绍几种常见的流通加工形式。

一、钢材流通加工

热连轧钢板和钢带、热轧厚钢板等板材最大交货长度常可达7~12米，有的是成卷交货。对于用户来讲，大、中型企业用户消耗量大，可专设剪板及下料加工设备，按需要进行剪板、下料加工。但是，对于使用量不大的企业和多数中、小型企业用户来说，设置剪板、下料的设备不仅需要巨大的投资，同时还有设备闲置时间长、人员浪费大、不容易采用先进方法的缺点。

集中式的钢板剪板及下料的流通加工可以有效地解决这个问题。剪板加工是在固定地点设置剪板机进行下料加工或设置种种切割设备将大规格钢板裁小，或切裁成毛坯，这可以降低销售起点，便利用户。此种钢材流通加工方式有如下优点：

(1)由于可以选择加工方式，加工后钢材的晶相组织较少发生变化，可保证原来的交货状态，因而有利于进行高质量加工。

(2)加工精度高，可减少废料、边角料，也可减少再进行机加工的切削量，既可提高再加工效率，又有利于减少消耗。

(3)由于集中加工可保证批量及生产的连续性，可以专门研究此项技术并采用先进设备，从而提高效率和降低成本。

(4)可以集中回收和利用加工的边角、余料及废料，有利于资源的节约，减少逆向物流，用户能简化生产环节。与钢板的流通加工类似，还有圆钢、型钢、线材的集中下料、线材冷加工等。

钢材剪切加工如图 8-1 所示,钢材卷板开平、分线加工如图 8-2 所示。

图 8-1 钢材剪切加工

图 8-2 钢材卷板开平、分线加工

二、农产品流通加工

由于农产品具有一定的特殊性,时效性、季节性、地域性以及非标准性等与一般的产品不相同的特性,提高农产品的产后加工水平,将难以运输或保鲜时间短或价值不高的产品加工处理,有助于降低农产品物流损耗,提高农产品附加价值,降低农产品的流通成本。

目前,我国大多数生产者十分重视在农产品生产环节投入大量人力、物力和财力,而往往忽视对农产品采后的净化、分级、烘干、储藏、保鲜和包装等处理。因此,在农产品进入流通市场的过程中造成不同程度的损失,丰产不丰收的现象时有发生;同时由于受生产季节性限制,农产品上市周期往往比较集中。与我国相对落后的产地初加工现状相比,许多发达国家农产品产后储藏保鲜已实现了产业化,且产后增值效果非常可观。发达国家与我国农产品加工现状对比见表 8-1。

发达国家与我国农产品加工现状对比　　　　　　表 8-1

参数		发达国家	中国
农产品产后产值与采收时自然产值之比		2.0～3.7:1（美国 3.7:1,日本 2.2:1）	1:1
果蔬损失率		5% 以内	25%～30%
冷链物流配送率		80% 以上(美国 100%)	15% 左右
粮食损失率		1% 以内	9%
农产品加工转化率		80% 以上	30% 左右（水果 10%、蔬菜 7%）
加工品种类	食用油	日本 400 多种	几种
	专用粉	日本 60 +、英国 70 +、美国 100 +	20 +
	稻米深加工产品	日美 3500 +	100 左右
	变性淀粉	1000 +	几十种
加工废弃物利用率		多次利用,美、日接近全利用	基本是一次利用
经济模式		循环经济模式	线性经济模式

对于生鲜农产品来说,流通加工的主要内容主要包括:

1. 产后初级处理

蔬菜、水果等生鲜农产品在采摘之后,由于仍存在"呼吸热",需要进行预冷处理,延长其保鲜期。再经过去根、清洗(去土)、去黄叶坏根等一系列分拣程序之后再捆扎成一定分量。有些蔬菜在物流过程中不能清洗只能进行去土工作,如香菜不能清洗,清洗之后在物流运输时就容易发黄、烂叶,这将造成很大的损失。

2. 包装处理

为了保护农产品的使用价值以及延长农产品的保鲜时限,需要在包装方面进行一定防护,从而保证农产品的在途质量,降低农产品的损耗率。例如,针对水产品、肉类、蛋类的保质、保鲜要求进行的冷冻加工、防腐加工等;带叶蔬菜在进行长途运输时都会用泡沫塑料盒装载,并在蔬菜底部放入一些冰袋以便温度保持在一定低温状态,保证蔬菜的新鲜度。

3. 定制化加工

每个人对于同一种农产品的需求是不相同的,而农产品都是大批量的生产,因产地的一些因素制约,无法对农产品进行较好地加工包装,只能对农产品进行粗略的加工。流通加工通过将这些初级加工的农产品或者大批量散装的农产品改制分装成适合销售的小包装,或是将单一的产品进行定制加工,能够满足多元需求。

案例 8-1

速冻食品是指将各类加工后的新鲜食品进行适当的前期处理并加工成型后,在低温下快速冻结,然后在 -18℃ 或更低温度下储藏、运输、销售的食品,其具有安全卫生、食用方便、营养美味和成本低等特点,在全球范围内受到广泛欢迎。从国际经验上看,经济越发达,生活节奏越快、社会化分工越细的国家,对速冻食品的需求就越旺盛。目前,美国为全球速冻食品产量最大、人均消费量最高的国家,年产量达 2000 万 t,品种 3000 多种,人均年消费量超过 80kg,速冻食品占食品行业 60%~70%;欧洲速冻食品的消费水平仅次于美国,年消费量超过 1000 万 t,人均年消费量 40kg 左右;日本是速冻食品第三大消费市场,也是亚洲第一大消费市场,品种 3000 多种,人均年消费量为 25kg 左右。

A 企业是国内具有较大影响力的大型速冻食品加工企业,主要从事速冻食品的研发、生产和销售,是行业内产品线较为丰富的企业之一,在全国肉类、蔬菜等主产区和消费城市布局了 7 大生产基地 9 个工厂。公司产品线包括速冻鱼糜制品、速冻肉制品、速冻米面制品以及速冻其他制品 4 大类、300 多个品种。猪肉、鸡肉是公司肉制品、菜肴制品的主要原材料。其研发的速冻鱼糜制品有霞迷饺、迷你燕饺、贡丸、撒尿肉丸等;速冻肉制品有手抓饼、紫薯包、红糖馒头等;速冻面米制品新增蛋饺、天妇罗鱼、天妇罗虾、香脆藕盒、香炸藕条、鲑鱼头等。多样化的产品广泛应用于饭店、火锅店、小吃店和家庭等不同领域,满足不同人群的需求。例如,公司于 2019 年推出锁鲜装龙虾味球、仿蟹肉、潮汕风味牛肉丸等共 9 个产品,突出的特点是 240g 小包装、透明抽真空,定位家庭单次消费,价格亲民,取得了良好销量。

三、木材流通加工

木材流通加工主要包括磨制木屑、压缩输送和集中开木下料。

1. 磨制木屑、压缩输送

磨制木屑、压缩输送是为了实现流通的一种加工方式。木材是造纸材料,需求量巨大。然而木材容重轻,在运输时往往是车船空间满装但质量不能满载,满装而不能满载的问题严重,装车、捆扎也比较困难。生产加工的木屑主要用于造纸材和生物质燃料,采取在林木生产地就地将原木磨成木屑,然后压缩使之成为容重较大、容易装运的形状,再运至靠近消费地的造纸厂,就能有效节约运力。根据美国的经验,采取这种办法相对直接运送原木可节约一半的运费。图8-3是木屑作为生物质燃料的作业过程。

2. 集中开木下料

在流通加工点将原木锯截成各种规格锯材,同时将碎木、碎屑集中加工成各种规格板,甚至还可进行打眼、凿孔等初级加工。用户直接使用原木不但加工复杂、加工场地大、加工设备多,更严重的是资源浪费大,木材平均利用率不到50%,平均出材率不到40%。实行集中下料按用户要求供应规格料,可以使原木利用率提高到95%,出材率提高到72%左右,有相当好的经济效果。图8-4是原木流通加工过程。

图8-3 木屑作为生物质燃料的作业过程

图8-4 原木流通加工过程

案例8-2

江西赣州市的某家居产业园建设了共享备料中心制造工厂,是亚洲单体最大的橡胶木备料工厂,厂房总面积3.8万 m^2,由此实现"个性化定制、规模化生产、智能化服务"。共享备料中心主要包含共享备料、共享打样、共享打磨、共享设计等部分,同时通过VR/AR(虚拟现实/增强现实)、云MES(制造执行系统)等技术实现备料生产的实施监控和调度。共享备料中心输出产品是各类家具的橡胶木齿接板白胚料和直条料白胚料,可满足附近60~100家家具企业的日常生产用料需求,年产值可达3亿元以上。从智能分选来说,通过人工智能视觉识别系统,对木材的品质、颜色进行分选,更精准地进行等级分类,最大化地合理利用木材原料及提升家具成品外观档次。同时,通过设备自动化、网络化以及机器人的导入,大幅减少现场用工人数。智能排版创新方面,通过人工智能排版系统,根据所需材料的尺寸及规格进行材料利用最大化的排列,降低木材原料的加工损耗。

共享备料中心通过自动化生产线和智能制造系统,配合规模化运作,相比市面现有的备料线,可以实现50%以上的效率提升和20%以上的成本下降。而备料中心通过集中共享方式为产业链下游提供更为经济高效的前道料件,可以有效提升整个家具产业链的协同效率,并实现降低成本,同时提高物流周转速度,减少资金占用。

第三节　流通加工合理化

一、流通加工不合理表现

流通加工是在流通领域中对生产的辅助性加工,是生产在流通领域的延续。这个延续可能有正、反两方面的作用:一方面可能有效地起到补充完善的作用,但是,也必须估计到另一个可能性,即不合理的流通加工会产生抵销效益的负效应。不合理流通加工有如下形式。

1. 流通加工地点设置不合理

流通加工地点设置是整个流通加工能否有效的重要因素。一般而言,为衔接单品种大批量生产与多样化需求的流通加工,加工地设置在需求地区,才能实现大批量的干线运输与多品种末端配送的物流优势。如果设置在生产地区,则会出现明显不合理:第一,加工之后的多样化产品,必然会出现多品种、小批量由产地向需求地的长距离运输,而形成不合理;第二,在生产地增加了一个加工环节,同时增加了近距离运输、装卸、储存等一系列物流活动。所以,在这种情况下不如由原生产单位完成这种加工而无须设置专门的流通加工环节。

流通加工应设在进入社会物流之前,如设置在物流之后(即设置在消费地),则不但不能解决物流问题,又在流通中增加了一个中转环节,因而也不合理。

即使在产地或需求地设置流通加工的选择是正确的,也还有流通加工在小地域范围的正确选址问题,如果处理不善,仍然会出现不合理。这种不合理主要表现在交通不便,流通加工与生产企业或用户之间距离较远,流通加工点的投资过高(如受选址的地价影响),加工点周围社会、环境条件不良等。

2. 流通加工方式选择不当

流通加工方式包括流通加工对象、加工工艺、加工技术、加工程度等。流通加工方式的确定实际上是与生产加工的合理分工。分工不合理,本来应由生产加工完成的却错误地由流通加工完成,本来应由流通加工完成的却错误地由生产过程去完成,都会造成不合理。

流通加工不是对生产加工的代替,而是一种补充和完善。所以,一般而言,如果工艺复杂,技术装备要求较高,加工可以由生产过程延续,不宜再设置流通加工,尤其不宜与生产过程争夺技术要求较高、效益较高的最终生产环节,更不宜利用一个时期市场的压迫使生产者变成初级加工或前期加工,而流通企业完成装配或最终形成产品的加工。如果流通加工方式选择不当,就会出现与生产夺利的恶果。

3. 流通加工成本过高,效益不好

流通加工之所以能够有生命力,重要优势之一是有较大的产出投入比,因而起着有效的补充完善作用。如果流通加工成本过高,则不能实现以较低投入实现更高使用价值的目的。除了一些必需的原因、政策要求(即使亏损也应进行的加工)外,都应看成不合理的。

二、流通加工合理化举措

流通加工常见的合理化举措就是配送加工模式,将流通加工设置在配送点中,一方面按配送的需要进行加工,另一方面加工又是配送业务流程中分货、拣货、配货之一环,加工后的产品直接投入配货作业,这就无须单独在配送点之外设置一个加工的中间环节,使流通加工有别于独立的生产,而使流通加工与中转流通巧妙结合在一起。同时,由于配送之前有加工,可使配送服务水平大大提高,这是当前对流通加工做合理选择的重要形式。

大量而且成批生产的产品,是按照社会总需求进行规划和生产的,但是很难满足个性化的需求。从个性化需求角度对产品进行的加工作业是衔接大生产与个性化小需求的重要流通加工方式。大型生产企业加工效率较高,但规模比较小的生产企业,专门配备这一道工序,则代价过大且任务不饱满,通过第三方物流的流通加工作业可以更合理地满足中小微企业小批量、多样化的需求。这在生活配送领域中已经广泛采用,如坚果、果蔬的拣选配送,在煤炭、水泥等初级产品的生产配送中也已表现出较大的优势。

除了配送加工领域,为了完善物流作业、保障作业安全、降低物流成本,常常在仓储、运输、包装等物流环节进行减少数量、提高效率的作业,这种流通加工是减量作业,通过各种减量的加工活动来完成,如除杂、浓缩、精炼等。保证货物质量和品质的作业,除保护性包装之外,还有加固、化学处理、温度处理作业等,如冷链保鲜处理和玻璃、汽车配件加固运输等。通过改变货物本身的性能和状态可以达到改变和选择新的物流方式的目的,如把气体压缩成液体的流通加工作业。

除了满足物流作业的合理化要求,为了整体经济效益会进行延迟加工。为适应产品多样化、需求个性化和市场需求不确定的经济发展环境,生产制造企业往往把产品定制化工序从工厂移向物流枢纽或配送中心,由物流企业通过流通加工过程,完成货物的个性化加工,以减少库存,满足消费需求。例如,戴尔储存计算机零部件,在接到客户订单时按订单要求完成计算机整机配置,如果戴尔在接到客户订单前就完成各种配置的整机组装,戴尔需要的库存量是难以想象的。

复习思考题

1. 阐述流通加工的概念和作用。
2. 物流环节中的流通加工与生产加工有何区别?
3. 阐述增值性流通加工和增效性流通加工的特点,以及其在物流过程中发挥的作用。
4. 阐述流通加工的主要形式和主要作业内容。
5. 举例说明流通加工的不合理表现。
6. 阐述流通加工合理化的途径和举措。

第九章 物流信息

【导入案例】

某公司是一家领先的网络货运平台企业,通过互联网、大数据、人工智能等先进技术的应用,有效整合社会资源,将车辆信息与货物运输信息进行智能匹配,帮助驾驶员更好地规划运输线路,提升运输效能和返程效率的同时,也能为货主企业降低整体物流运输成本,实现降本增效。公司通过"物流运力交易共享平台""网络货运平台"两个核心平台提供专业物流服务。前者通过智能配对技术,将货源以"一对多"的形式精准推送给最为契合的承运人;后者是通过智运罗盘、智运千里眼等一系列核心技术,对物流业务进行"五流合一"的高效运作与管理,保证货物安全及高水平的服务品质。平台通过线上技术和线下服务的深度融合,为货主和驾驶员提供更好、更优质的精准服务,用服务补齐网络技术场景,使得货主、驾驶员的权益得到切实保障。"一客五服"就是其基于丰富经验和以客户为核心的理念,专门针对货主提供的一体化精准服务,每个货主背后都有五个对应的服务岗位提供服务,从货场维护、在线客服、运营调度、风控管理、结算开票的角度提供一站式服务,完整覆盖了"发货、运力、在途、应急、结算"物流业最核心的五大场景。同时,对于发运量巨大的规模型货主,公司还会提供从专业运力到运输工具,从全局调度到全局数字化的精准定制服务。

作为一家具有央企背景的网络货运平台企业,公司在上线5年的时间里,已经发展成为一个业务覆盖全国30个省、自治区及直辖市,辐射450个城市,运输线路超过2万条,年货运量超过1.5亿t的基础设施平台。通过智能配对算法可综合分析每一位在线驾驶员的常跑线路、常运货物种类、车型车况、实时位置及目的地等综合数据,为其匹配更合理的运输订单,从而使驾驶员能够"一边跑货,一边接单",降低空驶空跑率,平台驾驶员的平均接单时间从原先的5.8h,缩减至1.8h以内,成交时间下降了69%,同时空驶率降低至20%左右,驾驶员收入增长了25%。

第一节 物流信息概述

一、概念

物流信息产生于物流活动,又应用于物流活动,它是流动性非常强的信息。流动性是物流信息的重要特点,主要体现是流动速度超越物流运作的速度。物流信息的价值就在于此。

物流信息(Logistics Information)是反映物流各种活动内容的知识、资料、图像数据的总称。这个定义非常宽泛,物流信息庞大、复杂、无时无刻不在生成,其中只有少部分是有用的信息,有利于反映和指导物流活动。发现和搜集这些有用的信息并且进行处理、运用,是物流信息化的重要内容。作为现代物流的七大功能要素之一,物流信息处理是对与商品数量、质量、作业管理相关的物流信息,以及订货、发货和支付相关的商流、资金流信息的收集、加工、整理与传递。通过对物流信息的收集、筛选、加工、研究和分析,为物流管理者及其他组织管理人员提供战略、战术及运作决策的支持,以达到组织的战略竞优,提高物流运作的效率与效益,是现代物流区别于传统物流的典型特征。物流活动与物流信息化过程如图 9-1 所示。

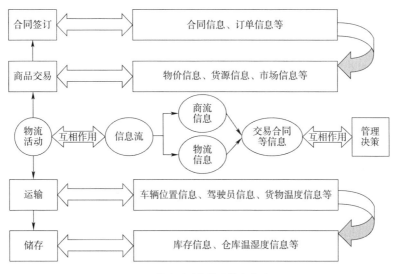

图 9-1 物流活动与物流信息化过程

流通过程的信息流,从其信息的载体及服务对象来看,可分成物流信息和商流信息两大类。物流信息与商流信息之间有交叉,但不是包含与被包含关系。物流信息主要是物流活动中货物、车辆、人员等要素的数量、位置、作业、费用等信息;商流信息主要是与交易有关的信息,如价格、成交量、货源、合同、市场信息等。物流信息不仅作用于物流,也作用于商流,是流通过程不可缺少的管理及决策依据;同时物流信息是反映社会经济基础运行情况的重要手段之一,其中采购经理指数(Purchasing Managers' Index,PMI)就能够反映经济变化趋势。

物流产生信息流,信息流控制物流,信息化是现代化的重要标志,发展物流业的关键是实现物流信息化。将现代计算机技术、通信技术、网络技术贯穿于物流运作和管理的全部环节,构成了物流信息化。物流信息化的一个非常重要的目标是使物流信息流通,而使其通畅的办法,一个是有效地利用信息技术,使信息技术系统化;另一个是通过建立适当的体制和实行有效的管理模式来消除物流过程中的信息壁垒,建立无缝化的信息接口,使信息能够顺畅地流动。物流信息化的建设工作繁重,随着物联网、互联网和大数据技术的迅猛发展与广泛应用,不断有新兴信息技术在物流运作和管理实践中应用,物流全面信息化正在系统推进之中,更好的物流信息化体验值得期待。

物流信息化不仅仅是物流信息技术的应用,更是物流信息技术、物流信息管理和组织一体化的产物,它们之间存在这样的关系:信息技术作为一种技术的基础,只有通过有效的物流信息管理和组织,才能使之成为物流信息系统,也才能有效地处理和解决物流信息的问题,实现物流信息化。物流信息平台是承载和支持物流信息化的物质基础。物流信息化的运作涉及广泛而深入,但都有一个共同的平台支持。这个平台成了物流信息化的联系力量,也是物流信息化的一部分。

二、物流信息化的特征与作用

1. 物流信息化的特征

物流信息对物流现代化管理也很重要。与其他领域信息比较,一般物流信息具有以下特点:

1) 信息量大,分布广泛

物流信息随着物流活动以及商品交易活动展开而大量发生,具有多品种、小批量、多批次和个性化服务等现代物流活动特征,且分布在制造厂、仓库、物流中心、配送中心、运输路线、商店、中间商、用户等处。例如,零售商应用 POS(销售终端)系统读取销售点的商品品种、价格、数量等即时销售信息,并对这些销售信息加工整理,通过计算机网络向相关企业传送。另外,为了使库存补充作业合理化,许多企业采用电子订购系统。随着企业间合作倾向的增强和信息技术的发展,物流信息量在今后将会越来越大。

2) 种类繁多,来源多样

物流信息不仅包括企业内部的各种管理和作业信息(如生产信息与库存信息等),而且包括企业间的物流信息和与物流活动有关的现代物流技术、法律、规定、条例等多方面的信息。另外,物流活动往往利用道路、港湾、机场等基础设施,因此,为了高效率地完成物流活动,必须掌握与基础设施有关的信息。

3) 动态变化,更新快速

由于各种作业活动频繁发生,市场状况及用户需求变化多端,物流信息会在瞬间发生变化,因而物流信息的价值衰减速度很快。为适应企业物流高效运行的及时性,要求系统对信息的及时性管理有较高的处理能力。

4) 信息编码趋于标准化

企业竞争优势的获得需要供应链参与企业之间相互协调合作,协调合作的手段之一是信息即时交换和共享。企业为了实现不同系统间信息的高效交换与共享,必须按照国际或国家对信息的标准化要求对信息进行处理,如采用统一的条码标准,把物流信息标准化和格式化,利用 EDI(电子数据交换)在相关企业间进行传送,真正实现信息分享。

2. 物流信息化的作用

物流信息对整个物流系统起着融会贯通的作用,对物流活动起支持作用。物流系统内各子系统的相互衔接是通过信息予以沟通的,而且系统内基本资源的调度也是通过信息的传递来实现的。通过信息流的指导,才能保证物流各项活动灵活运转;物流系统也不再是各个独立活动的机构组合,而是有机的联系和密切的组合。物流系统的优化、各个物流环节的优化所采用的办法和措施(如选用合适的设备、设计最合理路线、决定最佳库存储备等),都要切合系统实际,依靠准确反映实际的物流信息,否则,任何行动都不免带有盲目性。所以,物流信息对提高经济效益也起着非常重要的作用。

三、物流信息化的主要工作

物流信息化赋予了物流各领域以新的面貌。例如,物流过程的系统化,物流设施的自动化,物流经营的网络化,物流接口的无缝化,物流服务的增值化,物流运作的精益化,物流管理的智能化等。物流信息化加上物流运作的现代装备、设施等技术和管理,以及组织的支持,这一切综合构成了物流的现代化。

1. 物流数据的收集与储存

物流数据的收集首先是将数据通过收集子系统从系统内部或者外部收集到预处理系统中,并整理成为系统要求的格式和形式,然后再通过输入子系统输入到物流信息系统中。不同类别的物流信息还有一些不同特点。例如,物流系统产生的信息,由于需要向社会提供,因而收集信息力求全面、完整;而收集的其他系统信息,则要根据物流要求予以选择。为了指导信息收集,对信息进行分类储存和使用,必须先建立完善的分类标准。各个领域在特殊信息方面有统一分类规定,可按信息载体分类,也可按知识单元分类,如分成一般信息、专题信息等。

物流数据进入系统中之后,经过整理和加工,成为支持物流系统运行的物流信息,这些信息需要暂时存储和永久保存以供使用。物流信息系统的存储功能就是保证已得到的后勤信息能够不丢失、不走样、不外泄、整理得当、随时可用。存储时要考虑存储量、信息格式、存储方式、使用方式、存储时间、安全保密等问题。保存物流信息时,需要对物流信息编目或编码,是用一定的代号来代表不同信息项目。用普通方式(如资料室、档案室、图书室)保存信息需进行编目,用电子计算机保存信息则需确定编码。编目及编码是将信息系统化、条理化的重要手段。

2. 物流信息的传输与处理

物流数据和信息在物流系统中,必须及时、准确地传输到各个职能环节,才能发挥其功效,这就需要物流信息系统具有克服空间障碍的功能。物流信息化工作必须要充分考虑所要传递的信息种类、数量、频率、可靠性要求等因素。

物流信息系统的最基本目标,就是将输入数据加工处理成物流信息,信息处理能力是衡量物流信息系统能力的一个极其重要的方面。所谓物流数据是指不能直接满足物流作业系统某一环节的需要,但又与之密切相关,只要通过一系列的信息处理就可以满足需要的物流信息服务。物流信息处理主要包括物流信息更新与分析研究。信息的连续性、广泛性固然非常重要,但信息也有效用期,失效的信息需要及时淘汰更新,才能容纳更多新信息,也更有利于信息的使用。对原始信息进行分析、归纳、判断,将信息进行一定加工,目的是提供信息服务。

3. 物流信息服务

物流信息服务是物流信息化工作的主要成果,也是物流信息系统输出的主要形式,物流信息服务的目的就是将信息提供给有需求的部门和外部用户。为了便于不同领域人员理解与使用,物流信息服务输出的形式应力求易读易懂、直观醒目、通用标准。物流信息服务包括物流信息发布、报道、查询、咨询等基本信息服务,还包括物流路径优化、仓库储位优化、物流需求预测、设施选址布局等智能物流信息服务。

四、物流信息分类

在处理物流信息和建立信息系统时,对物流信息进行分类是一项基础工作,物流信息分类方式有以下几种。

1. 按物流活动分类

物流各个子系统、各功能要素的信息有所不同。按这些领域分类,有运输信息、仓储信息、配送信息等,甚至更细化分成集装箱信息、托盘交换信息、库存量信息、航空运输信息等。其中,常见的运输信息主要包括车辆信息、驾驶员信息、订货通知单、提单、运费清单和货运清单等;仓储信息主要包括物资入库信息、库存信息、储位信息、出库信息等;配送信息包括运输信息和仓储信息之外的信息,还包括采购信息、配送线路信息、车辆管理信息、订单预测信息、销售信息等。

2. 按信息领域不同分类

按信息产生的领域和作用的领域,物流信息可分成物流活动信息(即物流活动所产生的信息)和物流需求信息(即提供物流使用的其他信息源产生的信息)两类。一般而言,在物流信息工作中,物流活动信息是发布物流信息的主要信息源,其作用不但可以指导下一个物流循环,也可提供于社会,成为经济领域的信息;物流需求信息则是信息工作收集的对象,是其他经济领域、工业领域产生的对物流活动有作用的信息,主要用于指导物流活动。

3. 按信息作用不同分类

按物流信息作用不同可分成计划信息、控制及作业信息、统计信息、支持信息。

(1)计划信息。这指的是尚未实现的但已当作目标确认的一类信息,如物流量计划、仓库吞吐量计划、车皮计划、与物流活动有关的国民经济计划、工农业产品产量计划等,许多具体工作的预计、计划安排等,甚至是带有作业性质的信息(如协议、合同、投资等),只要尚未进入具体业务操作的,都可归入计划信息之中。这种信息特点是带有相对稳定性,信息更新速度较慢。计划信息对物流活动有非常重要的战略性指导意义,其原因在于,掌握了这种信息之后,便可对物流活动进行思考,在这种计划前提下规划自己战略的、长远的发展。计划信息往往是战略决策或大的业务决策不可缺少的依据。

(2)控制及作业信息。控制及作业信息是物流活动过程中发生的信息,是掌握物流现实活动状况不可少的信息,如库存种类、库存量、在运量、运输工具状况、物价、运费、投资在建情况、港口发到情况等。这种信息的特点是动态性非常强,更新速度很快,信息的时效性很强,往往是此时非常有价值的信息,瞬间即变得一文不值。物流活动过程中不断产生的作业信息,都是上一作业的结果信息,但并不是此项物流活动最终的信息,这种信息的主要作用是用以控制和调整正在发生的作业和指导即将发生的作业,以实现对过程的控制和对业务活动的微调。这是管理工作不可缺少的信息。

(3)统计信息。统计信息是物流活动结束后,对整个物流活动的一种总结性、归纳性的信息。这种信息是一种恒定不变的信息,有很强的资料性。新的统计结果不断出现,从而从总体来看这种信息具有动态性,但已产生的统计信息都是一个历史性的结论,是恒定不变的。诸如上一年度、月度发生的物流量、物流种类、运输方式、运输工具使用量、仓储量、装卸量以及与物流有关的工农业产品产量、内外贸易量等都属于这类信息。统计信息有很强的战略价值,它的作用是用以正确掌握过去的物流活动及规律,以指导物流战略发展和计划的制订。物流统计信息是国民经济中非常重要的一类信息。

(4)支持信息。支持信息是指能对物流计划、业务、操作有影响或有关的文化、科技、产品、法律、教育、民俗等方面的信息,如物流技术的革新、物流人才需求等。这些信息不仅对制订物流战略有价值,而且也对控制、操作起到指导、启发的作用,是可以从整体上提高物流水平的一类信息。

4. 按信息的加工程度不同分类

物流空间广、时间长,决定了信息发生源多且信息量大,因此,信息量太大而使人无法容纳、无法收集、无法洞察和区分有用信息、无法有效利用信息的"信息爆炸"情况便非常严重。为此,需要对信息进行加工。按加工程度不同可将信息分成原始信息和加工信息。

(1)原始信息。这是指未加工的信息,是信息工作的基础,也是最有权威性的凭证性信息,一旦有需要,可从原始信息中找到真正的依据。原始信息是加工信息可靠性的保证。有时候,人们只重视加工信息而放弃了原始信息,一旦有争议、有疑问,无法用原始信息核证,在这种情况下,加工信息便毫无意义。所以,忽视原始信息是不当的。

(2)加工信息。这是对原始信息进行各种方式、各个层次处理之后的信息。这种信息是原始信息的提炼、简化和综合,可大大缩小信息量,并将信息梳理成规律性的东西,便于使用。加工信息需要各种加工手段,如分类、汇编、汇总、精选、制档、制表、制音像资料、制文献资料、制数据库等,同时还要制成各种指导使用的资料。

第二节　物流信息技术

一、概念

物流信息技术(Logistics Information Technology)是以计算机和现代通信技术为主要手段,实现对物流各环节中信息的获取、处理、传递和利用等功能的技术总称。物流信息技术是物流信息化的基础技术,技术的创新、升级、淘汰处于动态的过程之中。信息技术现在已经发展成电子信息技术,随着计算机的互联,更实现了自动化、网络化。物流信息技术就处于这种环境之中,具体有以下类别:

(1)按技术内涵可分为信息标准化、信息编码、信息标识、信息识读、信息传输、信息处理、集成等若干种类的技术。

(2)按技术的适用性分成通用和专用两大类:物流领域有许多工作是属于基础性的、通用性的工作,通用信息技术是大量应用的信息技术;专用信息技术是带有物流专业功能的信息技术,是为了满足物流的特殊需求。

(3)按信息技术的功能分成单一功能和系统功能两大类:前者属于基础性的物流信息技术;系统功能的物流信息技术能够有效地协调物流系统,满足物流运作系统化。现代物流的运作,需要依靠系统功能的物流信息技术。

二、信息自动识别技术

自动识别技术(Automatic Identification Technology)是指对字符、影像、条码、声音等记录数据的载体进行机器自动辨识并转化为数据的技术。自动识别技术包括信息记录技术和扫描读取技术。信息记录技术主要通过货物标签进行货物信息的存储。物流标签(Logistics

Label)记录包装单元相关信息的载体,常用的物流标签如条形码、二维码、射频标签。扫描读取技术是读取物流标签信息的"眼睛",常用的读取技术如射频识别。

1. 条码技术

1)条码技术的概念

条码技术是在计算机的应用实践中产生和发展起来的一种自动识别技术。它是为实现对信息的自动扫描而设计的,是实现快速、准确而可靠地采集数据的有效手段。条码技术的应用解决了数据录入和数据采集的瓶颈问题,为物流管理提供了有利的技术支持。条码(Bar Code)是由一组规则排列的条、空组成的符号,可供机器识读,用以表示一定的信息,包括一维条码(Linear Bar Code,One-Dimensional Bar Code)仅在一个维度方向上表示信息的条码符号,按码制分为 UPC 码(商品统一代码)、EAN 码(国际物品编码协会制定的一种商品用条码)、交叉 25 码(ITF)、39 码、库德巴码、128 码、ITF-14 码;二维条码(Two-Dimensional Bar Code;2D Code)在两个维度方向上都表示信息的条码符号,常分为堆叠式/行排式二维码和矩阵式二维码。

条码技术的核心内容是通过利用光电扫描设备识读这些条码符号来实现机器的自动识别,并快速、准确地把数据录入计算机进行数据处理,从而达到自动管理的目的。条码技术是实现 POS 系统、EDI、电子商务、供应链管理的技术基础,是物流管理现代化的重要技术手段。条码系统包括编码、符号设计、快速识别和计算机管理技术的系统组合,是实现计算机管理和电子数据交换不可缺少的开端技术。ITF-14 一维条形码、堆叠式/行排式二维码、矩阵式二维码分别如图 9-2 ~ 图 9-4 所示。

06901234567892

图 9-2 ITF-14 一维条形码

PDF417

图 9-3 堆叠式/行排式二维码

a)QR码　　　　　b)Data Matrix码

图 9-4 矩阵式二维码

2)条码技术的应用

条码技术在物流供应链管理方面应用广泛,从产品的生产到成品下线、销售、运输、仓储、配送、零售等各个环节,都会应用条码技术,进行方便、快捷的管理。条码技术像一条纽带,把产品生命期中各阶段发生的信息连接在一起,使企业在激烈的市场竞争中处于有利地位。运输过程应用条码技术可以帮助供应链所有伙伴追踪货物从发送方到目的地的位置移动。系列货运包装箱代码(SSCC)为一种运输应用条码,是为物流单元(运输和/或储藏)提供唯一标识的代码,用于识别整个上、中、下游运送过程中所有相关的运送实体。仓储过程应用条码技术不仅可以识别所有货物,还可以标识货位。只有扫描了货位条码和货物条码后才能完成上下架过程,这就可以确保货物的货位信息总是准确的。SSCC 在供应链物流过程中的应用如图 9-5 所示。

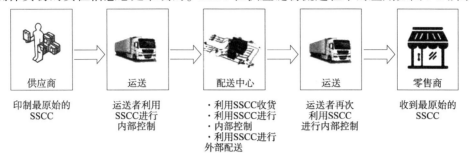

图 9-5　SSCC 在供应链物流过程中的应用

2. 射频识别技术

1）射频识别技术的概念

射频识别技术（Radio Frequency Identification，RFID）是指在频谱的射频部分，利用电磁耦合或感应耦合，通过各种调式和编码方案，与射频标签交互通信唯一读取射频标签身份的技术。射频（Radio Frequency，RF）—标签系统由射频和标签两部分组成，射频对标签进行不接触识别，利用电磁波射频扫描物流对象，信息则可从标签上进行识别。标签有一定的容量，用以存储被识别对象的信息，标签的数据能被读入或写入，而且可以编程成为永久数据。标签的主要作用是存储物流对象的数据编码，对物流对象进行标识。通过射频系统的天线，编码后的标签信息可被发射给读写器，或者接收读写器的电磁波并反射给读写器。

射频系统由读写器、计算机网络两部分组成，其工作原理如图 9-6 所示。射频系统的读写器有三个主要组成部分：读写模块，射频模块，天线。读写器在一个区域范围内发射电磁波，对标签进行数据采集，通过计算机网络进行数据转换、数据处理和数据传输。

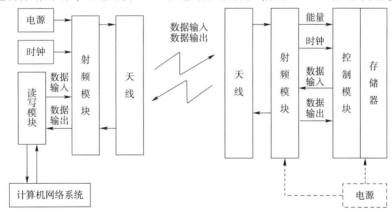

图 9-6　射频系统工作原理

2）射频识别技术的应用

以 RFID 为基础的软硬件技术构建的 RFID 信息系统，将使供应、仓储、采购、运输、配送等全过程发生根本性的变化。在配送环节，采用射频技术能大大加快配送的速度和提高拣选与分拨过程的效率与准确率，并能减少人工识读成本，降低配送成本。在仓储环节，射频识别技术广泛应用于存取货物与库存盘点，当贴有 RFID 标签的货物入库时，RFID 识读器将自动识别标签并完成库存盘点。在整个仓库管理中，将系统制定的收货、取货、装运等实际功能与RFID技术相结合，能够高效地完成各种业务操作，如指定堆放区域、上架取货与补货等。在快运物流业务中，RFID技术可以主动反馈快递的运送情况，在很大程度上增加了快递业务的透明度，加快了物流作业效率。RFID电子标签会加贴在单件货物、包装箱、托盘、集装箱、运输车辆等不同包装层次上，对于无论是批量还是单个管理物流产品在运送过程中的路线、运量等信息都能非常方便的获取。

案例9-1

　　某生鲜零售企业通过应用条码技术，实现从加工、仓储、包装到销售整个生鲜供应链的应用优化。流通加工环节，通过对采摘后的水果进行清洗、品质检查、分类编码，并粘贴供应链参与方位置代码(GLN)。水果通过流水线上的设备扫描，采集相关的数据，进行水果生产的实时跟踪，对不合格商品，迅速查询找出原因，进行实行性分析，解决生鲜水果质量追溯问题。仓储环节，每种规格的水果用条码进行分类存储；对库位进行科学的编码，并加贴条码，入库时能及时采集库存品的库位数据，与仓储系统相结合，并实时更新数据，进行科学的仓储管理，实时监控库存，实现"零库存"。包装环节，使用物流条码，可通过使用数据采集器对产品外包装条码进行扫描，采集货物的信息，如水果的采摘日期、采摘地址、保存温度等，还可查询来源于哪个原产地或销售部门，以及关于产品的信息。销售环节，通过运输配送到达销售各门店，按门店物品售价贴上商品条码标签。散装称重贴上店内码，以便标识、结账；在结账方面上，采用POS系统进行结算。追溯环节，企业的合作基地可以为每一种水果都制定一份具有特色的溯源档案，能够让顾客在购买产品时，对产品进行溯源，让顾客买得放心，吃得安心，同时对企业的营销活动起到推动作用。

三、跟踪定位技术

　　跟踪定位技术是通过卫星对地面上运行的车辆、船舶、无人机等进行测定并精确定位和位置记录的技术。在车辆、船舶、无人机或其他运输工具设备上配置信标装置，就可以接收卫星发射信号，以置于卫星的监测之下，通过接收装置，可以确认精确的定位位置，在物流领域有重要的应用。

　　其主要功能包括进行车辆、船舶的跟踪，通过地面计算机终端，可实时显示出车辆、船舶的实际位置，位置精度以"米"计量。对于必须随时掌握动态的重要车辆和船舶的跟踪，目前只能依靠这个系统来解决；信息传递和查询，实施双向的信息交流，向车辆、船舶提供相关的气象、交通、指挥等信息，同时可以将运行中的车辆、船舶的信息传递给管理中心；及时报警，通过跟踪定位技术，掌握运输装备的异常情况，接收求助信息和报警信息，迅速传递到管理中心以实施紧急救援。

1. 地理信息系统

1) 地理信息系统的概念

　　地理信息系统(Geographical Information System, GIS)是指在计算机技术支持下，对整个或部分地球表层(包括大气层)空间中的有关地理分布数据进行采集、储存、管理、运算、分析、显示和描述的系统。地理信息具有空间信息、多维结构地理信息、明显时序特征等特点，具有公共地理定位基础；具有采集、管理、分析和输出多种地理空间信息能力；具有极强的空间综合分析和动态预测能力，并能产生高层次的地理信息；能够提供地理信息服务，是一个人机交互式的空间决策支持系统;具有统计与量算、规划与管理、监测与预测、辅助决策、制图等功能。地理信息系统数据的保密性导致地理信息系统民用开放受限,目前主要应用于交通 GIS(Geographic Information System of Transportation;GIS-T)、Web(网络)GIS 和三维 GIS。

2)地理信息系统的应用

地理信息系统具有强大的采集、管理、存储、分析、处理、输出空间数据的能力,以及良好的可视化和辅助决策方式。其应用主要利用地理信息系统强大的地理数据功能来完善物流分析技术。在物流信息管理环节,地理信息系统可以提供分布式的物流信息系统管理平台、电子地图图形化的显示和输出、物流设施空间选址决策,基于 GIS 的仿真模拟对物流方案设计提供了准确的判断依据,还可以实现移动目标的实时监控,掌握物流作业的状态信息。

2. 全球定位系统与北斗卫星导航系统

1)全球定位系统的概念

全球定位系统(Global Positioning System,GPS)以人造卫星为基础、24h 提供高精度全球范围的定位和导航信息的系统。GPS 提供精密定位服务(PPS)和标准定位服务(SPS)两种服务。PPS 利用精码(军码)定位,提供给军方和得到特许的用户使用,定位精度可达 10m;SPS 利用粗码(民码)定位,提供给民间及商业用户使用。目前 GPS 民码单点定位精度可以达到 25m,测速精度为 0.1m/s,授时精度 200ns。它具有高精度、全天候、高效率、多功能、操作简便、应用广泛等特点。其功能包括自动导航、指挥监控、跟踪车辆和船舶、信息传递和查询、及时报警等。GPS 系统组成如图 9-7 所示。

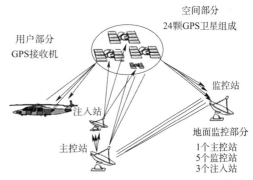

图 9-7 GPS 系统组成

2)北斗卫星导航系统的概念

北斗卫星导航系统(BeiDou Navigation Satellite System,BDS)是我国正在实施的自主发展、独立运行的全球卫星导航系统,致力于向全球用户提供高质量的定位、导航、授时服务,并能向有更高要求的授权用户提供进一步服务,军用与民用目的兼具。北斗卫星导航系统和美国全球定位系统、俄罗斯格洛纳斯系统及欧盟伽利略定位系统一起,是联合国卫星导航委员会已认定的供应商。北斗卫星定位系统由 4 颗(2 颗工作卫星、2 颗备用卫星)北斗定位卫星(北斗一号)、地面控制中心为主的地面部分、北斗用户终端三部分组成。北斗定位系统可向用户提供全天候、24h 的即时定位服务,授时精度可达数 10ns 的同步精度。北斗导航系统三维定位精度约几十米,授时精度约 100ns。

3. 跟踪定位技术的应用

跟踪定位技术的应用,一方面能够提升物流企业的运作能力和车辆监控的能力,从而提高其自身竞争能力;另一方面,也给客户产品的运送提供保障,降低事故出现的概率。其主要应用于物流运输与配送环节,具体应用于货物跟踪、物流配送、货车动态调度、车辆选择优化、路线选择优化、报警救援、军事物流等领域。

四、信息传输和交换技术

物流系统是由多个子系统组成的复杂系统,要合理组织物流活动必须依赖物流系统中物流信息的沟通、传递和反馈;同时企业竞争优势的获得需要供应链各参与企业之间相互协调合作,协调合作的必要手段就是信息及时交换和共享。物流信息的传输和交换技术是物流信息化的关键技术。近些年来,通信、网络技术的飞速发展使得信息的传输和交互能够以可靠、安全、高效的方式进行,这为物流信息化奠定了基础。对这些技术的原理、应用状况以及发展趋势做一个大概的了解,有利于我们加深对物流信息化内涵的理解,把握物流信息化建设的规律。

1. 电子数据交换技术

1) 电子数据交换技术的概念

电子数据交换(Electronic Data Interchange,EDI)是指采用标准化的格式,利用计算机网络进行业务数据的传输和处理。EDI系统是对信息进行交换和处理的网络自动化系统,将远程通信、计算机及数据库三者有机结合在一个系统中实现数据交换。这个系统也可以作为管理信息系统和决策支持系统的重要组成部分。国际数据交换协会(IDEA)对于电子数据交换的定义是:通过电子方式,采用约定的报文标准,从一台计算机向另一台计算机进行结构化数据传输的计算机网络系统。

EDI系统的主要功能是利用计算机广域网,进行远程、快速的数据交换和数据自动处理。物流领域通过EDI系统,很容易及时得到远程的物流数据。这个系统成为支撑经济全球化和物流国际化的重要手段。整个EDI解析的过程都是由EDI系统完成的,EDI系统的功能模块由通信模块、格式转换模块、报文生成和处理模块、用户接口模块、内部接口模块组成,如图9-8所示。

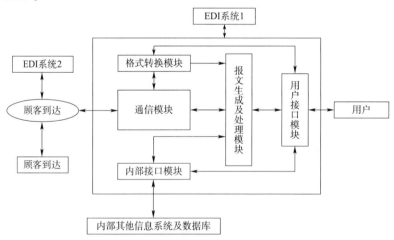

图9-8 EDI系统结构图

EDI系统在物流领域有特别重要的作用。物流系统带有一定的"横跨"性质,物流系统的信息完全可由各个局部领域的信息交换和共享,因而就特别需要EDI。还有,物流系统与外部也必须进行信息交换,如工业企业、用户、商店、海关、银行、保险公司等,也需要通过网络联结进行EDI。采用EDI系统之后,信息交换便可由两端直接进行,而越过很多中间环节,这就使物流过程中每个衔接点的手续大大简化,由于减少甚至消除了物流各个过程中的单据凭证,不但减少了差错,而且大大提高了工作效率。

2)电子数据交换技术的应用

EDI 技术主要应用于企业之间的物流运营管理之中,尤其在供应链管理、物流配送等频繁客户交流、协调领域应用更为广泛。为了改善作业流程、降低成本、减少差错,在物流管理中,物流企业可以将 EDI 与其内部的管理信息系统对接,实现一体化管理。用 EDI 传输客户订购单、客户验收单、客户对账单和客户退货单等格式化的单据,可以使企业内部实现信息共享,从而提高物流效率,降低物流成本。

2. 物联网技术

1)物联网的概念

物联网(Internet of Things,IoT)是"物物相连的互联网"。物联网概念是在"互联网概念"的基础上,将其用户端延伸和扩展到任何物品与物品之间,进行信息交换和通信的一种网络概念。国际通用的物联网定义是:通过射频识别、红外感应器、全球定位系统、激光扫描器等信息传感设备,按约定的协议,把任何物品与互联网连接起来,进行信息交换和通信,以实现智能化识别、定位、跟踪、监控和管理的一种网络。

物联网是实现人与物、物与物之间的沟通,物联网关键在于感知、互联和智能的叠加,其组成包括感知层、网络层和应用层。物联网处理基本框架如图 9-9 所示。

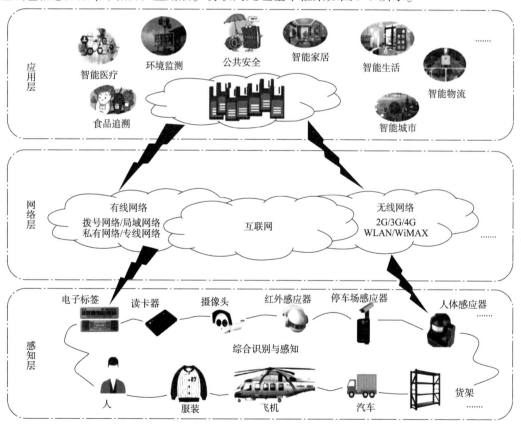

图 9-9 物联网处理基本框架

(1) 感知层。感知层的构成包括实体感触端、感触传输网与感知工具。实体感触端与物质世界紧密相连，是物联网对物理实体属性信息进行直接感触的载体，也是整个物联网网络的末梢节点。实体感触端可以实物方式存在，也可以是虚拟的。感触传输网是对物理实体的属性信息进行传输的网络，距离可以很长。感知工具是将实物的属性信息转化为可在网络层的传输介质中进行传输的信息的工具。感知层所需要的关键技术包括检测技术、中低速无线或有线短距离传输技术等。

(2) 网络层。网络层是在现有网络的基础上建立起来的，它与目前主流的移动通信网、国际互联网、企业内部网、各类专网等网络一样，主要承担着数据传输的功能，特别是当三网融合后，有线电视网也能承担数据传输的功能。围绕着对感知信息的汇集、处理、存储、调用、传输5项作用，网络层的构成中由相应的组成部分完成各项职能。汇集工具与感知层相衔接，将感知层采集终端的信息进行集中，并接入物联网的传输体系；处理工具用于对传输信息进行选择、纠正，以及不同信息形式间的转化等处理工作；存储工具需要对信息进行存储；调用工具以某种方式实现对感知信息进行准确调用；传输工具是网络层的主体，通过用可传递感知信息的传输介质构建传输网络，可使感知信息传递到物联网的任何工作节点上。

(3) 应用层。应用层可由应用控制和应用实施构成，物联网通过感知层和网络层传递的信息是原始信息，这些信息只有通过转换、筛选、分析、处理后才有实际价值，应用控制层就承担了该项工作。应用实施是通过应用控制分析、处理的结果对事物进行相关应用反馈的实施，实现物对物的控制。应用实施可由人参与，也可不由人参与，实现完全的智能化应用。应用层是物联网实现其社会价值的部分，也是物联网拓宽产业需求、带来经济效益的关键，还是推动物联网产业发展的原动力。

2) 物联网在物流领域的应用

利用物联网技术对各类业务中业务流程影响、物流企业感知信息采集、数据的自动化处理进行分析研究，从分析这些信息中获得收益，以作出更好的决策，对业务流程进行进一步优化。在运输环节，物联网技术可实现智能运输服务。以深度覆盖所服务区域的运输网络平台为基础，提供快捷、准时、安全、优质的标准化服务。通过整合内外物流资源，提供"一站式"综合物流服务，以满足客户对运输业务的个性化需求，物联网技术将用于优化运输业务的各个作业环节，实现运输管理过程的信息化、智能化，并与上、下游业务进行物资整合和无缝连接。在仓储环节，物联网技术可实现仓储物流管理中的货物自动分拣、智能化出入库管理、货物自动盘点及"云仓"管理，从而形成自动仓储业务。通过智能及自动化的仓储物流管理，可有效降低物流成本，实现仓储物流作业的可视化透明化管理，提高仓储物流服务水平，最终实现智能化、网络化、一体化的管理模式。

3. 移动互联网技术

1) 移动互联网技术的概念

移动互联网一般来说就是将互联网和移动通信二者结合起来，成为一体。我国工业和信息化部发布的《移动互联网白皮书》给出了移动互联网的定义，即"移动互联网是以移动网络作为接入网络的互联网及服务，包括3个要素：移动终端、移动网络和应用服务"。

移动互联网具备以下几个显著特点：第一，开放性。开放性指的是网络的开放性、应用开发接口的开放性、内容和服务的开放性等方面。随着移动互联网的不断深入发展，开放性已成为移动互联网业务、应用和服务的基本标准,更多新颖的业务将出现在移动终端上而无须依靠现在的移动运营商。第二,分享和协作性。在开放的网络环境中,用户可以通过多种方式与他人共享各类资源,实现互动参与,协同工作。因此,用户将具有更大的自主性和更多的选择,并将由被动的信息接收者转变成为主动的内容创造者。第三,创新性。移动互联网为不同的用户提供了无限可能,使各种各样的新型业务不断涌现出来,以满足不同用户的需要。

2)移动互联网技术的应用

移动互联网技术在物流行业应用较为广泛,尤其融合云计算、大数据、物联网等技术的移动互联网技术对物流产业生产方式、资源配置方式和组织方式的变革起到推进作用,为物流产业带来新的创新和增长空间。

在配送环节,利用移动终端 APP 为无车承运人、货主和货运驾驶员提供"货找车、车找货、车找人、人找车"服务以及车主对车辆的监管服务等。在跟踪定位环节,移动互联网技术结合跟踪定位技术,便于物流监管部门、货主、物流企业等物流监控需求方,进行单点定位、连续跟踪、历史轨迹回放、超速报警区域报警、行驶线路报警等功能。在调度环节,电信运营商能够为不同种类的物流企业提供多样化的呼叫中心调度服务,一方面提供对物流企业员工和车辆的集中运营调度,另一方面为用户提供电话发布和查询配货信息交通导航信息等服务。在实时监控环节,随着移动通信高速率的移动传输,实时监控不再局限于仓库、堆场、码头、停车场等固定场所的应用,也可用于危险品运输、贵重物品运输等运输服务。在场景物流方面,移动互联网技术可以同时连接客户、工厂、物流企业,重新构建人、货、场三者的关系,驱动信息、技术、产品等资源要素动态流动、自动合理配置,还能围绕用户场景需求改变原有的生产、消费和管理模式,达到全流程体验升级、全生态创新增值的效果。

五、信息处理技术

数据是信息的载体,是物流信息系统要处理的主要对象。数据与数据流程是建立物流管理信息系统的重要基础。因此,必须对系统调查中所收集的数据以及统计和处理数据的过程进行分析和整理。数据流程分析即把数据在组织(或原系统)内部的流动情况独立出来,舍去组织机构、具体作业处理、物流、材料、资金等背景,仅从数据流动过程来考查实际业务的信息处理模式,包括对数据的收集、传递、处理和存储等分析,目的是发现数据价值。

1. 云计算技术

1)云计算技术的概念

云计算技术是通过整合、管理、调配分布在网络各处的计算资源,并以统一的界面同时向大量用户提供服务。借助云计算,网络服务提供者可以在瞬息之间,处理数以千万计甚至数以亿计的信息,实现和超级计算机同样强大的效能。同时,用户可以按需计量使用这些服务,从而实现让计算成为一种公用设施来按需而用的梦想。

2)云计算技术的功能

云计算系统按资源封装的层次分为基础设施即服务(IaaS)、平台即服务(PaaS)、软件即服务(SaaS),分别为对底层硬件资源不同级别的封装,从而实现将资源转变为服务的目的。云计算处理构架如图9-10所示。

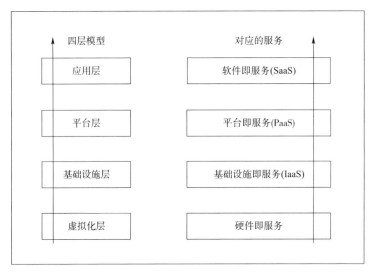

图 9-10 云计算处理构架图

(1)基础设施即服务。其即把单纯的计算和存储资源不经封装地直接通过网络以服务的形式提供给用户使用。这类云计算服务用户的自主性较大,就像是发电厂将发的电直接送出去一样。此类云服务的对象往往是具有专业知识能力的资源使用者,传统数据中心的主机租用等可能作为 IaaS 的典型代表。IaaS 提供给消费者的服务是对所有计算基础设施的利用,包括处理 CPU、内存、存储、网络和其他基本的计算资源,用户能够部署和运行任意软件,包括操作系统和应用程序。消费者不管理或控制任何云计算基础设施,但能控制操作系统的选择、存储空间、部署的应用,也有可能获得有限制的网络组件(如路由器、防火墙、负载均衡器等)的控制。

(2)平台即服务。计算和存储资源经封装后,以某种接口和协议的形式提供给用户调用,资源的使用者不再直接面对底层资源。平台即服务需要平台软件的支撑,可以认为是从资源到应用软件的一个中间件,通过这类中间件可以大大减小应用软件开发时的技术难度。这类云服务的对象往往是云计算应用软件的开发者,平台软件的开发需要使用者具有一定的技术能力。

(3)软件即服务。将计算和存储资源封装为可以直接使用的应用并通过网络提供给用户,其面向的服务对象为最终用户,用户只是对软件功能进行使用,无需了解任何云计算系统的内部结构,也不需要用户具有专业的技术开发能力。

3)云计算技术的应用

云计算技术在智能物流和供应链领域有着广泛的应用,基于运输云计算,实现制造企业、第三方物流和客户三方的信息共享,提高车辆往返的载货率,实现对冷链物流的全程监控,还可以构建供应链协同平台,使主机厂和供应商、经销商通过 EDI 实现供应链协同。云物流是基于云计算的面向服务、高效智能和集成的现代物流运作模式,通过把各类物流资源虚拟化和物流能力服务化,可以物流服务链的方式进行统一的智能化管理和运营,实现智能化、高效的信息共享与过程协同,为物流的全过程提供可按需获取和使用、安全可靠以及质量保证的物流服务。云物流体系框架由云请求端、"大数据"+"云物流"应用服务平台和云提供端3部分组成,提供各种核心服务和功能的基于应用层的服务,包括向云提供端提供用户管理、信息发布管理、系统管理和维护等功能,以及向云物流服务请求端提供云服务的智能匹配和车辆调度管理等。亚马逊推出的 AWS(Amazon Web Services)云物流平台、基于阿里云技术实现跨境包裹处理平台的邮政易通都是典型的云物流技术应用平台。

2. 大数据技术

1) 大数据技术的概念

2008年,在 Google 成立10周年之际,著名的《自然》杂志出版了一期专刊,专门讨论未来的大数据处理相关的一系列技术问题和挑战,其中提出了"Big Data"也就是大数据的概念。大数据是现有数据库管理工具和传统数据处理应用很难处理的大型、复杂的数据集,大数据的挑战包括采集、存储、搜索、共享、传输、分析和可视化等。目前,大数据的应用和研究已经成为学术界和产业界的热点。

大数据的特点是:规模性,即数据巨大的数据量以及其规模的完善性,如微信朋友圈信息分析,帮助处理现实利益关系;高速性,即数据流和大数据的移动性,如诈骗信息甄别与记录;多样性,即多种途径来源的关系型和非关系型数据,如电商交易过程中向消费者推送潜在购买意向的商品;价值性,即大数据运用的知识意义,如大海捞针一样在海量的数据中找到适合查找对象的数据。

2) 大数据技术的功能

大数据的处理流程可以定义为:在适合工具的辅助下,对广泛异构的数据源进行抽取和集成,结果按照一定的标准统一存储,利用合适的数据分析技术对存储的数据进行分析,从中提取有益的知识并利用恰当的方式将结果展示给终端用户,如图9-11所示。

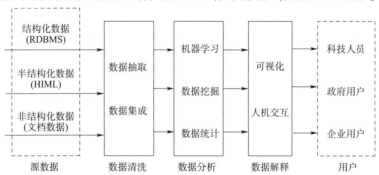

图 9-11 大数据处理流程

(1) 数据清洗。由于大数据处理的数据来源类型丰富,大数据处理的第一步是对数据进行抽取和集成,从中提取出关系和实体,经过关联和聚合等操作,按统一定义的格式对数据进行存储。现有的数据抽取和集成方法有3种:基于物化或 ETL(数据的抽取、转换和加载)方法的引擎(Materialization or ETL Engine)、基于联邦数据库或中间件方法的引擎(Federation Engine or Mediator)和基于数据流方法的引擎(Stream Engine)。

(2) 数据分析。数据分析是大数据处理流程的核心步骤,通过数据抽取和集成环节,已经从异构的数据源中获得了用于大数据处理的原始数据,用户可以根据自己的需求对这些数据进行分析处理,如数据挖掘、机器学习、数据统计等。数据分析可以用于决策支持、商业智能、推荐系统、预测系统等。

(3) 数据解释。大数据处理流程中用户最关心的是数据处理的结果,正确的数据处理结果只有通过合适的展示方式才能被终端用户正确理解。因此,数据处理结果的展示非常重要。可视化和人—机交互是数据解释的主要技术。

3) 大数据技术的应用

大数据技术是为了满足物流行业的海量结构化和非结构化数据共享及数据间的融合需求,实现按需查询动态生成数据服务,达到物流行业大数据应用透明访问与高效利用的需求。处理数据源包括地理信息数据、车辆运行路径、社交媒体等多种数据格式,且物流配送站点遍布全国各地,选用分布式存储技术将有利于数据的有效管理。分布式存储技术可以利用网络,将分散在不同地方的资源组成一个虚拟的存储设备从而提高系统的存取效率,增强系统的可靠性。位于数据源之上、应用模块之下的中间层——物流管理大数据服务,具有数据服务注册、建模、动态生成、请求分解、结果组装等功能,能够向上层应用模块提供数据检索、数据分析和数据可视化等服务。目前,大数据技术在物流领域的应用主要集中在库位优化、配送路线优化、市场预测、仓库选址、车货匹配等方面。

六、物流信息新兴技术

1. 区块链技术

1) 区块链技术的概念

美国学者梅兰妮·斯万在其著作《区块链:新经济蓝图及导读》中给出了区块链定义,指出区块链是一种公开透明的、去中心化的数据库。公开透明体现在该数据库是由所有的网络节点所共享的,并且由数据库的运营者进行更新,同时也受到全民的监管;去中心化则体现在该数据库可以看作是一张巨大的可交互的电子表格,所有参与者都可以进行访问和更新,并确认其中的数据是真实可靠的。可以认为,区块链技术是使得区块链这样一种数据库实现公开透明化、去中心化的技术。

在区块链技术的保障下,区块链中所有参与者都可以对数据进行访问、更新以及监管,区块链实质上是一种分布式数据库。在分布式数据库中,数据的存储和记录由系统参与者来集体维护。区块链能实现数据由系统参与者集体记录,而非由一个中心化的机构集中记录;可以存储在所有参与记录数据的节点中,而非集中存储于中心化的机构节点中。若将区块链视为由众多节点组成的网络,整个网络中信用的产生并不依靠网络中单个节点的行为(如第三方机构的担保),而是通过技术的手段使所有参与者能够对数据进行记录、存储与监管,以形成可信任的数据库。

2) 区块链技术在物流中的应用优势

区块链技术在外贸物流、物流监管和物流资本运营等方面将有更广泛应用。在外贸物流方面,将外贸信息集中到公开公共的数据库中,各组织单位之间可以实现点对点的自由信息传输,且信息的变化会由程序自动记录存储到公共数据库中,信息的传递和处理成本将有效降低。在物流安全要求较高的领域,如危险品物流、食品冷链物流等,将物流各环节参与者的物流与交易信息写入区块链中,对新的信息变更可以实时更新、查询和监督,对危险化学品、食品所处的位置、状态可以进行同步了解,实现有效的事前监管。同时,信息会永远保存且不能篡改,方便发生安全事故后进行事后追责,真正实现危险化学品、食品物流全流程的透明运作,形成安全、可控的良好环境。在物流融资方面,为中小微物流企业提供信用评价,解决难以获得银行或金融机构融资贷款的困境。

案例 9-2

传统上,国际航运业的信息系统使用纸质法律文件,电子数据通过电子数据交换(EDI)传输,还通过电子邮件、传真和快递共享文件,此外这些文件还可能出现延迟、丢失、错放,导致缺少证明文件、海关不予放行等类似的问题。每发一个集装箱需要盖数个戳、获得数个批准证明文件,其中会涉及超过 30 个人,包括海关、税务官员和卫生当局官员。

基于此背景,马士基和 IBM 合作推出了 TradeLens。TradeLens 使用 IBM 区块链技术作为数字供应链的基础,通过建立一个单一的、共享的交易视图而不损害细节、隐私或机密性,授权多个贸易伙伴进行合作。区块链作为一种不可篡改、透明的共享网络,可以给供应链各环节的参与者依据其级别,设定相应的数据开放权限。各环节的参与方——托运人、航运公司、货运代理、港口和码头运营商、内陆运输承运人和海关当局能够更有效地进行数据交互,实时访问船舶数据和船舶文件,随时随地了解掌握货物的位置、状态,甚至是温度、湿度等信息(其中需要 GPS、RFID、物联网等技术)。在交货以后,相应的支付、结算工作,可以利用区块链上的智能合约自动实现。

通过使用区块链,TradeLens 可以在全球贸易的多个供应链合作伙伴之间实现数字协作,供应链有了更高的透明度,以此就能够减少欺诈和错误,提升产品在运输过程中的效率,改善库存管理,最终减少浪费并降低成本。马士基称 TradeLens 平台能加快交易速度,将运输时间平均缩短 40%,并节省数以十亿美元计资金。对于货运公司而言,通过利用区块链技术,可以帮助公司减少贸易备案和处理工作的成本,解决由于转移文书出错而出现的延迟问题,还可以对在供应链中移动的集装箱随时跟踪。对于各国海关而言,区块链作用是提供实时跟踪,带来更多可用于风险分析和确定目标的信息,从而加强安全性,提高边境检查清关手续的效率。

2. 虚拟现实与增强现实技术

1)虚拟现实与增强现实技术的概念

虚拟现实(Virtual Reality,VR)技术,又称灵境技术,是利用计算机构造与真实世界相似的数字化虚拟环境(Virtual Environment,VE),通过输出设备提供给用户关于视、听、触等感官模拟,使用户仿佛身临其境,及时、无限制地观察三维空间内的事物,通过各种输入设备与虚拟环境中的事物进行交互。它是在计算机图形技术、计算机仿真技术、多媒体技术、图像处理与模式识别技术、人工智能技术、网络技术等基础上发展起来的交叉学科,是对现代仿真技术的突破和发展。虚拟现实技术本就是要利用各种先进的硬件技术及软件工具,设计出合理的硬件、软件及交互手段,使参与者能交互地观察和操纵系统生成的虚拟世界。虚拟现实技术由于其超仿真效果被广泛应用于产品展示、工业制造、医学诊疗、教育培训等领域。

增强现实(Augmented Reality,AR)技术的产生得益于 20 世纪 60 年代以来计算机图形技术的迅速发展。实际上图形学领域的虚拟现实技术就是增强现实技术的前身。增强现实与虚拟现实不同,虚拟现实强调使用者感观效果上的完全沉浸感,即沉浸在由计算机描绘的虚拟环境中。而增强现实技术仅仅利用虚拟信息对真实景象进行增强,并不改变使用者身处真实环境的客观感受。通过科学技术模拟仿真,生成一种逼真的视、听、力、触和动等感觉的虚拟环境,运用各种传感设备使用户"沉浸"在该环境中,将计算机生成的虚拟物体、场景或系统提示信息叠加到真实场景中,实现用户和环境直接进行自然交互,使计算机系统提供的信息与用户对现实世界的感知结合起来,从而实现对现实的"增强",是一种全新的人机交互技术,具有虚实结合、实时交互的特点。

2) 虚拟现实与增强现实技术在物流中的应用优势

增强现实技术,不仅展现了真实世界的信息,而且将虚拟的信息同时显示出来,两种信息相互补充、叠加。在视觉化的增强现实中,用户利用头盔式显示器,把真实世界与电脑图形多重合在一起,便可以看到真实的世界。在供应链设计和物流规划咨询过程中,通过虚拟现实与增强现实技术可以很好展示物流预计成果和运营动态。增强现实技术包含了多媒体、三维建模、实时视频显示及控制、多传感器融合、实时跟踪及注册、场景融合等新技术与新手段。在仓储环节,仓储作业人员通过佩戴 AR 眼镜能大大提升拣选效率,降低拣选错误率,并降低企业培训的时间和支出;在运输环节,除货物装载和检查之外,VR/AR 技术与设备在货车驾驶状态也可取代传统导航系统提供动态实时导航、无人驾驶等服务。增强现实系统的最终目标是要将计算机生成的虚拟环境和人所处的真实环境有机地合成起来,使它们看起来就像一个整体,并通过硬件和软件系统的协调作用,使得身处其中的用户能以更加自然的方式与环境中的真实和虚拟物体进行三维交互,为物流行业一线研究人员和实践人员的高效率研究与作业提供更多可能。

3. 人工智能技术

1) 人工智能技术的概念

麻省理工学院的帕特里克·亨利·温斯顿(Patrick Henry Winston)教授认为:"人工智能就是研究如何使计算机做过去只有人才能做的智能工作";斯坦福大学人工智能研究中心的 N.J. 尼尔逊(N.J. Nelson)教授则认为:"人工智能是关于知识的学科——怎样表示知识以及怎样获得知识并使用知识的学科"。大英百科全书则定义人工智能是"数字计算机或者数字计算机控制的机器人在执行智能生物体才能有的一些任务上的能力"。中国电子技术标准化研究院《人工智能标准化白皮书(2021 版)》指出"人工智能是利用数字计算机或者数字计算机控制的机器模拟、延伸和扩展人的智能,感知环境,获取知识并使用知识获得最佳结果的理论、方法、技术及应用系统"。

2) 人工智能技术在物流中的应用优势

人工智能技术结合智能感知技术、信息传输技术等新兴技术,在物流装备研发领域已经广泛应用,如机械臂、机器人、自动化分拣带、无人机等智能装备。在智能计算重构物流运作流程方面,智能物流云平台将实现对供应链、实体物流的数字化、智能化、标准化和一体化综合管理。以综合物流为出发点,在智能物流云平台上部署的人工智能算法,使得供应链整体各环节的信息流与实体物流同步,产生优化的流程及协同作业,实现货物就近入仓、就近配送,提升产业链效能。在构建全新的物流生态系统方面,在人工智能的协助下,多式联运高效运输将得到实现。通过人工智能、云计算、大数据、物联网等技术,可实现集铁路、公路、水路、航空四位一体的智慧多式联运。依托铁路网络、公路网络、航空网络、水运网络及实体物流园区,为线下物流运输、仓储配送、商品交易、金融服务、物流诚信等业务提供一站式、全方位服务,形成覆盖线上线下的物流生态系统,积极服务经济社会发展。

4. 量子通信

1)量子通信技术的概念

量子通信(Quantum Teleportation)或称量子隐形传输,是指利用光子等基本粒子的量子纠缠原理,由量子态携带信息,进行信息传输的一种新型的通信方式来实现保密通信过程。量子通信主要涉及量子密码通信、量子远程传态和量子密集编码等。量子通信按照应用场景和所传输的比特类型可分为量子密钥分配和量子态传输两方面。量子密钥使用量子态不可克隆的特性来产生二进制密码。量子不可克隆定理是复制任何一个粒子的状态前,首先都要测量这个状态。但是量子态非常脆弱,任何测量都会改变量子态本身(即令量子态坍缩),因此量子态无法被任意克隆。这就是量子不可克隆定理。由此,光子被截获时经过了测量,偏振状态就发生了改变。接收方就会察觉密码的错误,停止密码通信。这也就确保了通信时量子密码的安全性。在传输量子比特时,由于量子不可克隆定理,销毁量子态就是销毁了它所携带的量子比特,于是无论是接收者还是窃听者都无法再获得这个信息。量子比特本身具有绝对的保密性。

2)量子通信技术在物流中的应用优势

量子通信技术将在物流网络信息安全方面提供更大技术支持。在物流信息平台建设过程中,涉及多个复杂集成模块和众多供应链成员企业商业机密,任何一个安全漏洞都可能使物流企业信息平台受到致命的打击,安全问题不容忽视。随着多式联运智能化,越来越多的车辆和路边基础设施装备了通信设备,整个车联网以及针对车联网的相关应用发展已经成为必然的趋势,与之相配套的车对车通信、智能货车等技术将大规模应用,保障传输安全的量子通信技术将被广泛应用,在机器人、自动化仓库、数字化码头、无人机等基于无线传输控制的智能化物流装备运作过程中,量子通信技术也将备受青睐。

第三节　物流信息系统

一、概念

物流信息系统,长期以来一直是企业信息系统的一个子系统,而随着物流社会化的发展,物流信息系统从附属于生产企业的内部系统,变成了国民经济中与生产系统、贸易系统平行的信息系统,是伴随社会物流独立的经营体系所形成的信息系统,并从企业内部扩展到社会。

物流信息系统是建立在计算机网络技术、网络通信、数据传输技术和物流信息技术基础上的,系统地组织和管理物流信息的信息技术和信息管理的信息系统。物流信息系统有针对性,伴随物流系统而存在,主要解决物流系统的信息从收集到处理和应用的需要。其与一般的信息系统有相同或相似的结构概念,但是它所依托的实体系统是有特点的物流系统,因此,在信息对象、技术、组织、管理等方面有特殊性。

一般来讲,完整的物流信息系统工作内容是非常复杂的。目前,这种系统尚不多见,较多的是各种子系统,如供应物流信息系统、企业内部物流信息系统、销售物流信息系统、订货

及结算信息系统等。以销售物流信息系统为例,应具备以下基本功能:

(1)即时或定时掌握系统现状。通过计算机网络或其他传递方式即时或定时掌握各流通中心、仓库及销售网点的库存量、库存能力、配送能力、在途数量、客户地址、客户接货及发货能力、结算账号等,采用计算机或其他方式(如卡片)储存。

(2)接受订货。通过中心销售部门或各网点接受订货或购买要求,由信息中心进行处理,制订供货计划。

(3)指示发货。信息中心接受订货后,根据用户信息及网点状况,确定发货网点或仓库,通过计算机网络或其他方式的网点或仓库下发发货指示书。

(4)配送计划。大型配送中心根据发货指令,选定配送路线和配送车辆,制定最优配送计划并发出配送指令。

(5)反馈及结算。发货及配送信息及时反馈给信息中心,并以此为据通知部门结算。

(6)日常管理。及时计算订货、发货余额和库存水平等,以进行库存管理、订发货管理。

(7)补充库存、改变生产计划指令。根据前期供求状况对近期情况作出预测,据此发出补充库存或增减生产数量的指令。

二、企业物流信息系统

企业物流信息系统主要是面向物流运营企业构建服务主营业务的信息平台,主要包括订单处理系统、仓储管理系统和运输管理系统。

1. 订单处理系统

订单活动是物流活动的起点,在该环节,客户与企业双方通过离线(人员洽谈)或在线(电子商务)等多种方式完成物流服务委托,是企业各客户提供配货、运输、货代等服务的前提。订单处理往往通过电子订货系统完成。电子订货系统(Electronic Ordering System,EOS)是指不同组织间利用通信网络和终端设备进行订货作业与订货信息交换的系统。

订单处理作业是实现企业顾客服务目标最重要的环节之一,是物流服务质量得以保证的根本。订单处理的效率直接影响客户服务水平,同时牵动着物流作业的合理性和有效性。

订单处理(Order Processing)指从接到客户订货开始到准备着手拣货为止的作业阶段,对客户订单进行品项数量、交货日期、客户信用度、订单金额、加工包装、订单号码、客户档案、配送货方法和订单资料输出等一系列的技术工作。

订单处理有人工处理和计算机处理两种形式,目前主要采用计算机处理。虽然人工处理弹性较大,但只适合少量的订单处理,一旦订单的数量较多,处理将变得缓慢且容易出错;而计算机处理速度快、效率高,且成本较低,适合大量的订单处理。订单处理作业流程主要包括:订单接收、订单确认、建立客户档案、存货查询和存货分配、拣货顺序确定与拣货时间计算、缺货处理、订单资料处理输出、订单状态管理。其主要功能包括系统管理功能、订单录入功能、订单审核评估功能、合同签订功能、订单执行功能、订单跟踪功能、订单统计分析功能。

2. 仓储管理系统

仓储管理系统是仓储活动过程的信息处理系统,是一个由计算机及其应用软件构成的,包括物资入库、库存物资管理、物资出库、物资统计等子系统的动态互动系统。仓储管理系统应包括仓储业务受理模块、入库作业管理模块、库存管理模块、出库作业管理模块、盘点模块、报表统计模块、信息查询模块、人员管理模块、财务结算模块,整个仓储管理系统功能包括仓储业务受理功能、入库作业管理功能、库存管理功能、出库作业管理功能、盘点功能、报表统计功能、信息查询功能、人员管理功能。自动化立体仓库管理系统是仓储管理系统的一种特殊形式,一种常用的自动存取系统(Automatic Storage and Retrieval System,AS/RS),自动化立体仓库管理系统的主要功能是对仓库所有出入库作业进行最佳分配、登录和控制,并对数据进行统计和分析,以便决策者对生产实现进行宏观调控,及早发现问题,采取相应措施,满足生产需求,最大限度地降低库存量及资金的占用,加速资金周转。

3. 运输管理系统

运输管理系统(Fransportation Management System,TMS)是指在运输作业过程中,进行配载作业、调度分配、线路规划、行车管理等多项任务管理的系统,是一套基于运输作业流程的管理信息系统,通过对企业的客户信息、车辆信息、人员信息、货物信息的管理,建立运输决策的知识库,起到促进企业整体运营更加优化的作用;通过对运输任务的订单处理、调度配载、运输状态跟踪,确定任务的执行状况;通过对应收应付的管理及运输任务对应的收支的核算,生成实时全面的统计报表,能够有效地促进运输决策。智能运输系统(Intelligent Transport System,ITS)是一种应用较广的运输管理系统,是指在较完善的交通基础设施上,将先进的科学技术(信息技术、计算机技术、数据通信技术、传感器技术、电子控制技术、自动控制理论、运筹学、人工智能等)有效地综合运用于交通运输,服务控制和车辆制造,加强车辆、道路、使用者三者之间的联系,从而形成的一种保障安全、提高效率、改善环境、节约能源的综合运输系统。根据运输方式不同,可以分为公路货运信息系统、铁路货运信息系统、航空货运信息系统、船舶代理信息系统。

三、行业物流信息平台

行业物流信息平台主要用于企业内部以及企业供应链上下游之间的信息共享,是协调各行业间信息的处理平台,负责提供具有行业特点的物流监管、供求信息以及相关的商业化开发和增值服务。当前各类企业广泛参与的网络货运平台就是典型行业物流平台。

1. 行业物流信息平台分类

(1)按运输方式分类,分为铁路物流公共信息平台、航空货运公共信息平台、水运公共信息平台、公路运输公共信息平台。与企业物流信息平台中的运输管理系统相近,服务对象侧重于公共大众。

(2)按产业分类,分为钢铁物流、医药物流、农产品物流、家电物流等以及其他运输与服务方式的行业物流平台,与供应链物流服务平台相近,侧重于企业间的供应、流转。

除了这两类,伴随电子商务和物流科技的发展,一些基于智能物流服务的物流信息平台不断涌现,如网络货运平台、物流资源交易平台等。其本质是利用互联网平台实现物流资源供给方和需求方的快速对接和匹配,从而提高物流运行效率。本书重点对网络货运平台的模式特点进行探讨。

2. 网络货运平台

1)网络货运平台的概念及运作机制

网络货运是由无车承运人演进而来,它是一种无运输工具承运的新模式。网络货运是在利用互联网技术开发的车货匹配平台的基础上发展起来的,通过互联网平台加数字化技术引用整合配置运输资源,以承运人身份与托运人签订运输服务合同、承担承运人责任,委托实际承运人完成运输服务的物流平台。

网络货运出现之前,货物运输模式主要包括传统配货站、物流信息平台及无车承运人平台。这三种模式,不同程度存在车源货源之间信息不对称,不介入运力交易环节,不对信息真实性、货物运输安全、运费结算等负责,以及不是议价交易平台,不能使货主持续获得最合理运输价格,没有最大化解决返程利用率、智能调度等问题。

网络货运借助互联网的信息实时性优势、大数据的整合能力以及物联网技术的应用,一定程度改善了货车空转、货运信息处理效率低下的现状,不仅可以帮助企业实现运力资源的高效调配,还可以帮助物流企业真正实现降本增效。网络货运还为多家合作企业提供了平台推广、运营、财税等方面的支持,提高承运企业对驾驶员的监管能力,从而提高承运企业的核心竞争力。另外规范的数据信息和全程数字化的监管流程也为政府提供更多运营数据,可以更好地实现对物流行业的监管整合。

典型的网络货运模式下,网络货运经营者(即平台方)自身不参与实际运输,而是运营网络平台整合运输资源信息,为托运人匹配合适的运输公司承运货物。托运人与网络货运经营者达成运输合同,向网络货运经营者支付运费,网络货运经营者作为无车承运人向其提供运输服务;网络货运经营者就该票货物同时与实际承运人达成运输合同,向实际承运人支付运费,实际承运人实际提供道路运输服务;托运人直接向实际承运人交付托运货物,实际承运人运送托运货物并将其交付收货人。网络货运平台模式如图9-12 所示。

图9-12 网络货运平台模式

2)网络货运平台的主要功能

(1)车货智能匹配。网络货运平台集聚物流车辆信息,建立货运承运人(企业)核心数据库,实时记录、发布物流车辆动态信息与车辆状况,依据相关物流信息合理匹配货物的配送方式、货运车辆、配送时间、中转位置等物流模式,提供车货匹配方案,高效利用车辆,减少配货时间。

(2)运输组织优化。网络货运平台集合大量货源和大量运力,是物联网、移动互联、北斗导航、人工智能等先进技术行业融合应用的产物。通过智能画像和大数据辅助决策,根据线路、配载、车型、时间窗口等多目标智能推荐最优的调度方案,从而实现路线优化、运力优化,提供更合理的运输方案。运输组织优化能力、大数据分析计算能力等更是平台核心竞争力的体现。

(3)查询申报服务。面向货主、驾驶员、承运人提供货运动态信息的展示查询服务、资质申报服务、金融保险服务等,具体包括订单查询、物流跟踪、申请流程跟踪、车辆、驾驶员证件办理跟踪、金融服务办理等,满足货运各方在线物流增值服务和配套服务需求,提高在线物流服务领域与水平。

(4)安全监管服务。通过身份、资质、业务流程的认证和监管,从源头上保证信息真实性、合法性,使承运托运双方利益关系更加信任、牢靠。在货物运输过程中进行监控,保障货物安全,方便货主在线查看物流轨迹。通过网络货运平台强化交通安全、资金安全、税务合规方面的监管,将风控过程与业务过程相结合,实现了企业风控向平台风控、被动风控向主动风控的过渡。

复习思考题

1. 结合导入案例,分析物流信息平台中,物流与信息流、商流之间的关系,以及物流平台如何改变了原有的物流运作方式?
2. 传统物流企业向物流信息化转变的过程中,需要开展哪些工作?
3. 物流信息标准化对物流信息技术至关重要,分析物流信息标准化体系主要包括哪几个方面?
4. 简述不同信息技术的特点、作用和应用领域。
5. 举例说明条码技术在供应链物流过程中的应用。
6. 阐述物流信息新兴技术在物流中的应用优势。
7. 试比较企业物流信息系统和行业物流信息的不同点,其使用主体和功能的差异性体现在哪些方面?
8. 分析网络货运平台对于运输发挥的重要作用。

第十章 物流节点

【导入案例】

苏州港口型国家物流枢纽位于苏州太仓市,占地面积约13.36万m^2,规划建设港口物流区、供应链物流区、保税物流区、分销配送区、多式联运区等五大功能区,重点实现中转联运、集散分拨、保税监管、贸易分销、智慧物流服务、绿色物流、应急保障七大枢纽功能。枢纽定位于打造立足长三角、服务长江经济带、辐射"一带一路",全国知名、世界有影响的综合航运与物流枢纽,重点建设"两枢纽两中心",即服务长江经济带的集装箱江海联运枢纽、辐射"一带一路"的公铁水联运枢纽、联动长三角的航运物流运营中心和面向全球的供应链运作组织中心。

苏州(太仓)港是苏州港口型国家物流枢纽核心港区,集装箱吞吐量居全省第一位、全国前十位,是上海国际航运中心的重要组成部分、集装箱干线港、江海联运中转枢纽港,长江内河集装箱运输第一大港,已基本建成近洋直达集散中心、远洋中转基地、内贸转运枢纽。马士基航运、地中海航运、中远海运、达飞轮船、赫伯罗特、海洋网联等世界排名前20的大型集装箱班轮公司均已在苏州(太仓)港开展业务。枢纽开创了"物流+贸易"模式的先行示范,集聚了斯凯奇中国物流销售中心、似鸟商贸物流中心、太仓港江海联运国际物流园、京东物流江苏区域总部等物流贸易项目,也吸引了优衣库、欧莱雅、恩瓦德、舍弗勒等国际分销配送中心的落户集聚。

第一节 物流节点概述

一、物流节点的概念

物流节点是物流网络中连接物流线路的结节之处,是具有与所承担物流功能相配套的基础设施和所要求的物流运营能力相适应的运营体系的物流场所和组织。

物流节点又称物流接点、物流结点,在有的场合也被称为物流据点。在物流网络中,物流节点起到连接各种线路、各条线路的中心点的作用,所以又被泛称为物流中心。各个有具体用途的"中心"两字的前面又被冠以不同的名称,如配送中心、集货中心、储运中心等。

大规模的衔接物流线路及发挥物流中枢功能的节点,又称为物流中枢、物流枢纽或物流园区、物流基地。

另外,像仓库、铁路货站、公路运输货站、水运货运码头、市内汽车运输站场等规模比较小的、在局部范围起节点作用的物流专业化设施,也是物流节点的一种类型。

二、物流节点与物流网络

物流网络是通过交通运输线路连接分布在一定区域的不同物流节点所形成的系统。线路和节点是实物物流网络的两个实物要素。

物流的过程,如果按其运动的程度(即相对位移大小)观察,它是由许多运动过程和许多相对停顿过程组成的。一般情况下,两种不同形式的运动过程或相同形式的两次运动过程中都要有暂时的停顿,而一次暂时停顿也往往连接两次不同的运动。物流过程便是由这种多次的运动—停顿—运动—停顿所组成的。

与这种运动形式相呼应,物流网络也是由执行运动使命的线路和执行停顿使命的节点这两种基本元素所组成。线路与节点相互关系、相对配置以及其结构、组成、联系方式的不同,形成了不同的物流网络。物流网络水平的高低、功能的强弱,则取决于网络中两个基本元素的配置和两个基本元素本身。

全部物流活动是在线路和节点上进行的。其中,在线路上进行的活动主要是运输,包括集货运输、支线运输、干线运输、配送运输等。而其他所有物流功能要素,如包装、装卸、保管、分货、配货、流通加工等,则都是在节点上完成的。所以,从这个意义上讲,物流节点是物流系统中非常重要的部分,实际上,物流线路上的活动也是靠节点组织和联系的,如果离开了节点,物流线路上的运动必然陷入瘫痪。

物流系统是一个整体,为实现整体的效益最大化,系统中的物流节点必然不是以单体形式独自运作,需要与线路结合构成物流网络实现节点间的相互联系,进而实现物流干、支、仓、配的一体化和网络化发展。物流网络的运作需要通过物流节点和物流线路、信息网络、组织网络的相互协调配合而发挥效用。

物流节点与物流线路构成的网络形式大致可以分为放射状网络、扇形网络、轴带网络、环状与一字形网络等形态,如图10-1所示。

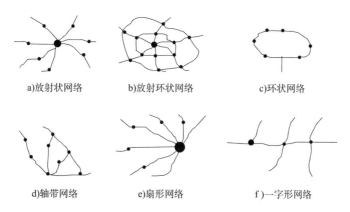

a)放射状网络　　b)放射环状网络　　c)环状网络

d)轴带网络　　e)扇形网络　　f)一字形网络

图10-1　物流节点与线路的网络形式

各网络形式的结构模式及结构特征见表10-1。

各网络形式的特征　　表10-1

网 络 形 式	结 构 模 式	结 构 特 征
放射状网络	集聚点为重要物流节点,由此向外延伸多条交通线路	1. 放射状中心形成大都市; 2. 网络密度与大都市规模作用正相关; 3. 网络上联通中小城市

续上表

网络形式	结构模式	结构特征
扇形网络	以港口为枢纽,由此向外	1.网络密度与大都市发展规模正相关; 2.港口及辐射地区易形成城市群
轴带网络	以骨干交通线为主轴而交织成网	1.扩展成轴和交线成网; 2.易形成城市经济带或产业带
环状与一字形网络	主要交通干线呈环形和一字形	区域自然环境和区位条件制约网络的基础设施建设

第二节 物流节点功能与作用

随着物流系统化认识的增强,人们越来越强调物流系统的协调与顺畅,强调总体目标的最优,而物流节点作为物流设施、设备、人员等物流要素集聚的空间场所,实现各物流功能的集成运作,对优化整个物流网络起着重要作用,能体现物流总体的水平。从发展的角度来看,物流节点不仅负责运作处理物流活动过程中除运输外涉及到的其他诸如仓储保管、装卸搬运、集货分拣、流通加工、包装增值等功能要素,也担负起物流网络的指挥调度、信息共享、资源整合、管理控制等工作职能,相当于物流网络的神经中枢,其合理的规划布置能对整体网络的流程优化产生积极影响。

城市中的物流节点即为通过集聚多家物流企业并综合各项物流设施设备来开展多样化、一体化的物流活动,从而提供高标准的物流服务,并实现物流信息共享的重要场所。合理的物流节点选址和数量能够形成产业的集聚,在提高城市物流服务水平和运作效率的同时降低物流成本,并能够在一定程度上改善城市的环境,进而提升城市核心竞争力。具体功能方面,物流节点主要在物流要素集成、网络衔接优化、基础物流服务、增值服务功能、信息和管理服务等层面,对城市和地区的经济和产业发展产生推动作用。

一、物流要素集成

物流节点是物流活动的核心载体,是各类物流要素实现空间集聚、功能集成的重要基础设施。一方面,物流节点通过物流设施、设备的空间集聚,有利于提高物流服务的专业化和互补性,企业共享物流设施和设备,能够降低运营成本;另一方面,物流节点实现了物流需求和物流服务供给的集聚,有利于实现物流规模效益,降低物流服务成本。例如,物流节点将多个货主的货物在节点内进行集结和组织,提高干线运输规模化水平,降低运输成本;通过共同配送实现单一企业配送成本的降低等。

二、网络衔接优化

物流节点能够将各个物流线路联结成一个系统,使各个线路通过节点进行相互连通,这种作用称为衔接作用。在物流未系统化之前,不同线路的衔接有很大困难。例如,轮船的大量输送线和短途汽车的小量输送线,两者输送形态、输送装备都不相同,再加上巨大的运量差异,所以往往只能在两者之间有长时间的中断后再逐渐实现转换。物流节点利用各种技术和管理方法可以实现不同运输方式、国内国际通道、干支配物流线路间的高效衔接,将物流线路联结成物流网络系统。物流节点的衔接作用可以通过多种方法实现,主要有:通过多种运输方式实现多式联运,通过集装箱、托盘等集装处理,衔接整个"门到门"运输,通过保税仓库和海关特殊监管区域衔接国际物流网络。

三、基础物流服务

物流节点通过集聚不同业务领域的物流企业,以及自建自营运输、仓储等物流设施,可面向社会和客户提供各项基础物流服务功能,包括运输、储存、配送、包装、流通加工、装卸搬运等。但由于发展定位和目标客户不同,其基础服务功能有所侧重。例如,通过集聚整合干线运输企业为客户提供网络化的运输服务,为客户提供 JIT(准时生产)和 VMI(供应商管理库存)等管理模式的仓储服务,在物流节点内开展贴标、组装等加工服务等。基础物流服务功能是物流节点发展的基础和前提。

四、增值服务功能

在基础物流服务功能的基础上,物流节点可根据入驻企业和服务客户需求,进一步拓展和延伸服务链条,提供金融服务、培训等商务服务,以及住宿餐饮等生活配套服务。例如,物流节点内引入银行等金融服务机构,面向企业提供融资服务,设立车辆维修与检测场地提供物流车辆综合服务等。增值服务功能是物流节点提高产业服务能力、实现价值增值的重要组成部分。

五、信息与管理服务

物流节点是整个物流系统或与节点相接物流的信息传递、收集、处理、发送的集中地,也是物流网络中的管理与调度中枢。这种信息与管理作用在现代物流系统中起着非常重要的作用,也是复杂物流单元能联结成有机整体的重要保证。在现代物流系统中,物流节点通过信息的集成和共享,面向物流企业和社会提供物流资讯、政策法规发布,物流供需信息匹配和物流大数据分析等功能,实现要素间、主体间的互联互通。同时,物流节点从管理者角度,对节点内的设施、企业、车辆、安全等进行管理,推动物流活动的有序化和规范化。这是一个高效节点建立的必备条件。

此外,物流节点还能带来显著的社会效益,如物流节点可以通过减少运输距离、推进物流作业集聚等降低排放污染、缓解城市拥堵状况等。依托物流节点的集约互补功能、转运衔接功能以及辐射拉动功能,还能带动相关产业集聚发展以及促进城市经济发展。

第三节 物流节点的类型

现代物流发展过程中形成多种不同类型的物流节点,学者对于物流节点的分类尚无一个明确的分类意见。本节按照物流节点的规模大小、服务功能以及服务范围将其分为物流枢纽、物流园区、物流中心、配送中心、配送站以及其他物流节点。

物流枢纽是物流节点网络中的最高层级和核心骨干,一般依托综合性交通枢纽而形成;物流园区是实现物流设施的集约化和物流功能的集成化运作,具有基础性与公共性的物流集中区域,在物流网络中承担着要素集聚、功能集成和产业集群的重要作用;物流中心侧重专业化物流服务,主要面向社会提供公共的城市物流服务;配送中心是专门从事配送业务的城市物流场所或组织,主要为特定的用户服务。

此外,城市物流节点还包括公路货运场站、铁路货运场站、港口、机场等,由于这些传统的货运枢纽一般在城市物流节点规划之前业已存在,因此是影响城市物流节点规划的不能忽视的重要因素。这些传统的货运枢纽在规划之前一般承担城市物流节点的服务功能,在实际的规划过程中也往往依托这些货运枢纽,并通过适当的整合、提升形成新的城市物流节点,从而将其更好地纳入到城市物流节点体系之中。

除了按主要功能与服务范围划分城市物流节点之外,还可以进一步根据服务对象和范围将物流园区划分成国际型、区域型和市域型;根据依托对象划分成货运服务型、生产服务型、商贸服务型和综合服务型四种类型;根据物流节点发展的行业导向不同,将物流节点分为专业型和综合型两种类型。

一、物流枢纽

1. 物流枢纽的概念

物流枢纽是具备较大规模配套的专业物流基础设施和完善的信息网络,通过多种运输方式便捷地连接外部交通运输网络,物流功能和服务体系完善并集中实现货物集散、存储、分拨、转运等多种功能,辐射较大范围物流网络的公共物流节点。

从设施规模性、功能集成性、网络联通性等方面,可以说,物流枢纽是物流节点网络中的最高层级,是物流体系的核心基础设施,是辐射区域更广、集聚效应更强、服务功能更优、运行效率更高的综合性物流节点,在物流网络中发挥关键节点、重要平台和骨干枢纽的作用。

物流枢纽是物流网络中货物流的重要集散中心,它不仅是关系全局的重要物流组织和生产基地,保证物流网络畅通、实施宏观调控的重点,同时又是物流网络中各节点设施相互联系、相互配合的重要环节,以及支持所在地区经济和社会发展的重要基础设施、联系纽带。在经济全球化、市场国际化和经济区域一体化的背景下,建设高效率、低成本、强链接的物流枢纽具有重要意义。

物流枢纽是在综合货运枢纽基础上演变发展而来,发挥着骨干枢纽作用的物流设施群。物流枢纽与综合货运枢纽既有区别又有联系。

物流枢纽与综合货运枢纽在概念的内涵上十分接近。一般而言,综合货运枢纽具备物流枢纽的部分功能,物流枢纽通常也是货物运输网络的重要枢纽节点。货运枢纽是货物运输发展中因运输服务组织的需要而形成的运输基础设施和运输服务集聚形态,一般是指在两条或两条以上运输线路的交汇、衔接处,通过基础设施建设不同运输方式的衔接,以枢纽基础设施为载体、以不同运输方式转换和衔接为目的,具有运输组织和管理功能,可以实现中转、换装、储存、装卸、搬运、多式联运、信息等功能的综合性运输设施与服务系统。

物流枢纽是一个比传统货运枢纽从内涵到外延都更为宽泛的概念。传统的货运枢纽往往功能较为单一,如单一功能的集装箱联运站、危险品货运站、零担专线货运站等。而《国家物流枢纽布局和建设规划》中提到的"国家物流枢纽"项目,其项目形态应呈现为综合服务能力更强、功能更加突出的物流园区或物流中心,是从"单一功能"向"综合功能",从"运输企业自用"到"社会化物流平台"的升级发展过程。例如,物流枢纽(物流园区)内的交通专用线、多式联运等,公共作业区、大型生产设备、公共信息平台、海关、税务、工商等共用物流生产服务设施,以及办公用房出租、住宿、餐饮、物业、停车等配套生活服务等。此外,国家级的物流枢纽往往承担更多区域与区域之间的物流交换(转运),甚至是国际物流业务。

2. 物流枢纽的功能特征

物流枢纽通常位于物流中心城市,个别也位于重要物流节点城市。物流枢纽需要依托综合交通运输枢纽,衔接两种及以上交通运输方式;物流枢纽由承担区域间主要物流中转、交换、衔接功能的物流设施群组成,设施群相互之间有紧密的作业联系、合理的业务分工协作和便捷的运输联系。

(1)综合物流服务功能。物流枢纽是城市物流系统的核心骨干和顶层基础设施,一般不具备终端配送功能,其协同、整合的能力强,对构成物流枢纽的物流节点设施进行协调和整合,提供满足区域经济社会发展需要的物流服务。物流枢纽主要承担物流系统的衔接以及周边辐射城市内部物流系统的衔接,使得物流活动得以实现干支仓配一体化运作。

(2)物流中转集散功能。区别于一般的物流节点,中转功能是物流枢纽主要功能,集聚辐射作用,区域内的物流活动无法由两个城市间直接的方式来进行,需要通过物流枢纽中转。

(3)要素资源集成功能。衔接两种及以上运输方式,通过对构成枢纽的各项物流设施合理分工、协调,以及信息共享和规模化管理,能够在区域范围内实现强大的集约互补功能及效率和效益最大化。

(4)产业运行组织功能。物流枢纽不单是一个基础设施,它还是经济运行和产业运行的重要的组织场所,所以一体化的运作、网络化的经营和专业化的服务将成为物流枢纽实现供应链、产业链、价值链深度融合的抓手和载体。某个城市如果有了干支配有机衔接的物流枢纽,它将会营造良好的产业布局环境,这就提高了它的产业发展的竞争力,从而形成枢纽带来的经济和产业发展的机会。

拓展阅读

2019年,为加强物流等基础设施网络建设,科学推进国家物流枢纽布局和建设,国家发展改革委和交通运输部共同印发《国家物流枢纽布局和建设规划》,提出打造陆港型、港口型、空港型、生产服务型、商贸服务型、陆上边境口岸型6种类型的国家物流枢纽,最终形成"通道+枢纽+网络"的现代物流运行体系。各类型物流枢纽的定义如下:

(1)陆港型。依托铁路、公路等陆路交通运输大通道和场站(物流基地)等,衔接内陆地区干支线运输,主要为保障区域生产生活、优化产业布局、提升区域经济竞争力,提供畅通国内、联通国际的物流组织和区域分拨服务。

(2)港口型。依托沿海、内河港口,对接国内国际航线和港口集疏运网络,实现水陆联运、水水中转有机衔接,主要为港口腹地及其辐射区域提供货物集散、国际中转、转口贸易、保税监管等物流服务和其他增值服务。

(3)空港型。依托航空枢纽机场,主要为空港及其辐射区域提供快捷高效的国内国际航空直运、中转、集散等物流服务和铁空、公空等联运服务。

（4）生产服务型。依托大型厂矿、制造业基地、产业集聚区、农业主产区等，主要为工业、农业生产提供原材料供应、中间产品和产成品储运、分销等一体化的现代供应链服务。

（5）商贸服务型。依托商贸集聚区、大型专业市场、大城市消费市场等，主要为国际国内和区域性商贸活动、城市大规模消费需求提供商品仓储、干支联运、分拨配送等物流服务，以及金融、结算、供应链管理等增值服务。

（6）陆上边境口岸型。依托沿边陆路口岸，对接国内国际物流通道，主要为国际贸易活动提供一体化通关、便捷化过境运输、保税等综合性物流服务，为口岸区域产业、跨境电商等发展提供有力支撑。

二、物流园区

1. 物流园区的概念

物流园区最早出现在日本东京，又称物流团地。我国的第一个物流园区是深圳平湖物流基地，始建于1998年12月1日，彼时第一次提出物流基地这个概念。我国对物流园区的定义是：物流园区是由政府规划并由统一主体管理，为众多企业在此设立配送中心或区域配送中心等，提供专业化物流基础设施和公共服务的物流产业集聚区。

物流园区的出现，解决了物流业高度分散、规模小、不经济的问题，凭借其公共性、开放性，成为物流资源集聚集约发展的重要载体。

2. 物流园区的功能特征

（1）物流服务功能。物流服务功能包括物流基础服务功能和物流增值服务功能，物流园区能为园区客户提供货物的中转集散、储存保管、分拨配送等物流基础服务功能以及流通加工、展示交易、金融保险等各项物流增值服务功能，以实现园区的经济效益。

（2）信息服务功能。物流园区作为现代物流发展的产物，需要充分利用大数据、云计算等现代化信息技术和手段，打造高效率、高科技的信息平台和系统，向供需双方提供及时、完善的信息咨询服务的同时，为园区客户提供专业的行业咨询、实时报价等功能，以促进客户能够对自身相关行业未来的发展作出精准的判断。

（3）社会服务功能。物流园区能够将城市的小、散、乱的物流资源进行整合，通过资源的集聚加快产业的集聚，进而达到促进城市经济发展、优化城市交通布局、提高区域辐射带动作用的目的。

3. 物流园区的分类

按照物流园区的服务功能和需求特点划分，物流园区可划分为货运枢纽型、商贸服务型、生产服务型、口岸服务型和综合服务型五种类型。

（1）货运枢纽型。它指依托交通枢纽，具备两种（含）以上运输方式，能够实现多式联运，具有供大批量货物转运的物流设施以及能为国际性或区域性货物提供中转服务的物流园区。

（2）商贸服务型。它指依托城市大型商圈、批发市场以及专业市场，能够为商贸企业提供运输、配送、仓储等物流服务以及商品展示、电子商务、融资保险等配套服务，能满足一般商业和大宗商品贸易物流需求的物流园区。

(3)生产服务型。它指毗邻工业园区或特大型生产制造企业,能够为制造企业提供采购供应、库存管理、物料计划、准时配送、产能管理、协作加工、运输分拨、信息服务、分销贸易及金融保险等供应链一体化服务,满足生产制造企业的物料供应与产品销售等物流需求的物流园区。

(4)口岸服务型。它指依托口岸,能够为进出口货物提供报关、报检、仓储、国际采购、分销与配送、国际中转、国际转口贸易、商品展示等服务,满足国际贸易企业物流需求的物流园区。

(5)综合服务型。它指具有两种(含)以上运输方式,能够实现多式联运和无缝衔接,至少能够提供货运枢纽、商贸服务、生产服务、口岸服务中的两种以上服务,满足城市和区域的规模物流需求的物流园区。

根据物流园区服务对象和功能结构,可以将物流园区划分为综合型和专业型。

(1)综合型。综合型物流园区的服务对象所处行业以混合导向为主,一般由零散的多个行业构成,如石油产品制造业、汽车制造业、家电制造业、家具制造业等,功能结构较为多元,能够提供面向多个行业的综合物流服务。

(2)专业型。专业型物流园区的服务对象一般以某个行业为主导,如粮食、汽车、农产品、电商等,服务功能符合特定行业的要求。例如,德国的德累斯顿、沃尔夫斯特等物流园区均是以汽车制造业为主的物流园区,江苏玖隆钢铁物流园区是以钢铁物流为主的物流园区。

案例 10-1

某综合型物流园区位于江苏省无锡市,拥有 500~1000 吨级码头 14 个、铁路专用线 5 条、仓储设施 62 万 m^2,入驻企业 1285 家。园区紧密结合制造、商贸、生活服务等物流需求,打造集物流、电商、城市配送、商务办公、金融服务等功能为一体的综合型物流园区。园区定位于"一谷三基地",打造为华东钢铁供应链物流基地、苏南铁公水多式联运基地、城市公共配送基地和江苏电商物流谷。园区凭借多式联运优势,整合优化了周边各类运输资源,开展面向东北、华北地区的钢材、机械设备,苏北地区的粮油等大宗物资及生活物资的仓储、装卸、中转、联运等多式联运服务。引入深国际、普洛斯等企业,打造服务于城市居民消费和工业生产的无锡城市公共配送基地,开展面向工业品、快速消费品、耐用消费品、农副产品以及电子商务下的集中采购、共同配送、专业配送(冷链物流)、公共仓储、分拨分拣等物流服务。

案例 10-2

某钢铁物流园区位于张家港市江苏扬子江国际冶金工业园内,周边集聚了大量钢材资源,沿江流域的宝武钢铁、南钢、永钢等大型钢厂累计产能超 2 亿 t/a,丰富的钢材资源为建设钢铁物流园提供了良好的基础。园区以钢材仓储、运输配送、延伸加工为支撑,发展电子商务、物流服务等服务功能,目标建成具有全国示范意义的"规模化集聚、网络化布局、供应链集成、智能化管理、一体化服务、平台化运作"的第三方钢铁专业物流园。

仓储配送方面,园区建成 41 万 m^2 高标准室内仓储设施与 5 万 m^2 露天堆场,具备上海期货交易所的热卷期货交割库资质、上海大宗钢铁电子交易中心指定交收仓库资质与各大银行质押监管库资质、保税监管库资质,以及郑州商品交易所的锰硅、硅铁交割库资质。运输方面,园区成立了运输管理公司,整合周边 26 家物流运输企业及近 1500 辆社会车辆,覆盖华东六省以及华南、华中、华北、西北的主要省市,共计 200 条运输线路;同时逐步完善内河沿海运输、国际海运、货代、船代、报关报检等业务,搭建水路运输管理平台。钢材加工方面,建设年加工产能达1000万t,具备深加工、剪切、预处理能力的延伸加工中心,有效实现"零库存"与"一次物流",为下游机械制造、家电、石油、汽车等多个行业提供配套加工服务。

三、物流中心

1. 物流中心的概念

物流中心是具有完善的物流设施及信息网络,可便捷地连接外部交通运输网络,物流功能健全,集聚辐射范围大,存储、吞吐能力强,为客户提供专业化公共物流服务的场所。

随着物流节点发展的日趋成熟,物流中心、物流基地与物流园区间的区别和分工也更加清晰。物流中心更加侧重于专业性,服务特定货种,如粮食物流中心、农产品物流中心、医药冷链物流中心、汽车物流中心、保税物流中心等。

2. 物流中心的功能特征

(1)商品周转。在干线运输的源头或厂商集散地以及商品消费地建立物流中心,在中心内对商品进行统一集中并加以合理组合,再实施运输和终端配送,既因为发挥了物流规模经济效益使经济成本得以降低,又能大大提高物流的效率。所以,物流中心在现代运输管理体系中发挥商品周转中心的作用。

(2)商品分拣。随着流通体系的不断发展和市场营销渠道的细分化,原材料的进货和产成品的发货均出现多样化、差异化的倾向。在这种状况下,商品的高效分拣对保证物流全过程的顺利进行、建立合理的流通网络系统具有积极的意义。而物流中心正是确保商品高效分拣的机构。

(3)商品保管。在现代经济社会中,商品的生产与消费之间由于时间、空间和其他因素的影响,往往会出现短暂的分离,物流中心为了发挥时空的调节机能和价格的调整功能,需要具备商品保管的职能。

(4)商品在库管理。物流中心保管职能中经营管理的特性主要表现在:为了能在客户要求的发货时间内迅速、有效地发货而从事在库商品的管理。此外,为了缩短用户商品的配送时间并实现输送的常规化,也需要在消费地附近设立在库管理的物流中心。

(5)流通加工。商品从生产地到消费地往往要经过很多流通加工作业,特别是在开展共同配送后,在消费地附近需要将大批量运抵的商品进行细分、小件包装以及贴付标签、条形码等操作,这些都需要在物流中心内进行。

案例10-3

某农副产品物流中心位于江苏省常州市,处于长三角经济区的中心地带,位于三条高等级公路(312国道、340省道、江宜高速公路)交汇处,连贯苏南发达的铁路、公路运输网(沪宁高速公路、京沪铁路),便捷的对外交通条件有力地支撑了鲜活农副产品快捷、及时运输。物流中心规划形成冷链物流区、公路物流区、加工配送区、果蔬交易区、粮副水产交易区、配套服务区六大功能区,提供农副产品的批发交易、仓储运输、货运代理、加工配送、分拣包装、信息咨询等综合服务。

农副产品物流中心适应农产品物流发展的最新形势,打造了三大平台。一是开发"万家易"物流配载信息交易平台,为所在城市及周边制造业企业、物流企业、信息中介、运输车辆提供物流信息共享和撮合交易,车辆信息会员达3万多名。二是建立了农产品价格指数平台,通过门禁系统、结算系统等,在全省农产品批发市场业中率先建立了农产品价格指数,每天将农产品价格、供求等信息传递给商务部等70多个政府部门、农业基地,反映农产品价格波动情况,为政府部门宏观决策提供参考。三是服务线上线下需求,打造"万家鲜"生鲜直供平台,采用"万家鲜"生鲜电商网、"万家鲜"移动端B2B商城等模式推进生鲜农产品网上销售和直供直销,运营的直销店、直供站、生鲜提货柜、集团客户有160多个。

四、配送中心

1. 配送中心的概念

配送中心是具有完善的配送基础设施和信息网络,可便捷地连接对外交通运输网络,并向末端客户提供短距离、小批量、多批次配送服务的专业化配送场所。

配送中心是伴随物流社会化分工、专业化发展产生的,是以组织配送性销售或供应、执行货物配送功能为主要职能的流通型节点,具有满足多样少量的市场需求及降低流通成本的作用。

配送中心主要功能是提供配送服务。在物流供应链环节中是一处物流节点,为物流下游经销商、零售商、客户做配送工序。配送中心专业性比较强,其设施和工艺结构是根据配送活动的特点和要求专门设计和设置的,故专业化、现代化程度高,设施和设备比较齐全,货物配送能力强,不仅可以远距离配送,还可以进行多品种配送。配送中心是配送活动实现的最主要载体。

2. 配送中心的功能特性

(1)储存功能。配送是依靠集中库存来实现对多个用户服务的,因此,配送中心的储存功能是十分重要的,是用来支撑配送中心配送作用的功能。

(2)分拣、理货功能。为了将多种商品向多个用户按照不同要求、种类、规格、数量进行配送,配送中心必须能进行有效的分拣,并能在分拣的基础上按配送计划进行理货。因此,分拣、理货功能是配送中心的核心功能。

(3)配货、分放功能。能将各用户所需的多种商品有效地组合在一起,形成向用户方便发送的货载也是配送中心的重要功能。

(4)倒装、分装功能。配送中心需要具备能将不同规模货载高效地分解和组合,并按客户要求形成新的组合或新的装运形态的功能。

(5)装卸搬运功能。配送中心进行进货、理货、装货和加工均需要辅之以装卸搬运,高效的装卸搬运能大大提高配送效率和配送中心的服务水平。因此装卸搬运是配送中心的一项基本功能。

(6)加工功能。加工功能能够有效地提高配送服务水平,因此大多数配送中心都要进行不同程度的加工活动。

(7)送货功能。配送中心是整个送货过程的起点,其指挥和管理也是在配送中心实现的,因此送货是最终实现配送中心作用的功能。

(8)信息功能。配送中心在干线物流和末端物流之间起衔接作用,这种衔接作用的实现不仅靠商品的配送,也靠信息的互联互通。因此配送中心的信息功能是全物流系统中的重要一环。

配送中心的基本作业流程如图10-2所示。

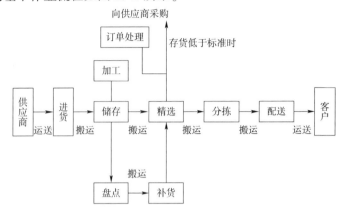

图10-2 配送中心的基本作业流程图

3. 配送中心的分类

由于组织主体、主要功能、服务范围、服务对象等不同,配送中心有多种不同的分类方法。本书主要介绍常见的几种配送中心类型,一般包括以下几种:

1) 按照配送中心的设立者分类

(1) 制造商型配送中心——M. D. C(Distribution Center Built by Maker)。

制造商型配送中心是以制造商为主体的配送中心。这种配送中心里的物品100%是由制造商自己生产制造的,用以降低流通费用、提高售后服务质量和及时地将预先配齐的成组元器件运送到规定的加工和装配工位。此类配送中心需要紧密衔接生产制造、贴标、包装、维修等其他环节,现代化、自动化水平较高,但不具备社会化的要求。

(2) 批发商型配送中心——W. D. C(Distribution Center Built by Wholesaler)。

批发商型配送中心是批发商或代理商作为主体的配送中心。批发是物品从制造者到消费者手中之间的传统流通环节之一,一般是按部门或物品类别的不同,把每个制造厂的物品集中起来,然后以单一品种或搭配向消费地的零售商进行配送。这种配送中心的物品来自多个制造商,它所进行的一项重要的活动是对物品进行汇总和再销售,它的全部进货和出货都是由社会化主体配送的,因此社会化程度高。

(3) 零售商型配送中心——Re. D. C(Distribution Center Built by Retailer)。

零售商型配送中心是由零售商整合上游货物需求、以零售业为主体的配送中心。零售商发展到一定规模后,就可以考虑建立自己的配送中心,为专业物品零售店、超级市场、百货商店、建材商场、粮油食品商店、宾馆饭店等服务,其社会化程度介于前两者之间。一般来说,大型连锁商超、电商平台都拥有全国乃至全球布局的自营配送中心网络。例如,美国大型零售企业沃尔玛商品公司的配送中心就是沃尔玛独资建立的专为本公司所属的连锁店提供商品配送服务。

(4) 第三方专业物流配送中心——T. D. C(Distribution Center Built by TPL)。

第三方专业物流配送中心是以第三方物流企业(包括传统的仓储企业和运输企业)、邮政快递企业为主体的配送中心。这种配送中心是以配送为专业化职能,基本不从事经营的服务型配送中心,有很强的运输配送能力,地理位置优越,可迅速将到达的货物配送给用户。它为多个制造商或供应商提供物流服务,而配送中心的货物仍属于制造商或供应商所有,配送中心只是提供仓储管理和运输配送服务。这种配送中心的现代化程度往往较高。

2) 按照配送活动的服务范围分类

(1) 城市配送中心。

城市配送中心是以城市为配送范围的配送中心,由于城市范围一般处于汽车运输的经济里程,这种配送中心可直接配送到最终用户,且采用汽车进行配送。所以,这种配送中心往往和零售经营相结合,由于运距短,反应能力强,因而从事多品种、少批量、多用户的配送较有优势。

(2) 区域配送中心——R.D.C(Regional Distribution Center)。

区域配送中心是以较强的辐射能力和库存备货,向省(州)际、城际、全国范围的用户配送的配送中心。这种配送中心配送规模较大,用户规模和配送批量也较大,往往是配送给下一级的城市配送中心、大型连锁商店、批发商和企业用户,虽然也从事零星的配送,但不是主要业务职能。

3) 按照配送中心的功能分类

(1) 储存型配送中心。

储存型配送中心是以储存功能为主,在充分发挥储存作用的基础上开展配送活动。一般来讲,在买方市场下,企业成品销售需要有较大库存支持,其配送中心可能有较强储存功能,在卖方市场下,企业原材料、零部件供应也需要有较大库存支持。储存型配送中心拥有较大规模的仓储设施,具有很强的储存功能,从而把零售终端的商品储存时间和空间成本控制在合理范围。例如,美国赫马克配送中心的储存区可储存16.3万托盘。

(2) 流通型配送中心。

流通型配送中心是一种只以暂存或随进随出方式运作的配送中心。该类型配送中心包括通过型或转运型配送中心,基本上没有长期储存的功能。其典型方式为:大量货物整批进入、按一定批量零出。一般采用大型分拣系统,货物进入后快速分拣,分送到各用户货位或直接分送到配送汽车上。例如,快递公司在各主要城市建立的转运中心,主要负责收集和分拨下属网点的快递,将快递按照目的地进行快速分拣、装卸和配送,并与其他地区转运中心联通,形成经济、合理的货载批量。

流通型配送中心应充分考虑市场因素,在地理上定位于接近主要客户地点。流通型配送中心对物流信息系统和自动分拣配送设备要求较高,物流信息管理系统通过与仓储管理系统无缝对接,实现信息在仓储物流各个系统之间自动传递与接收,使得分拣管理信息一体化。自动输送分拣装备、堆垛机、穿梭车等码垛搬运类装备和自动化立体仓库等存储类装备,实现货物进出的快速、高效管理。

(3) 加工型配送中心。

加工型配送中心是一种根据用户需要对配送物品进行加工,而后实施配送的配送中心。其加工活动主要有初级加工、组装、分装、配料等。

面向制造企业的加工配送中心,通常临近生产工厂,作为装配加工与集中运输生产材料的基地,大批量的大宗货物进入后,经过加工、剪裁等环节,配送至制造企业,如配煤中心、钢材剪切加工配送中心等。面向零售环节的加工配送中心,通常临近消费集中地。例如,服务城市连锁餐饮、团体食堂的中央厨房,采用巨大的操作间,统一开展采购、选菜、切菜、调料、半成品制作等加工活动,通过冷链配送快速有效地应对各销售网点订货需求,实现多品种、小批量、高效率配送服务,降低物流成本,提高商品附加值,实现企业利润最大化。

4)按配送货物的属性分类

根据配送货物的属性,可以分为食品配送中心、日用品配送中心、医药品配送中心、化妆品配送中心、家电品配送中心、电子(3C)产品配送中心、图书音像配送中心、服饰产品配送中心、汽车零件配送中心以及生鲜处理中心等。

由于所配送的产品不同,配送中心的规划方向就完全不同。例如,生鲜品配送中心主要处理的物品为蔬菜、水果与鱼肉等生鲜产品,属于低温型的配送中心,是由冷冻库、冷藏库、鱼虾包装处理场、肉品包装处理场、蔬菜包装处理场及进出货暂存区等组成的,冷冻库为 $-25℃$,而冷藏库为 $0\sim5℃$,又称为湿货配送中心。而书籍产品的配送中心,由于书籍有新出版、再版及补书等特性,尤其是新出版的书籍或杂志,其中的80%不上架,直接理货配送到各书店,剩下20%左右的库存在配送中心等待客户的再订货;另外,书籍或杂志的退货率非常高,约为 $3\%\sim4\%$,因此,在书籍产品的配送中心规划时,就不能与食品与日用品的配送中心一样。服饰产品的配送中心,也有淡旺季及流行性等特性,而且较高级的服饰必须使用衣架悬挂,其配送中心的规划也有其特殊性。

案例10-4

国内某大型物流企业自建的配送中心是亚洲范围内建筑规模最大、自动化程度最高的现代化智能物流项目之一。通过在商品的立体化存储、拣选、包装、输送、分拣等环节,大规模应用自动化设备、机器人、智能管理系统,以降低成本和提升效率,目前在全国范围内运营的就有28座。在企业的北京物流配送中心,包含高19层的立体库,在高度智能化的物流仓库中,由于减少了人工作业,很多智能设备可以实现"黑灯作业",大大降低电能的消耗。根据测试,平均1min,智能设备通过"黑灯作业"可以省电 $2283kW\cdot h$,相当于一户普通家庭一年半的用电量。自主研发的AGV系统——"地狼"机器人,通过识别地面上的二维码自动规划路径,能够自动避障、自动回冲、自动排队,将传统的"人找货"改为"货到人"模式,拣货员只需要在工作台等待AGV运来货物,每小时能完成250个订单,比传统方式效率提高了3倍。AGV区域面积 $12000m^2$,运营超过330辆AGV,日均处理订单峰值超过80万单。

五、其他物流节点

其他物流节点主要包括具有部分货物集散、中转功能的传统货运场站,如航空港、港口、铁路货运站等,以及新型零售模式和供应链下的新业态物流节点。

1. 航空港

航空港是指主要联结空运线路以及实现空运线路与其他线路联结的大型节点,在航空运输网络中具有重要的中转功能和组织功能。

2. 港口

港口是位于海、江、河、湖、水库沿岸,具有水路联运设备以及有条件供船舶安全进出和停泊的运输枢纽,是水陆交通的集节点和枢纽,工农业产品和外贸进出口物资的集散地,船舶停泊、装卸货物、上下旅客、补充给养的场所。

3. 铁路货运站

铁路车站也称火车站,是办理与列车运行相关业务并面向社会服务的分界点,其中主要办理货运业务的铁路车站即为铁路货运站。铁路货运站主要负责货物的承运、装卸、保管与交付。

4. 公路货运站

公路货运站是承担公路货物运输枢纽主要功能的重要节点,是在公路货物运输过程中进行货物集结、暂存、装卸搬运、信息处理、车辆检修等活动的场所,是联系运力和货源的纽带,是公路货运变车流集结为货流集结的重要载体。

5. 配送站

配送站一般是指快递配送站,即物流或者快递公司在各个区域的物流节点。通常来说这个站点是物流或者快递公司最小的分货场所,当商品显示到达配送站时,说明整个物流过程已进入最后程序,商品即将到达消费者手中。

同时,末端物流节点也是物流节点网络中必不可少的组成部分。例如,城市末端的智能快递柜、快递驿站、农村地区的村邮站等,主要承担配送至消费者手中最后100m的功能。

六、物流节点间的区别与联系

按照设施功能、服务对象、辐射范围等的不同,上述物流节点在物流网络上发挥着不同作用,本书对物流节点之间的区别与联系进行总结,见表10-2。

物流节点之间的区别与联系　　　　表10-2

物流节点类型	物流枢纽	物流园区	物流中心	配送中心
功能	全面	全面	单一或者全面	较单一
规模	大	大	一般较大	可大可小
在物流网络中的位置	物流节点网络中的最高层级,是物流体系的核心基础设施	物流节点网络中的关键顶层设施,发挥集聚集约、中转集散等作用	一般在物流园区下游、配送中心上游	处于网络下游,最接近客户所在地
物流组织特点	多品种、大批量、多服务商	多品种、大批量、多服务商	少品种、大批量、少服务商	多品种、小批量、多批次、少供应商
服务对象	广泛	比较广泛	较为单一	较为单一
辐射的范围	广	广	中等	较小

第四节　物流节点的层次布局

由于各个城市和地区产业结构不同,各地区和城市的区位条件和物流资源也有所不同,再加上物流对象的差异,所以物流节点也有不同的配置方式。但从物流节点的功能特点、辐射区域和地区发展需求来讲,物流节点网络又具有较强的共性特征。

一个城市或地区,一般需要配置三个层次的物流节点才能满足一个地区物流网络的需要,即物流园区、物流中心和配送中心。这是一个城市或一个地区在进行物流规划时物流节点配置的一般原则。物流园区、物流中心、配送中心组成了一种典型的物流节点网络和布局形式。对于国际性或全国性综合交通枢纽城市、物流中心城市等,还会根据区域和城市发展需要,设立"物流枢纽"这一层级的物流节点,主要发挥区域物流中转集散、资源大范围配置和产业运行组织等功能。本节重点介绍物流园区、物流中心、配送中心这一典型的物流节点层次结构。

从实施规划的角度来看,城市物流节点之间的关系主要表现在两个方面:物流节点之间的功能关系和物流节点之间的空间关系。

一、城市物流节点之间的功能关系

从物流节点承担的功能来看,物流园区处于城市物流节点的最高层次,一般具有广泛、复杂的综合功能,是综合集约性、专业独立性与公共公益性的完整统一,它不仅包括基本的物流功能,还包括物流的延伸功能,如展示功能、交易功能、信息功能以及生活配套服务功能等;物流园区作为最高层次的城市物流节点,在城市参与区域物流的活动中扮演重要角色,是区域物流与城市物流衔接的主要场所。物流中心处于城市物流节点的中间层次,其功能主要是承接与处理来自区域和物流园区的物流业务,并将部分物流业务转移给下端的配送中心,因此具有较高的专业独立性和中间连接性。配送中心在城市物流节点中心处于最低层次,主要承接来自物流园区或物流中心的物流业务,直接面向客户提供配送服务,是物流活动最集中、最直接的体现。"物流园区→物流中心→配送中心"是解决城市物流最基本也是较为合理的物流模式,如图 10-3 所示。

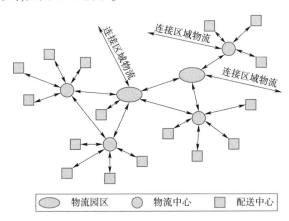

图 10-3　城市物流节点之间的功能关系图

二、城市物流节点之间的空间关系

从物流节点空间的关联来看,物流园区作为城市物流资源的空间聚集,是城市土地利用按功能划分思想的产物,通过规划建设物流园区,实现优化城市用地结构、缓解城市交通拥堵等社会效益的目的。从这种意义上讲,物流园区应该是企业属性的物流中心和配送中心的空间聚集,物流中心和配送中心依托物流园区作为社会公共物流平台资源集聚的优势,促进物流运作的集约化、规模化,降低物流成本、提高运作效率,从而实现它们作为企业属性的经济效益。社会属性的物流中心一般是企业属性的物流中心和配送中心的空间集聚,而配送中心则是根据市场需要,独立、广泛布设于靠近消费终端地区。简单地说,物流园区是企业属性的物流中心和配送中心的空间载体,社会属性的物流中心也可以是企业属性的物流中心和配送中心的空间载体,如图10-4所示。

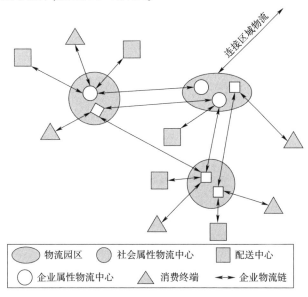

图 10-4　城市物流节点之间的空间关系图

在城市和地区方位内,应按照层次关系规划和配置物流园区、物流中心和配送中心。一般而言,大城市,尤其是位于国土端部的大城市,在单向物流辐射方向需要配置一个物流基地;中心城市,则有可能在相对的方向配置两个或多个物流基地。考虑到城市的扩展和物流基地的寿命周期,如果物流基地距城市过近,近期的物流成本会大幅度降低,但随着城市扩大,物流基地的寿命周期会比较短,这就有可能会增加远期的物流成本。鉴于物流园区规模达、投资高、过短的寿命周期是不适宜的。一般而言,超大规模的物流基地,应该按照50年左右的寿命周期来确定位置,而物流中心则需要考虑有20年以上的寿命周期。配送中心规模较小,如果运营得当,效益较高,比较效益不亚于其他产业,因此城市的扩展对其寿命不形成太大制约。

案例 10-5

位于长三角中心区域的W市,是全国性综合交通枢纽城市、国家物流枢纽承载城市,公铁水空综合交通体系发达,存量物流基础较为成熟。伴随中心城区物流活动集聚、物流对城市交通和环境生态造成较大干扰等问题,启动了物流空间布局优化工作。

综合考虑城市物流现状、近期和中远期物流需求量与用地资源可得性,利用城市物流结点布局模型,结合W市总体发展格局、交通条件、中心城区布局等因素,形成"物流枢纽+物流园区+配送中心+末端网点(配送站)"的物流节点网络。空港、海港、陆港三大物流枢纽分别依托机场、港口和公铁陆港物流园建设,发挥着干支仓配一体化衔接融合、畅通区域物流大通道和引领产业经济发展等重大功能;除依托京杭运河、沪宁铁路布设的物流园区外,外围物流园总体布局在距市中心 15km 以外；配送中心总体布局在市中心 10～15km 范围，主要利用现有仓储物流项目改造提升，依托城市快速路网和中小型配送车辆开展城市配送；末端网点根据城市居民分布、配送需求等情况进行布设，配送中心与末端网点之间采用小型货车或电动三轮车进行配送。

优化后的物流节点空间布局方案实现了物流节点、交通网路、区域物流通道的紧密衔接，货运交通与城市通勤交通组织得到优化，物流项目实现退城入园和集聚集约发展，提高了城市空间布局的合理化水平。

复习思考题

1. 物流网络的构成要素是什么？物流网络的主要形式有哪几种？
2. 阐述物流节点的功能，其在物流网络中发挥什么作用？
3. 物流节点的类型有哪些？不同物流节点之间的区别是什么？
4. 选择一个国家物流枢纽为例，分析物流枢纽的类型、功能特征和在区域物流网络中的地位和作用。
5. 物流园区的类型有哪些？以你所在城市的某个物流园区为例，调查园区内的主要物流设施、业务类型、入驻企业，并试着分析其功能特点。
6. 物流中心与物流园区的区别是什么？举例说明有哪些类型的物流中心？
7. 阐述配送中心的分类及特点。
8. 阐述配送中心的功能特性。
9. 阐述配送中心的基本作业流程。
10. 以你所在城市为例，结合本章的学习内容，对物流节点进行规划布局，提出规划思路和方案。

第十一章 物流运作

【导入案例】

C物流是一家独立于汽车生产厂商的第三方汽车物流企业,作为国内领先的汽车物流供应链解决方案服务提供商,C物流依托其网络优势、运力管理能力、仓储网点覆盖以及智能管理体系,以整车运输业务为核心,为客户提供整车运输、整车仓储、零部件物流、国际货运代理、社会车辆物流及网络平台道路货物运输等多方面的综合物流服务。并以汽车物流为出发点,探索为新能源汽车上下游产业链客户提供物流、仓储、体验、交付、充换电、动力蓄电池回收及逆向物流等综合性服务。

乘用车物流方面,C物流依托长春、北京、芜湖、天津等整车物流基地,以及环绕周边的物流节点,形成以华北为中心,华东为支撑的全国汽车物流网络,设有10余个商品车仓储基地,仓库总面积超过120万 m^2,年运输能力达100万辆。C物流与一汽大众、现代汽车、一汽丰田、长安福特马自达在内的19个主要汽车生产企业建立了稳固的合作关系,形成相对均衡的网络布局。开拓海外发展战略,通过合资合作、设立海外子公司等方式打通亚欧汽车运输通道,拓展高端汽车进口和民族品牌汽车走出去相结合的双向物流服务及其他货物运输服务。

C物流旗下的C智运打造了汽车物流行业的网络货运平台,采用无车承运合伙人模式经营,开展汽车运输全链路物流服务,针对物流运输过程中的前端验车服务、前端装车服务、短驳倒运服务、中途车辆保管及信息反馈服务、末端卸车服务、末端配合验车服务(洗车服务)等行业细分领域的用工,以数字化信息平台为手段,提高了供需对接效率。既推动了整个汽车行业的合规化进程,又加强了公司运力保障,进一步促进并推动了行业整合。

第一节 第三方物流

一、第三方物流的概念与特征

1. 概念

第三方物流(Third Party Logistics,3PL)是企业内部物流向社会物流发展和社会物流进一步深化分工的结果,也是物流分工形成的标志,是现代物流服务领域表达物流服务的一个重要概念。在商物分离的前提下,有三种从事物流活动的主体:供货方、需求方和物流专业服务方。三种主体都可以进行物流活动运作,都有自己的优势和运作形态特点。

(1)供货方。由供货方承担主要物流活动(进入社会的物流运作),称作第一方物流,或供给方物流。实际上是货物所有者(生产企业、商业企业等)的销售物流。

(2)需求方。需求方承担主要的物流活动(进入社会的物流运作),称作第二方物流,或需求方物流。实际上是货物所有者(生产企业、商业企业等)的供应物流。

(3)物流专业服务方。由交易双方之外的、与交易活动无关的第三方完成的和双方交易相关的物流活动,称作第三方物流。

伴随专业分工的发展,为了降低产品的储存成本和管理成本、减少投资、提高运营效率,制造企业和商贸流通企业开始逐渐将运输、仓储等非核心业务外包,这样能够使企业运作更具弹性,同时可以腾出更多的精力和物力从事企业核心业务,提升企业核心竞争力。第三方物流凭借规模效应、专业化的物流服务为客户创造了经济价值,从而实现了快速发展。

广义的第三方物流相对于自营物流而言,凡是由社会化的专业物流企业按照货主的要求所从事的物流活动都可以包含在第三方物流范围之内。至于第三方物流从事的是哪一个阶段的物流,物流服务的深度和服务水平如何,则要看货主的要求。在市场经济条件下,需求决定供给,因此,第三方物流的服务,不能脱离实际需求而规定确定不变的领域。

狭义的第三方物流是指由独立于物流服务供需双方之外且以物流服务为主营业务的组织提供物流服务的模式,被认为是一种高水平、现代化的、系统化的社会物流服务方式。其具体标志为:第一,有提供现代化的、系统物流服务的企业素质;第二,可以向货主提供包括供应链物流在内的全程物流服务和特定的、定制化服务的物流活动;第三,不是偶然的、一次性的物流服务购买活动,而是采取委托承包形式的业务外包的长期物流活动;第四,提供的不是一般物流服务,而是增值物流服务。第三方物流的运作机制如图 11-1 所示。

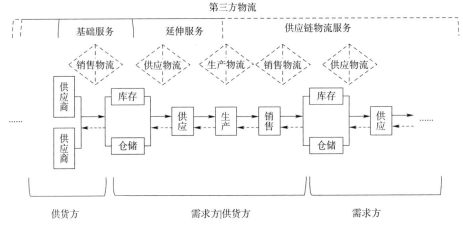

图 11-1　第三方物流的运作机制

2. 特征

1)关系合同化

第三方物流不是货主向物流服务商偶然的、一次性的物流服务采购活动,而是通过契约形式来规范物流经营者与物流消费者之间的关系。物流经营者根据契约规定的要求,提供多功能直至全方位一体化物流服务,并以契约来管理所有提供的物流服务活动及其过程。物流服务提供商同客户之间体现为一种战略性的合作伙伴关系,有别于简单的货运或仓储服务。

2)服务个性化

不同的物流消费者存在不同的物流服务要求,第三方物流需要根据不同物流消费者在企业形象、业务流程、产品特征、顾客需求特征、竞争需要等方面的不同要求,提供针对性强的个性化物流服务和增值服务。从事第三方物流的物流经营者也因为市场竞争、物流资源、物流能力的影响需要形成核心业务,不断强化所提供物流服务的个性化和特色化,以增强物流市场竞争能力。

3）功能专业化

第三方物流所提供的是专业的物流服务。从物流设计、物流操作过程、物流技术工具、物流设施到物流管理必须体现专门化和专业水平,这既是物流消费者的需要,也是第三方物流自身发展的基本要求。

4）管理系统化

为客户提供一体化、系统化的综合物流服务,是第三方物流产生和发展的基本要求。第三方物流通过建立现代管理系统,实现各环节物流资源的整合。如第三方物流公司可以完成从原材料物流、生产线物流到销售物流的完整过程的组织和管理,以及合理配置运输车队、仓储资源。

5）运作信息化

信息技术是第三方物流发展的基础。第三方物流区别于传统物流服务的一大特点,是基于互联网、移动通信、大数据技术、北斗定位系统、数据交换技术等技术的应用,实现了信息实时共享,促进了物流管理的科学化,极大地提高了物流效率和物流效益。

二、第三方物流作用和价值

第三方物流通过提供集成化物流服务使物流服务成本更低、服务质量更高、服务质量可控、社会效益更显著。第三方物流更加适应不确定需求与供应链服务要求,使得供应链的小批量库存补充变得更为经济。对于单一企业来说,小批量、非满载货物运输,显然是不经济的。多品种小批量生产的供应链模式往往进行小批量采购、小批量运输、共享库存模式,这就提高了货物运输与订货的频率,增加了库存管理的复杂度。第三方物流系统可以同时为多家企业提供供应链物流服务,形成集成化、规模化服务优势。实践表明,通过发展第三方物流集成化物流服务可以降低物流成本的空间很大,经济效益明显。例如,在德国通过第三方物流,物流成本可以下降到商品总成本的10%。

第三方物流价值主要体现为成本价值、服务价值、风险控制和社会价值。

1. 成本价值

降低成本是大多数企业将物流业务外包给第三方物流服务商的主要原因。对很多企业而言,削减物流成本较削减制造成本具有更大的潜力,所以降低物流成本作为企业的"第三利润源"而受到普遍重视。第三方物流的成本价值来源于以下几个方面：

(1)减少客户的物流设施设备等固定资产投资。企业通过支付服务费用来获得第三方物流服务,可充分利用第三方企业的专业化物流设备、设施和先进的信息系统,而不必保有自己的仓库、车辆等物流设施,将相关固定成本转化为可变成本,削减固定资产费用和减少物流信息化投资;减少直接从事物流的人员,从而削减工资支出;企业可将节省的资金用于其核心业务,以获得更高的资金回报率。

(2)利用规模效应降低物流作业成本。第三方物流公司可通过整合客户需求实现规模效应，从而降低单个客户的费用；同时，第三方物流公司通过运用其专业化物流运作的管理经验，精心策划物流计划和适时配送手段，帮助客户实现准时生产，最大限度地减少库存，实现成本优势；第三方物流企业通过自身广泛的节点网络实施共同配送，可大大提高运输效率，为委托企业减少运输费用。

2. 服务价值

在激烈的市场竞争中，高水平的顾客服务已成为企业竞争的关键因素。第三方物流的运作目标是以最小的总成本提供最佳的顾客服务。专业化的第三方物流可以帮助委托方企业提高顾客服务水平和质量，保证企业物流管理目标的实现，其服务价值主要体现在以下几个方面：

（1）提高客户需求的响应能力。第三方物流企业所具有的专业技术能力，特别是覆盖范围广泛的信息网络和物流节点网络，实现订单快速处理、物流快速响应，提供专业化的"门到门"运输等服务，缩短了顾客从订货到收货的时间，实现货物的快速交付，从而使顾客获得更高的满意度。

（2）提高客户物流服务水平。第三方物流企业能够为客户提供增值物流服务，如售后服务、送货上门、退货处理等，利用先进的信息技术加强对在途货物的监控，及时发现、处理配送过程中的意外事故，保证货物及时、安全送达，从而更好地实现企业对顾客的承诺，促进企业产品的销售。

3. 风险控制

降低经营风险也是企业外包的原因之一。企业自营物流通常会面临两大风险：

（1）投资风险。企业购置物流设施、设备和信息系统的投资是相当大的，如果缺乏相应的物流管理能力，造成企业物流资源的闲置浪费，这部分在物流固定资产上的投资将面临无法收回的风险。

（2）存货风险。企业由于自身配送、管理能力有限，为了能对顾客订货及时作出反应，防止缺货、快速交货，往往采取高水平库存的策略，而存货要挤占大量资金，随着时间的推移，其变现能力会减弱，从而造成巨大的资金风险。

第三方物流服务能够通过专业化、系统化管理，提高物流服务的规模效益、安全水平，从而降低总体经营风险。

4. 社会效益

第三方物流的社会价值主要体现在：

（1）整合和利用社会存量资源。第三方物流企业可运用其专业的管理控制能力和强大的信息系统，对分散在不同企业的原有仓库、车队等物流进行统一管理、运营和组织，进行共同存储、共同配送，将企业的物流系统社会化，实现信息、资源的共享，从而促进社会物流资源的整合和综合利用，提高整体物流效率。

（2）缓解城市交通压力。通过制定合理的运输路线，采用合理的运输方式，组织共同配送、货物配载等，减少车辆空驶、迂回运输等现象，解决由于货车运输无序化造成的城市交通混乱、堵塞问题，缓解城市交通压力。

（3）减少环境污染。通过提高货运车辆运输效率，减少能源消耗，减少废气排放量和噪声污染等，这有利于环境保护与改善，促进经济的可持续发展。

三、第三方物流运作能力要求

第三方物流的生命取决于是否能够提供优于用户自营物流的服务水平和低于用户自营物流的价格,这是重要的、深层次的问题,是第三方物流运作的基本理念。伴随物流技术创新,物流运营模式、服务业态、组织结构不断迭代升级,第三方物流运作能力要求也持续提升,资源组织能力称为当前衡量第三方物流运作能力的关键标准,优质的资源组织能力决定了第三方物流企业的服务网络辐射范围、业务服务覆盖度与成本控制力,这种资源组织能力具体包括业务协同能力、资源整合能力、网络布局能力和技术创新能力。

1. 业务协同能力

第三方物流需要具备与供货方和需求方之间的业务协同能力,强调物流协同供应链"供应—制造—销售"环节之间的信息与实体物流活动的协同作业与共享运作。其主要体现为三个方面的协同能力:

(1)适应物流需求方的生产运营要求提供恰当的协同物流服务。即要考虑供应商(或供应环节)与制造商(或制造环节)之间实施协同运作的资源组织整合模式与具体运作方式,具备满足客户生产计划、销售计划、调度与供应计划的物流服务。

(2)具备"不为我有,但为我用"的战略格局与信息共享服务能力。通过协调、对接与物流供需方和其他物流企业的物流供需信息,进行协调、整合和统筹物流活动,利用信息平台进行计划、协调、指挥、控制和调度,对物流、信息流、资金流进行优化。

(3)具备为客户量身定制物流解决方案的能力。客户的需求,已经不是单纯的仓配服务或运输服务,第三方物流要具备全渠道、线上和线下、端到端(B2B、C2C、B2C、C2B)、国内和国际的综合服务能力。

2. 资源整合能力

全球化、信息化、智能化加剧了大循环、双循环经济体系下物流市场的竞争,"整合"与"被整合"相伴而生,第三方物流企业往往通过资源整合能力,短时间内实现规模效益、网络效益与服务能力。这种资源整合能力包括客户资源、能力资源、信息资源的整合,其中能力资源整合包括设施设备资源、物流网络资源、组织与管理资源、业务与服务资源等整合;信息资源整合是跨企业边界的信息共享与对接,比业务协同的信息共享更加深入与彻底。整合模式一般有三种:一是利用自身资源的稀缺状态,吸纳同类资源,形成资源整合,可以通过打造独特的企业理念及服务模式,以连锁加盟或联盟的形式,对其他同类型企业进行整合,如快递企业联盟;二是对优化配置不当的资源进行重构,依据自身独有平台优势,优化、对接、整合物流供需资源,如物流枢纽、物流园区以及平台型物流企业等;三是将过剩闲置资源进行提升,整合为自身开辟全新的服务领域的基础资源,形成新的稀缺资源,如云仓企业联盟。

3. 网络布局能力

随着商品交易品类越来越多,物流交付的时效要求越来越高,物流服务范围越来越广,物流网络布局能力已成为第三方物流运作的重要能力。网络布局能力是企业物流产业的发展目标、方向及功能定位,确定服务主体区域,依托国家、区域和城市的交通线路与综合性设施,协同、整合和新增布局建设各类仓储设施与运输装备,形成协调发展的多功能物流网络体系。它主要包括城市区域网络、城间区域网络、跨区域网络乃至跨国网络布局能力以及不同运输方式衔接能力、干支仓配衔接能力。城市区域网络、城间区域网络布局能力往往通过自建物流网络设施和运营体系完成；跨区域、跨国网络布局能力往往需要结合业务协同或资源整合能力得以实现，通常依托第三方物流企业服务的核心城市，通过国家交通、物流枢纽网络和海外物流网络衔接国内和海外各个主要业务发生地建设的物流设施，以铁路、高速公路、海上运输与航空运输连接各个主要业务发生城市的物流枢纽，主要采用多式联运的运输形式，形成系统化、多层次、多功能的物流网络布局能力。

4. 技术创新能力

创新是现代物流产业发展的核心动力，创新活动贯穿于第三方物流发展的全过程。从严格意义上讲，我国现代物流的发展不取决于投资能力，而取决于创新能力。第三方物流具备的技术创新能力主要包括物流装备技术、物流信息技术、信息管理系统等。这些技术创新能力主要体现新兴技术在物流服务项目、物流组织结构、物流运行机制、物流服务规范上的应用，对现状有较大的改观，突出有吸引力的新物流服务项目，如地下物流系统、无人机、无人车物流系统等；体现在新兴物流系统要素技术创新的商业化，通过技术创新可以提高物流服务活动效率，并取得满意的经济回报，如"货找人"自动分拣系统、数字化码头等；体现在技术创新内容与创新活动的协同效应，通过技术创新使人员素质、组织结构、物流过程、管理水平等本身得到发展，如虚拟现实与增强现实技术、大数据技术等。

四、第三方物流服务运作模式

第三方物流服务内容主要包括三个方面：一是基础服务，包括仓储、流通加工、运输、配送、进出口货代、包装、装卸搬运、逆向物流、货运信息交易等；二是增值服务，包括自动化作业、可视化管理、金融保险服务、电商物流服务等；三是咨询设计服务，包括流程设计、网络优化、资源协同和供应链物流服务。

第三方物流运作的关键，在于资源整合、技术应用与物流服务的有机联动，及相应的物流运作模式。其中，资源整合是对各种资源的利用与运作；技术应用是联结资源与产品的黏合剂；而物流服务则是物流运作模式运行的输出结果；物流运作模式的运行就是通过资源整合，利用各种技术，输出物流服务产品。第三方物流通过合理配置和优化硬件资源（如运输设备、搬运装卸机械、仓库、机场、车站、道路、网络设施等）和软件资源（如规章条例、合同、制度、知识技能等），在一定的外部环境中完成物流业务的运营与管理，从而根据客户需求实现对物流服务的整合运作。从服务内容和服务方式角度出发，第三方物流运作模式主要分为以下几种：

1. 传统合同物流模式

第三方物流企业独立承包一个或多个生产商或经销商的部分或全部物流业务。第三方物流企业以契约形式与客户确定合作关系，以生产商或经销商为中心，提供基础的仓储、运输或配送服务，一般不介入客户企业的生产和销售计划。此模式是第三方物流最为普遍的运作模式。这种模式下，第三方物流企业利用自身的运力资源和仓储设施资源，为客户提供干线运输、仓储和配送服务，一般不涉及"门到门"，多为运输至工厂仓库或客户仓库的"场站到场站"服务。

2. 干支仓配一体化模式

第三方物流企业将收货、检验、干支线运输、仓储和配送等功能集成，由第三方物流全程托管。从事的服务网络和服务能力，依托自身运力和设施，为客户提供"门到门"的物流服务。干支仓配无缝衔接不仅简化了流通过程中的物流环节,也提高了物流效率,依托信息平台实现货物的实时追踪与定位,达到全程可溯化。此模式最典型的应用是快递物流,快递物流与零售企业实现协作,配有较强适配的集成管理系统,将干线、支线、仓储和分拨配送网络实现有效集成。

3. 专业物流战略联盟模式

在汽车、钢铁、医药等细分物流领域,第三方物流企业的发展往往依赖于行业大型制造企业。例如,为大众汽车主机厂商服务的安吉物流,开展汽车整车和零配件物流服务。此模式下,第三方物流或是大型制造厂商下设的物流子公司,或是与制造商实现深度协作,物流服务的专业化程度高,二者形成了深度的合作联盟,甚至设施设备都是为制造企业定制的。

4. 供应链物流一体化模式

供应链物流运作是指第三方物流企业用供应链管理思想实施对供应链物流活动的组织、计划、协调与控制。供应链物流运作是一种共生型物流运作模式,第三方物流企业通过与供应链各成员企业协作,使供应链成员企业不再孤立地优化自身的物流活动,而是通过第三方物流企业使成员企业之间协作、协调与协同,提高供应链物流的整体效率。

常见供应链物流运作有:供应商管理库存(Vendor Management Inventory,VMI)运作模式是一种以用户和供应商双方都获得最低成本为目的,在一个共同的协议下由供应商管理库存,并不断监督协议执行情况和修正协议内容,使库存管理得到持续改进的合作性策略,如沃尔玛、戴尔集团运用 VMI 运作模式减少牛鞭效应影响;集配中心物流运作模式是集配中心根据消费者的需求,从不同的供应商处获取这些商品,并将之集中起来,通过建立信息系统来协调分配商品配送,充分利用物流服务商资源,将产品配送至联盟企业的销售门店、连锁商店或者消费者手中,集配中心物流模式主要应用于汽车制造产业完成复杂的供应物流过程。

案例 11-1

B 公司是我国最早运用现代物流理念为客户提供一体化物流服务的专业第三方物流企业,其为联合利华、宝洁、强生、三星、飞利浦、中石油、中石化、吉利汽车、东鹏陶瓷、华润万家等 100 多家国内外知名企业提供一体化综合物流服务。B 公司在全国拥有超过 200 万 m^2 的仓储面积,整合社会资源形成 20000 余条运输线路。公司率先将工业化的管理系统及质量保障系统(GMP)引入到物流运作中,在物流过程的每个环节推广标准化,并实施有效的质量控制。公司在 20 个中心城市搭建了 25 个大型供应链一体化服务平台,为日化行业设计了全渠道库存优化的供应链解决方案,为食品饮料行业设计了精细化可追溯品质管理的供应链解决方案,为化工行业设计了高标准安全监控的供应链解决方案,为家具建材、汽车零件、3C 家电等行业也都设计了供应链产品。公司在汕头投资打造的玩具城项目把产品的创意研发设计,原辅材料、机械设备的提供,产品的展示、交流、交易以及在这过程中所需的各种物流、金融及其他综合服务整合到平台上,从而有机地将物流、商流、资金流、信息流融为一体,形成一个高效的产业供应链一体化的生态环境。

五、第三方物流与第四方物流

1. 第四方物流概念与特征

第四方物流(Fourth Party Logistics,4PL)是一个供应链集成商,能有效整合第三方物流服务商、技术供应商、管理咨询以及其他增值服务商,调配和管理其所拥有的不同资源、能力与技术,并提供整套供应链解决方案的运作模式。第四方物流实际上是一种新的供应链外包形式,这种形式通过比传统的供应链外包协议更多的成本降低和资产转移来实现。第四方物流能高度整合资源,提供供应链解决方案,综合实现供应链外包运作模式新发展,具有更专业化和更高端化的运作特征。

1)提供供应链整合服务

第四方物流通过对客户企业所处供应链或行业物流的整个系统进行详细分析,依据客户企业的需求和核心业务发展的战略目标,以及供应链管理要求,提出一整套全方位的综合性的供应链解决方案,尤其是将合适的第三方物流企业、技术服务公司、管理咨询公司和其他多类公司集成,共同协力实施该解决方案。

2)以供应链全局最优为目标

第四方物流有能力管理与客户企业合作的第三方物流服务提供商,在第三方物流的基础上对现有资源和物流运作流程进行整合和再造,使整个物流系统的流程更合理、效率更高,从而将产生的利益在供应链的各个环节之间进行平衡,使每个环节的客户企业都受益,从而超越为客户企业提供相对于企业的局部最优,达到所预期的供应链全局最优。

3)具有供应链影响力

第四方物流服务提供商拥有雄厚的知识型轻资产,克服了大多以设备为主的重资产第三方物流企业对整个供应链运作战略性专长的不足,以及对整合供应链流程相关技术的欠缺,帮助客户企业实现持续运作成本降低,成为一种有别于其他外包业务的外包物流运作模式,且充分依靠业内优秀的第三方物流服务提供商、技术服务商、管理咨询顾问和其他增值服务商,以一种新的方式影响或者整合进入客户企业,又对整个供应链产生影响力,从而满足客户企业所面临的广泛而又复杂的需求,并由此而增加价值。

2. 第三方与第四方物流的区别与联系

第三方物流是通过自身的资源优势,整合社会专业性资源,为客户提供物流外包服务的模式,其核心是资源组织,本质是物流服务。一般通过为客户提供物流解决方案,拥有客户资源,占有市场,拥有货源后再去整合运输、仓储等能力资源,满足客户的需求,完成对客户的承诺服务。

与第三方物流相比,第四方物流核心是提供供应链解决方案,本质是供应链整体增值。通过供应链再建、功能转化、业务流程再造、物流解决方案设计,更有效地适应客户多样化、复杂化需求,集成所有资源为客户提供完美的解决方案,客户利润增长、运营成本降低、工作成本降低和提高资产利用率。

1)第三方物流与第四方物流的区别

第三方物流与第四方物流的区别在于第四方物流偏重于通过对整个供应链的优化和集成来降低企业的运行成本,而第三方物流则是偏重于通过对物流运作和物流资产的外部化来降低企业的投资和成本。

从组织形式上看,第四方物流通常是由客户与其一个或多个合作伙伴以合资或长期合同的形式建立的一个独立实体,第三方物流通常只是服务客户,与客户的合作伙伴没有合作,组织形式相对简单。

从业务服务上看,第三方物流主要是为企业提供实质性的具体的物流运作服务。第四方物流刚好相反,第四方物流的专长是物流供应链技术,具有丰富的物流管理经验、供应链管理技术、信息技术等;它的目标在于将一定区域内甚至全球范围内的物流资源根据客户的需要进行优化配置,它的不足在于自身不能提供实质的运输、仓储、配送服务等。第四方物流比第三方物流的涵盖面要广,技巧更复杂,对供应链的整合程度更高。

2)第三方物流与第四方物流的联系

需要说明的是,第四方物流其实并不是对第三方物流的替代,而是在第三方物流的基础上对管理和技术等物流资源进一步整合。第四方物流是第三方物流服务能力的弥补,是通过与第三方物流的结合来共同为客户服务的。因而,在高水平的第三方物流服务"缺位"的情况下,第四方物流的发展也就无从谈起。第四方物流是一种新的物流运作模式,具有很多的优势:能给客户提供最接近要求的完美的服务;能提供一个综合性的供应链解决方案;能利用第四方的信息资源、管理资源和资本规模为企业打造低成本的信息应用平台;能为企业提供低成本的信息技术。它与第三方物流应协调、合作,共同发展。

第四方物流对供应链提出的解决方案和对社会物流资源整合的效果直接受第三方物流所进行的实际物流操作效果的影响。同时,第三方物流运作效率又受到第四方物流提出的供应链解决方案水平的影响,两者相互制约、相互促进。只有二者结合起来,才能更好地、全面地提供完善的物流运作和服务。第三方物流与第四方物流联合成为一体以后,将第三方物流与第四方物流的外部协调转化为内部协调,使得两个相对独立的业务环节能够更和谐、更一致地运作,物流运作效率得到明显地改善,进而增大物流成本降低的幅度,扩大物流服务供应商的获利空间。

案例 11-2

D企业位于苏州工业园区,是具有较高知名度的第四方物流服务商,为提高自身核心竞争力,企业不断创新第四方物流服务模式,实现与其他供应链管理企业的错位化、差异化发展。其具体业务包括提供供应链咨询、特色产业园运营方案及物流园区、海关特殊监管区域和城市物流规划等服务。企业与韩国三星电子株式会社、三星电子(苏州)半导体有限公司、天津三星电机有限公司、三星电机(深圳)有限公司、日通国际物流(中国)有限公司、爱通国际货运代理(上海)有限公司等客户建立了良好的合作关系。企业在第四方物流服务创新方面,一是研发了多个4PL服务产品。一方面,凭借公司长期以来对于物流园区及特殊监管区域运作及管理方面的丰富经验,研究及开发4PL咨询服务产品,包括物流园/综保区战略规划、方案策划及咨询服务、场站规划及管理咨询服务、公司运营管理及技术输出服务、系统输出及维护服务等;另一方面,通过为其他公司提供供应链及物流整体运营管理方案及技术输出,加强公司核心竞争力,创造新的盈利能力,同时强化公司4PL产品专业度。二是不断优化信息技术服务水平。公司开发了OCS(中央客服系统)、WMS(仓储管理系统)、报关报检管理系统、TMS(运输管理系统)、场站管理系统、ACS(结算管理系统)等多项先进的信息系统,为整合供应链资源、创建信息共享的一体化现代物流运营平台提供了坚实的基础。

自第四方物流业务开展以来,公司先后为浙江某国际物流中心提供了区域物流的规划方案,提交咨询诊断报告;为某香港公司做了项目服务的延伸,进行了多项目多仓库同时运营管理的办法及系统服务的输出;为苏州某国际物流企业提供了全方位的物流信息化整体运营管理方案,提供了从系统规划到运营管理控制,再到信息化系统的输出等一条龙的服务,第四方物流逐渐成为公司新的利润点。

第二节　专业物流

一、钢铁物流

1. 概念与特点

钢铁是生产、生活的基础物资,钢铁工业是关系到国计民生的重要行业,享有"工业粮食"的美誉,也是原材料、产品运输密集型产业。从产业链角度来看,钢铁产业的产业链长、涉及面广,上游连接铁矿石、铁合金、废钢、焦炭、炼焦煤等生产原料,下游对应建筑、机械、汽车、船舶、轻工、家电等众多生产制造业。伴随全球钢铁市场产量与消费量的增长,钢铁原料及产品的贸易与流通也越来越频繁、越来越重要,钢铁物流的社会化、专业化水平逐步提高,钢铁物流在钢铁产业链、供应链上日益发挥着重要作用。通常情况下,钢铁企业每生产1t粗钢,需要3倍左右的原材料物资保障与消耗。

钢铁物流是在钢铁生产流通过程中,因原燃料、辅料、钢铁半成品、钢铁产品从生产地向接收地的实体流动而发生的物流活动。钢铁物流所承载的有大宗原材料采购运输,也有钢材产成品运输。钢铁物流运输方式主要包括水路(近洋、远洋和内河)、铁路和公路运输。钢铁物流总量大、环节多,钢铁物流由于钢铁产业空间布局、生产加工方式、流通方式等因素,钢铁物流各功能环节呈现以下特点。

1)运输环节

由于钢铁物流大批量、长距离的大宗属性,其运输方式多为多式联运,海运及铁路运输占比高达70%。公路运输主要适用于钢铁的场内物流和销售物流的短途运输,其覆盖范围较小,运输半径一般为200km以内;铁路和水运则多用于钢铁原材料采购物流、销售物流的长途运输,其运输路线较长,运输环节较多。在原材料供应物流环节,钢铁原材料主要来自国内和国外进口铁矿石,一般通过海运的方式运至沿海、沿江生产基地。由海运运输至国内港口后,通过水路、铁路转运至生产基地区域,再通过公路运至生产基地。在厂内运输和销售运输环节,主要通过公路进行运输。产成品分拨主要依托公路、铁路运输方式,从生产企业仓库进行分拨配送。钢铁物流运输过程如图11-2所示。

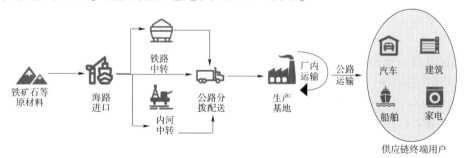

图11-2　钢铁物流运输

2)储存环节

由于铁矿石价格波动较大,很多钢铁企业对市场的可预见性较差,面对国外原料采购及完成临时订单的压力，企业会囤积大量的原材料，仓储成本是除运输外的第二大物流成本，占比超过30%，库存量的多少直接影响仓储费用和资金占用成本。钢铁物流对钢铁存储空间的布局要求较高，库内布局要保证收、发、管作业的连续性和互不干扰，要以提高仓容率和产品保管质量为出发点。在钢材保管上要注意避免钢材受机械性损伤。

3）加工与包装环节

加工与包装是钢铁物流中的重要一环，由于95%以上的钢材必须经过延伸加工才能被使用到最终产品上。钢材的加工与包装通常都是由钢材生产企业来完成，然后将成品放置在仓库或堆场内，进入仓储和运输的领域。目前为数不多的钢材仓储企业将其业务范围扩展，涵盖了钢材的加工和包装。发达国家较为普遍的做法是充分利用"第三方物流"，将钢材的加工包装外包给专业化、社会化的钢材加工配送中心，对钢材进行矫正、清理、剪切、冲压等工序，加工成下游用户所需的半成品或零部件。

4）装卸搬运环节

钢材产品的仓储和运输不同于普通商品，因为其对装卸工具的要求很高，需要配备钢材装卸专用机械，如铲车、汽车衡、门吊、轮吊等以及钢材装卸专用工属具，卷钢链、纤维吊带、大型工字钢吊具、盘圆钩、金字型横撑吊架等。

5）配送环节

随着钢材供应链下游企业个性化需求增多，钢材配送企业的配送方式主要转化为"小批量、高频率"的公路运输，传统模式下配送企业配送能力有限，对资源利用率低。为解决钢材配送企业在转型升级中存在的问题，大中型钢材企业以及钢厂企业结合"互联网＋"，积极探索"智能集配中心"模式，即在统一信息平台、标准化的操作下，跟进车辆调度、物流计划、发货点视频监控、库存管理等环节，利用信息化手段有效提升运输业务的运行效率和整体效益，整合周边物流运输企业及社会车辆资源，为各大钢厂、钢材经销商提供运输配送服务。智能集配中心物流流向如图11-3所示。

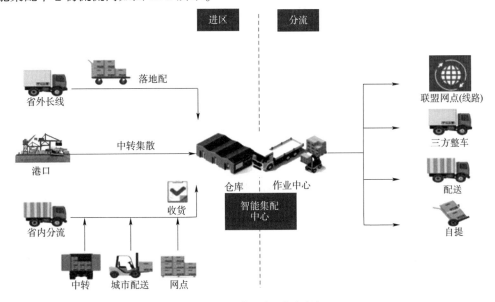

图11-3　智能集配中心物流流向

2. 运作模式

钢铁物流最初由大型钢铁流通企业经营运作，但伴随钢铁产业需求规模的日益扩大，钢铁企业为降低成本，开始进行传统物流模式的改革。钢铁产业及其原材料的运量大、运距长、运输方式复杂，往往要求钢铁物流综合采用水路、铁路和公路运输的模式，这显然不是附属于钢铁生产企业的分散采购、运输与营销部门所能够独立完成的。因此，钢铁物流业务外包比例逐渐增大，以专业化物流服务为特征的第三方钢铁物流企业迎来快速发展。钢铁行业的电子商务日益成熟，促进钢铁电商物流的形成，进一步降低了物流成本，增加信息的透明度。

从钢铁物流的运作主体角度，钢铁物流的运作模式可分为以下几种：

1）以大型钢铁流通企业为主的"贸易+物流+供应链"模式

一些具有资金实力的大型钢材流通企业已经开始探索供应链集成供应模式，即以原材料采购与供应为源头，为钢铁产业提供原材料采购、仓储转运、流通加工、信息服务、配送等一体化的物流服务模式。同时依托自身的资金优势和客户优势，为下游合作客户提供融资服务。钢铁生产贸易企业直接服务大客户，如汽车、家电、造船等专业性强、需求量大的制造业客户。例如，马钢集团自建"陆运+水运"物流体系，主要服务汽车、家电制造业等大客户。

2）以钢铁物流园区为主的钢铁物流集成模式

钢铁物流园区是近年来发展较为迅速的一种模式，一般为钢铁生产、贸易企业和物流企业合作共建。以钢铁物流园区为载体，整合钢铁生产及其上下游产业链资源，建立的集商流、物流、信息流和资金流为一体的钢铁物流节点，借助集约化的物流设施设备，进行仓储、流通加工、钢材集散、电子商务、银行信贷、运输和配送等物流服务。钢铁物流园区根据运营主体不同，主要分为两类：钢铁生产企业和钢铁贸易企业。钢铁物流园区在延伸企业市场的同时，向社会开放钢铁物流园区的部分资源。如沙钢集团建设的玖隆钢铁物流园区，面向社会提供公共性的钢铁物流服务。钢铁物流园区不同运作的优缺点见表11-1。

钢铁物流园区不同运作优缺点　　　　　　表11-1

种　类	构建方式	优　点	缺　点	典型企业
钢铁生产企业主营性物流园区	钢厂自建钢架加工配送中心或物流基地	可以延长钢材的供应链，增加其附加值，构筑现代化的物流服务体系，与客户之间形成合作伙伴关系，搭建稳定分销渠道，获取更多利益	产品分销大多通过贸易商完成，不能充分利用生产加工线、发挥出钢铁物流园区的规模效益	宝钢、武钢、首钢、鞍钢、攀钢等
钢铁贸易企业主营性物流园区	贸易商之间相互联合，与钢厂合资	资金来源广，基础设施设备及产品加工专业化水平较高，可以更好地迎合用户不同需求	经营权限纠纷大，管理难度大	华南钢铁物流基地、成都西联钢铁物流基地等

3）以第三方物流企业为主的加工配送一体化模式

一些第三方物流企业依托客户资源优势，逐步发展流通加工与配送服务。即按照最终用户的要求,将钢材产品经过矫正、剪切、冲压等深加工工序,并通过仓储、运输等物流系统,供最终用户直接使用的运作模式。随着市场个性化需求日益强烈,为了贴近服务用户、整合营销渠道、发展高效物流,国内涌现了一批专业化、规模化的加工配送中心,主要分布在华南、华东、中南、京津等经济较发达地区。随着部分劳动密集型企业向中西部的转移,钢材加工配送中心在全国均有分布。

4) 以钢铁电子商务平台为主的钢铁电商物流模式

钢材交易市场为钢材贸易商和客户提供交易场所,让市场机制开始在钢铁资源配置中发挥基础性作用,入驻企业主要为国内大型钢铁企业代理商和贸易商,部分交易市场同时为客户提供钢材仓储、运输、加工、配送等配套功能服务。互联网技术的成熟促进了钢铁电商平台交易模式的发展,电商平台通过整合钢厂、物流、加工、金融等资源,保证上下游企业信息透明化、流程标准化,形成钢材供应链集成服务。钢铁电商物流运作模式如图11-4所示。近两年,我国钢铁电子商务交易平台数量在全国大宗商品电商企业中占比将近30%,钢铁电商平台线上钢材交易量占总交易量超过10%,钢铁电商已经成为国内发展最快的电商领域。

图 11-4 钢铁电商物流运作模式

案例 11-3

日本全国以经营钢材为主营业务的综合商社、专营商社(一级批发商)约60余家,专营店(特约店)约5000余家,各类钢材加工中心500余家。一级批发商、专营店、各类钢材加工中心共同组成了日本钢材的流通体系。以造船公司对钢材的采购方式为例分析日本的以配送加工中心为主的钢材流通系统。

(1) 造船公司对商社的选择。造船公司在造船用钢的采购上通常是选择几家商社共同供货。造船公司选择商社的基本原则是:

① 根据商社所能提供的各个钢材品种的服务情况,即选择了某一个商社,就等于选择了某一钢铁企业的钢材;

② 重视商社的经营业绩,综合商社、专营商社为此具有无可比拟的优势;

③ 根据商社及其相关的加工中心所处的地理位置以及供货的便捷性;

④ 供货的商社一经确定,其业务关系便相对长期稳定。

(2) 造船公司、商社、钢铁企业实现了信息共享。为使船用钢材的定货更加完善,在造船公司的钢材采购系统中已形成了基于信息化的"造船公司—商社—钢铁企业"三者之间的数据共享系统,商社定货信息通过三者共建的管理信息系统准确地传送给钢铁企业。

(3)便捷的钢材物流服务。为了做到每天送货或实时需求送货,钢铁企业充分利用中间仓库以及由钢铁企业、商社、造船公司以各种各样形式共同出资开办的加工配送中心进行供货管理。

①加工中心优化了造船公司的生产流程。随着造船工艺的现代化及合理化,造船厂的工作进一步向专门进行总装的方向发展。日本造船厂加工部件的外购倾向进一步扩大。由钢厂、商社自己设立或者与外包加工小企业联合设立的加工中心,适应了造船厂的生产需要。在加工中心,钢板完成除锈和喷涂底漆,甚至切割成所需形状,制作出组合型材,装配成船体分段,直接送至造船厂。

②中间仓库降低了造船公司的库存。船厂为了压缩作业场地、降低库存钢材积压所占用的资金,要求在钢厂与船厂之间设立中间仓库。中间仓库有些是利用钢厂的仓库,有些是由钢厂、商社和船厂联合出资建立中间仓库(又称服务中心)。在设置中间仓库后,船厂可以根据每天使用钢材的明细表,按内场加工线路要求,有次序地把钢材直接送入加工车间,不仅将船厂钢材库存量压到最低,还为造船厂改善生产流程、加快生产进度提供了便利条件。近年来,日本造船厂钢材库存量相当于年消耗量的5%左右。以每年250个工作日计算,大体相当于12.5个工作日的钢材用量。有些船厂的钢材库存量仅相当于一周左右的使用量。日本造船厂的钢材库存量远低于中国、欧洲、韩国造船厂的钢材库存量。

二、汽车物流

1. 概念与特点

汽车素有"人类工业文明皇冠上的明珠"美誉,汽车工业是我国国民经济发展的支柱型产业之一。汽车物流是围绕汽车产业链,以汽车产业相关产品为服务目标,实现原材料、汽车零部件、汽车整车以及售后配件等的实体流动和空间转移的物流活动。与汽车产业链相对应,汽车物流包括上游的汽车零部件物流、中游的整车物流、下游的汽车售后备件物流三个主要环节,而广义的汽车物流还包括废旧汽车回收物流环节、二手车物流环节等。汽车物流在汽车产业链中起到桥梁和纽带的作用,是实现汽车产业价值流顺畅流动的根本保障。汽车物流也是物流领域的重要组成部分,具有与其他物流种类所不同的特点,是一种复杂程度极高的物流活动。汽车物流具有以下特点。

1)技术复杂性

汽车包括上万个来自不同供应商的零部件,保证汽车生产所需零部件按照生产计划按时按量到达工厂指定工位是一项极其依赖供应链协同作业组织能力的复杂工程。汽车物流需要适应生产方式实现"准时生产"和"零库存",需要实现整车的"零公里销售",这些特殊性需求决定了汽车物流是一种高度资本密集、技术密集和知识密集型行业。此外,汽车的高度集中生产带来成品的远距离运输以及大量的售后配件物流,更加使得汽车物流的复杂程度远超其他行业物流。

2)服务专业性

汽车生产的技术复杂性决定了其配套保障物流服务必须具有高度专业性,包括专用的运输装卸搬运设备、专业的零部件分类管理方法、专业的生产作业管理模式等。同时,销售物流和售后物流也需要相关人员具备汽车保管、维修等专业知识。从供应链的角度,汽车物流各环节均形成了专业化服务体系,包括零部件供应商的运输供应物流、生产过程中的储存搬运物流、整车与备件销售物流和工业废弃物的回收物流。

3)运输多样性

汽车物流在整车运输和零配件运输环节采用不同的运输方式组合,主要为公路运输、铁路运输、水路运输(滚装为主、少量集装箱)。零配件运输以公路运输为主。汽车整车水路运输以滚装运输模式为主。长江运输专用船舶主要以800车位的船型为主,海船主要以2000车位以上的船型为主。铁路运输服务具有物流价格较低、货运量大、安全性高、受气候影响小、全天候运输等优点,特别是在中长距离的物流中优势尤为明显。

4)信息广泛性

汽车物流作为物流行业中较为复杂的物流活动,在生产装配、仓储、运输配送、装卸搬运等各个环节都有对信息技术应用的需求,见表11-2。目前,信息技术在汽车物流行业中得到了广泛的应用,如电子订单管理系统、销售时点系统、仓储管理系统、乘用车运输管理信息系统、采购管理系统、货运代理系统、客户关系管理系统、网上支付系统、无人车、无人仓、立体仓库等已在一些大型物流企业中逐渐推广。例如,上海安吉物流基于无源 UHF RFID(一种电子标签技术)为核心的物联网技术、一汽物流的智能共享仓、长久物流的多源数据融合位置服务平台等。

汽车物流各环节对信息技术应用的主要需求 表11-2

环　节	对信息系统需求
生产装配	编制供料计划,掌握生产进度,及时提供物料需求信息
仓储	货品入库、出库管理,货品位置在库查询,货品数量、存储时间、批号、流向实时管理,发货人、发货地、收货人、收货地、中转人、中转地等的管理,仓库托盘、货架、叉车等的设备管理
运输配送	动态实时的车辆、货品跟踪定位,运输配送路线设计与优化,在途驾驶员交互管理等
装卸搬运	计算机自动设计配载图,货品仓储席位、区位、架位分布图

2.汽车物流分类

汽车物流以零部件入厂物流、整车物流、售后备件物流为基础,上游从零部件入厂物流向汽车零部件供应商物流管理延伸,下游从售后备件物流向报废汽车物流以及其他后市场服务延伸。从大类分,可分为零部件物流和整车物流。

1)汽车零部件物流

汽车零部件物流以主机厂为核心,从零部件生产配套企业到主机厂,再到销售终端门店,全过程由主机厂进行协调管控,目标是实现零部件的高效率、低成本的流动和储存。零部件供应端对于汽车物流服务来说,需充分利用专业化、系统化、自动化、智能化、信息化等技术手段,满足主机厂及销售门店等各方需求。

汽车零部件物流为整个汽车产业链服务,零部件物流包含产前调达、产中配送、产后后市场三部分,在这三部分中,包含汽车零部件集散中心、仓储中心、超市缓存中心、全国备件中心、区域备件中心多个节点。通过供应商生产、异地循环取货完成异地调达,通过干线运输后到达集散中心,由集散中心发运至各仓储中心进行存储,随后发往各车间的超市缓存中心。在商品车完成组装后,通过全国备件中心和区域备件中心的配置为各4S店配送备件,满足汽车后市场服务。零部件物流作业过程如图11-5所示。

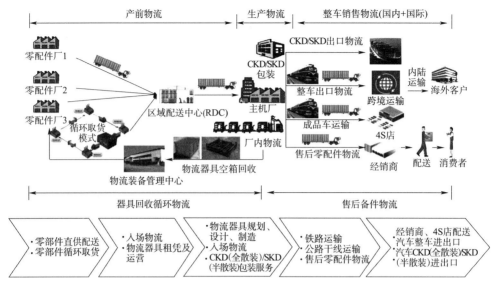

图 11-5　零部件物流作业过程

零部件入厂物流是为迎合汽车制造企业的需求将零部件及相关信息从供应商运送到汽车主机厂的零部件物流服务,过程如图 11-6 所示。售后备件物流包含了汽车使用过程中正常的维护、大修以及交通事故的维修所需要的零部件物流服务。

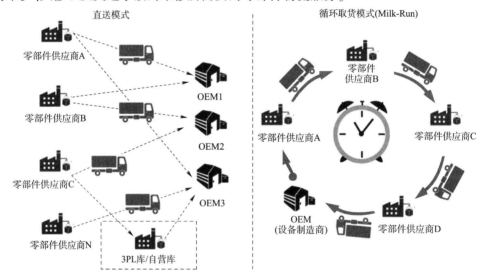

图 11-6　汽车零部件入厂配送

零部件入厂物流和售后备件物流都是为了高效率、低成本而进行的规划、实施和控制的过程,是集现代运输、配送、仓储、包装、装卸搬运、信息服务、金融服务于一体的综合管理。但是两者在服务对象、供应链环节、服务功能等方面存在显著差异,两者的关注点也有明显不同。

零部件入厂物流是沟通零部件供应商与汽车主机厂的桥梁,形成了一个以汽车主机厂为主导企业,原材料厂商、零部件生产企业为供应商,第三方物流企业为服务商的供应链系统。由于汽车主机厂商普遍采用外协零部件、装配生产的模式,进口件采购周期长,供应链柔性薄弱;国产件供货商分散,物流组织复杂。涉及采购物流、供应物流多个环节,零部件入厂物流管理较为复杂。以仓储为例,由于汽车零部件包装存在其自身特性导致仓储器具规格不一致,且储存时间相对较长、库存量较多、物流作业过程也不尽相同,仓储管理更为复杂。

售后备件物流服务是沟通汽车主机厂和后市场服务商的桥梁,形成了一个4S店、连锁服务商、互联网平台企业、汽车主机厂、第三方物流企业共同参与的复杂供应链系统。由于参与企业较多,主导企业类型不同,售后备件物流模式也大相径庭,既有自营物流,也有第三方物流、第四方物流。由于汽车主机厂各成体系、后市场服务商规模大、分布广,物流网点与线路多有重复,物流资源浪费突出,售后备件物流服务更关注于物流资源的共享与协同,合作模式也较为复杂。

2) 整车物流

整车物流(Vehicle logistics,VL)是指汽车从在制造厂完成组装下线到送达用户手中期间,以整车作为物流服务对象,根据客户订单规定的交货时间、交货地点等要求进行高效准时的配送。整车物流处在汽车供应链的下游,是汽车生产完毕实现销售增值之间的关键环节,对于车辆及时、完好、准确地交付到客户手中具有重要的意义。

按照标的物设计和技术特性,汽车整车物流可以分为乘用车车辆物流、商用车车辆物流、特种车车辆物流、工程车车辆物流等;按照标的物车辆使用年限特性,汽车整车物流可以分为商品车车辆物流、二手车车辆物流、在用车车辆物流、古董车车辆物流等,如图11-7所示;按照运输工具特性,汽车整车物流运输方式可分为陆路运输、航空运输、水路运输等,其中陆路运输可分为公路运输和铁路运输,水运整车物流可分为集装箱整车物流运输、滚装船整车物流运输。

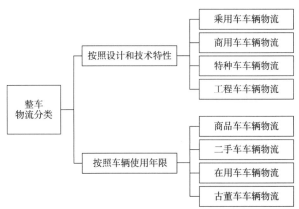

图11-7 整车物流分类

汽车整车物流具有配送区域范围广、运输方式多样化、业务种类及服务对象多等特点。目前,国内整车物流行业遵循"两级分拨发运"体系,存在总库到中转库的"一次运输"和中转库到经销商的"二次运输"。在整车"一次运输"中铁路、公路、水路运输各有优劣,合理选择运输方式、优化运输线路有利于减少运输费用、提高资源利用率、解决空载率高的问题,同时也是降低物流成本中运输成本的关键。

3. 汽车物流设施设备

1) 整车及零配件仓储设施

汽车整车仓储一般采用汽车露天堆场以及多层车库,露天堆场适用于中低档大批量车型,多层车库适用于较为高档的车型,一般高度为 4~6 层,如图 11-8 所示。专业汽车零部件仓库的自动化水平较高,一般按需配备高位货架、高位叉车等物流设备,或建设自动化立体仓库,如图 11-9 所示。

a)露天堆场　　　　　　　　　　　　　　b)多层仓库

图 11-8　整车仓储设施

图 11-9　汽车零部件仓库

2)整车装卸搬运设备

它一般包括固定式登车桥、移动式登车桥、液压升降平台等,为商品汽车提供在不同运输方式间的转运换装服务,如图 11-10 所示。

图 11-10　汽车整车装卸设施

3)运输设备

商品车整车运输主要采用水运和陆运两种方式。水运主要采用滚装船运输,汽车直接开上滚装船,到达目的地后再从船上开下;其优点是装卸效率高,船舶周转快和水陆直达联运方便,实现了从发货单位到收货单位的"门到门"直接运输,减少了运输过程中的货损和差错。陆运主要采用铁路专用集装箱、汽车专用平板车等设备。汽车整车运输专业设备如图 11-11 所示。

a)滚装船　　　　　　　　b)专用平板车　　　　　　　c)专用集装箱

图 11-11　汽车整车运输专业设备

4)汽车滚装码头联运场站

汽车滚装码头联运场站是汽车滚装码头岸线以内的进行整车物流联运作业的陆域场地。相较于集装箱码头联运场站,汽车滚装码头联运场站不需要岸桥、起重机、集卡等装卸搬运设备,车辆在作业人员的驾驶下改变自身位置,具有作业成本低、安全性高、换装效率高等特点。汽车滚装码头联运场站是整车水路运输与陆路运输的衔接点,也是整车多式联运的重要枢纽。随着客户需求的不断提升,一些先进的汽车滚装码头联运场站不仅仅局限在整车物流的联运作业,而是逐步向具备检测、维修、改装等增值服务的汽车物流服务枢纽发展。

汽车滚装码头具备的主要设施包括泊位、码头前沿、堆场、中控室、汽车处理中心、检查口、通信设施,如图 11-12。堆场是汽车滚装码头重要的作业资源,堆场作业是汽车滚装码头作业的重要环节。滚装码头一般靠近腹地大型汽车制造厂商或建有专用公路、铁路与汽车厂家相连接。随着滚装码头专业化水平的不断提高,逐步向提供集疏运地面运输、代理、报关、商检、PDI(出厂前检查)检测、汽车改装增值服务等综合性服务转变。

图 11-12　汽车滚装码头

例如,不来梅哈芬港滚装码头联运场站是欧洲最大的汽车进出口港,港区内拥有 9 个专业化汽车滚装码头泊位,泊位能容纳 8000 车位数的大型滚装船。码头联运场站规模建设巨大,其中整车存储场地总面积超过 300 万 m^2,存储车位数多达 12 万辆。码头联运场站内建有多条铁路专用线并延伸至码头前沿,码头的集疏运系统与联运场站内部能力协同,水运每年约有 1600 艘滚装船靠泊作业,整车陆路集疏运 85% 由铁路完成,日均铁路运送整车近 4000 辆。

4. 运作模式

我国汽车生产在 20 世纪 80—90 年代还处于初始阶段,汽车物流主要涉足一些进口物流。2000 年后,汽车生产商自建物流体系,主要业务也是以运输和仓储为主。从 2005 年起,汽车物流开始规模化、效率化,第三方物流也是在这一时期开始兴起。2009 年之后,汽车物流开始朝着专业化、标准化、柔性化和精益化方向发展。

汽车物流运作模式取决于汽车物流企业特性。目前的汽车物流企业主要分为三类：主机厂下属的物流企业、独立于主机厂的规模较大的第三方汽车物流企业、其他中小型运输公司。按照汽车物流企业特性，汽车物流运作模式可分为以下几种。

1）汽车厂商下属物流子公司模式

汽车物流企业主要是围绕主机厂发展起来的，汽车物流行业企业发展与上游汽车厂商息息相关。主要汽车主机厂绝大部分拥有自有物流企业，主要代表如上汽安吉物流、一汽物流、长安民生物流、北汽中都物流、东风风神物流等；主机厂自有物流企业主要担任各自主机厂的物流总包商且承担部分实际物流任务，客户资源稳定，以保障性物流为主，但是受所属主机厂制约，体系外部市场开发受到一定限制。其作为物流总包商，自有物流企业每年根据产销计划、物流预算等因素，为主机厂制定总体的物流方案。自有物流企业会综合考虑运输成本、运输周期、网络覆盖、服务品质等因素，合理选择运输方式，包括利用自有运力运输与规模较大的第三方物流企业合作。

2）第三方汽车物流企业模式

独立于汽车生产厂商的大型的第三方物流企业，其通过管理优化和成本优势获得不同主机厂的运单，业务拓展灵活，可以利用自身资金优势及专业的解决方案设计能力为主机厂提供一体化物流服务，其运力整合能力强，具有网络运营优势，主要代表如长久物流、中铁特货等。目前，部分第三方汽车物流企业开始探索供应链一体化运作，企业与主要整车及发动机厂商、配件制造商建立合作，布局全国性的配件连锁经营网络并配套建设配件中心库，提供汽车零配件的分销零售、供应链配送、配件及价格数据服务、维修及配件技术服务等产业链综合服务。例如，正大富通是国内商用车后市场连锁经营模式的开创者，是目前国内最大的商用车配件连锁经营服务商。

3）中小型汽车物流企业模式

大量的中小型运输公司受运力保障能力限制，难以达到主机厂较高的服务需求，因此直接获得主机厂稳定订单的机会不多。此类企业擅长一线驾驶员管理及成本控制，在特定线路的运输上有成本优势，更多承接前两类物流企业所需的外协运力服务，作为前两类物流企业合作方的方式参与汽车物流市场。不同类型企业物流运营特点见表11-3。

不同类型企业物流运营特点 表11-3

类型	代表企业	公司背景	经营特点
汽车厂商下属物流子公司；主要采用自由运力和承运商模式相结合的方式，以汽车厂内部业务为主要客户资源，保障性物流为主	安吉物流	上汽集团子公司	拥有自有车辆、滚装船，在上海、武汉合资有滚装码头，与上汽信息系统高度集成。建有完善的整车配送网络
	一汽物流	一汽集团子公司	拥有自有车辆，大部分运力采用承运商，行业竞争参与不足
	长安民生物流	长安集团子公司	管理型物流公司，大部分运力采用承运商，在长江滚装运输中首屈一指
	风神物流	东风集团子公司	拥有自有车辆、仓储资源

续上表

类　　型	代表企业	公司背景	经营特点
第三方物流公司:采用承运商模式,主要依靠整合运力提供服务,由于独立于汽车制造厂商,其可以服务于多家汽车制造企业	长久物流	民营企业	轻资产、平台型的管理型物流公司,绝大部分运力采用承运商,在上市融资后,投资滚装船、多式联运中心和中置轴改装厂
	原尚物流	民营企业	拥有自有车辆、仓储资源,是汽车零部件物流第一股
	中铁特货	铁路总公司子公司	全国铁路系统商品车运输、经营的唯一主体
	日邮汽车物流	日本邮船中国子公司	在基础设施和物流装备投入方面有超前意识,投资有4个滚装码头和200台以上轿运车
	陆友物流	中信与日本企业合资公司	深耕进口车物流,支付信誉业内最佳
中小型物流公司:物流能力较低,在获取客户资源方面较为困难,一般作为外协运力与大型汽车物流企业合作进而参与到汽车物流中	—	—	业务类型单一,以整车运输为主,网络覆盖少,自身难以解决整车运输的回程问题

案例 11-4

某第三方汽车物流企业位于江苏省仪征市汽车产业基地,承担上汽大众零部件江苏配件中心以及江苏、安徽境内 200 家 4S 店汽车零配件配送任务,上汽大众汽车江苏总库包装、仓储及全国 13 家分中心的发送任务,以及上海大众新疆生产基地零部件包装发运业务和北汽镇江工厂售后包装、仓储、配送服务。随着上汽集团销量的不断增加,汽车零配件销售额也在不断上升,汽车售后的物流服务能力和水平已经成为用户购买汽车的重要衡量标准。如何及时满足江苏、安徽地区客户的需求,将车辆所需的配件适时地送达经销商的手中,保证每天成千上万条配件配送订单准确无误地及时送达,是物流企业必须解决的核心问题。

基于以上客户需求,企业建立了信息化管理系统。一是应用了自动化传输系统,可使装有零配件的网框从一期仓库通过横跨一期和二期仓库之间传输通道,到达二期仓库;在二期仓库内分布有 4 个卸货道口,每个卸货通道和一定范围内的库位相对应,装有零配件的网框进入仓库后,通过条码自动识别系统,到达相应卸货道口后自动离开传输线,通过叉车将装有零配件的网框铲运至卸货道口附近的库位。二是采用了 TMS 售后配件跟踪系统,对所有配送车辆准时到达及准确位置实施管理和监控,到货及时率要求送货时效控制在 24h 内,超过 1s 后台系统便会实时作出报警反馈;GPS 误差率要求配送车辆与实际送货地点的位置误差要控制在 30m 以内;同时,消息推送率和现场确认率均要求配送驾驶员在配送过程中的及时、准确操作,以确保配件能够及时、安全地送达客户。物流调度人员根据 TMS 后台能够实时对各项指标进行监控,同时根据指标数据及时对车辆配送进行调整,发现问题及时整改。

自动化传输系统的运用,大大降低了仓库间货车驳运配件所带来的安全隐患,节省了运输成本,使得劳动生产率提高了6倍以上,提升了工作效率,降低了人工和设备成本。TMS的应用使得配送及时率、准确率、误差率和消息推送合格率均达99.5%以上。

三、粮食物流

1. 概念及特点

粮食物流是指粮食收获后从生产地到消费地经收购、集并、运输、储存、中转、配送直至消费全过程中的粮食实物流动,是影响粮食供求平衡的重要因素,服务对象包括玉米、豆粕、麸皮、小麦、高粱、大米、大豆、菜籽、稻谷等粮食品种。粮食物流是物流的基本理论、方法和技术在粮食行业的应用和拓展,既与粮食生产布局、品种流向、种植结构密切相关,又与加工增值、收购贸易紧密联系,是从生产布局一直延伸到成品粮销售的复杂系统。粮食物流体系作为物流系统中不可或缺的子系统,是连接粮食生产和消费的重要一环。合理的粮食物流运作可以调剂余缺,平衡市场需求,保证特殊、紧急需要,降低粮食商品经营成本。

粮食流通的区域跨度大、物流量大、点多面广、生化特性强,决定了粮食物流具有与其他物流系统不同的特点。

1) 设施设备专业性

粮食是大宗特殊商品,需要考虑粮食生化特性和安全性,粮食物流运作的相对独立性主要体现在基础设施、仓储条件、运输工具、技术手段和质量品质保证等方面,其资产专用性强,与其他行业物流的可移植性较差。例如,流通过程需要专业的粮食储藏设施(如立筒仓、浅圆仓等)和物流运输设备(如散粮汽车、集装箱、埋刮板输送机等),且设施设备投资对资金需求量较大。

2) 季节性和方向性

粮食物流由于地域、粮食品种的差别而呈现很大的不同,使得跨区域粮食运输成为粮食流通的一大特点,总体特征是由主产区流向主销区。粮食因其生产、流通的季节性,导致粮食物流量不能全年稳定或相对稳定,作业量的峰值和低谷悬殊较大,容易造成物流设施设备、劳动力的浪费。另外,受粮食商品保质期和保管条件的限制,为保证其社会价值和经济价值的实现,粮食物流具有一定的时效性。例如,我国粮食种类及产量供需不平衡、产销地分布不均匀,已基本形成"北粮南运",农村产粮、城市消费的格局。全国形成了东北、黄淮海、长江中下游、华东沿海、华南沿海、京津、西南和西北八大粮食物流通道,成为粮食物流的主通道和主线路。

3) 运输及装载方式多样化

粮食运输装载方式主要包括袋装运输、散装运输和集装箱运输三种方式。公路运输方面,主要以散装、袋装运输为主;铁路运输方面,多数采用散粮车发运,集装箱运输呈逐年增长趋势;水路运输方面,主要为散装运输和集装箱运输,港口散粮存储以筒仓为主,通过改进管理,大多数港口将损耗率控制在0.7‰~2‰。目前,袋装运输仍是粮食运输的主要手段,占粮食运输总量的80%左右。从粮食运输方式看,主要以铁路和水路运输为主、公路为辅,其中铁路占比50%,水路占比40%,公路占比10%。如图11-13所示,铁路和水路主要承担从收纳库到中转库、终端库的粮食运输,在不考虑运输限制条件的情况下,两种运输方式之间有较大可替代性,具有运量大、连续性强的特征,一般表现为散粮运输或者集装箱运输形式;水路在粮食集并、出口运输中占有较高比重;公路主要承担粮站库到收纳库之间运量较小的粮食运输,一般表现为包粮运输形式。

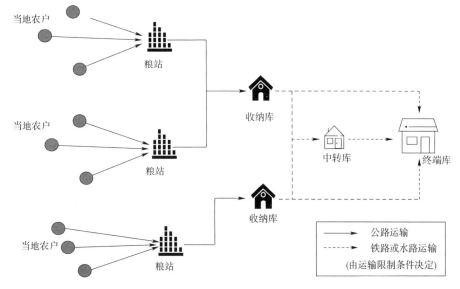

图 11-13 粮食流通主要运输方式

4) 政府宏观调控

粮食安全是关系国民经济发展的重要组成部分,必要的宏观调控手段是实现粮食物流科学化的保证。大多数国家的政府均参与粮食物流的规划与引导。例如,规划和协调分品种的粮食流向及粮食仓、厂、站、点的布局,并负责协调和参与论证粮食库、厂建设规模和建设类型;在全社会范围内经济合理地进行粮食物流的整体统筹,制定发展粮食物流的长远规划等。发达国家政府对粮食行业的管理主要是通过法律法规有效监督,依法制定国家(洲)发展粮食生产和流通的财政预算计划及使用规则。

2. 粮食物流设施设备

1) 粮库

粮库有以下几种分类方式。

(1) 根据储藏方式分类。

①散装粮库。散装粮库是指粮食堆存仓内,不借用装具,可直接靠墙堆放,此种墙能承受一定的粮食侧压力,较为厚实坚固,可兼做包装储粮用。

②包装粮库。包装粮库是指粮食堆存在仓内时,必须利用装具,成为包装形式,堆垛与埔身不直接接触,在设计时不考虑粮食对墙身的侧压力,不能作散装之用。

(2) 根据粮库用途分类。

①收购仓。即是收购农民卖给国家的粮食。一般设在乡镇、县城的产粮区,规模较小。

②中转集散仓。一般建在粮食中转集散地,依托港口或铁路枢纽,开展粮食的中转、集散、贸易和加工等活动,规模较大,机械化程度较高。

③储备粮库。储备型粮库是我国于 1999 年由国务院对粮食储备制度进行改革而设置的,对储备粮库实行中央垂直管理,以应付严重自然灾害、战争等特殊情况而设置;储备量、

流通量都有严格的比例,品种结构和吞吐量有科学的标准,从而进一步完善了储备粮的吞吐调节机制。此类粮库大多建在粮食主产区。

④生产仓。为粮食加工企业存放成品粮或原粮,粮食在库内只作短期储存,然后就进入加工车间,或者粮食在此短期储存后就进入储备粮库或粮食加工企业,保证加工企业生产任务的正常进行。

(3) 根据建筑结构分类。

①房式仓。这是我国目前已建粮仓中数量最多的一种仓型。其形式与一般民房相似,一般房式仓跨度为 10~20m,长度为 20~50m,一般为砖墙、瓦顶、木屋架、沥青地坪结构。

②立筒仓。它是一种机械化程度很高的现代化粮仓,是将圆筒体竖直排列组合成若干群组。一般为混凝土和砖石结构,造价较高,但能节约土地和便于实施机械化。

粮食房式仓和立筒仓如图 11-14 所示。

a) 房式仓　　　　　　　　　　　　　b) 立筒仓

图 11-14　粮食房式仓和立筒仓

(4) 根据仓内保持的温度分类。

根据粮仓内能保持的温度分为低温粮仓(15℃以下)、准低温粮仓(16~20℃)、准常温粮仓(21~25℃)以及常温粮仓(25℃以上)。不同粮种在不同生态区域的安全储藏水分阈值不同,长时间储存高于阈值范围,粮食就会发热、霉变或发生虫害等,必须要采取绿色无污染的降水、防霉变等保粮措施。

2) 粮食运输装备

粮食运输装备主要包括粮食散装运输车、铁路散粮车、散装运输船、敞顶集装箱等,散粮运输车和散粮运输船舶如图 11-15 所示。随着粮食"四散化"(散储、散运、散装、散卸)的发展,专业化的散粮运输船舶、铁路散粮运输装备和集装箱运输的应用范围将逐步扩大。

3) 粮食装卸及中转输送设备

粮食装卸及中转输送设施主要服务于散粮运输,按照粮食装卸作业环节的不同,主要包括散粮卸船设备、散粮装船设备和散粮输送系统等。

(1) 散粮卸船设备包括抓斗卸船机、吸粮机、夹皮带卸船机、螺旋式卸船机等。其中,吸粮机是连续型散粮卸船设备的常见机型。其利用气泵或多级涡轮产生的真空压差,使管内空气急速流动,运动着的空气流把速度传递为所要运送的物料,使空气和物料一起到达接收地点,然后空气自行散失与物料分离,物料再通过码头上的机械重新转运出去。吸粮机广泛应用于港口码头等粮食装卸场所。

a) 散粮运输车

b) 散粮运输船舶

图 11-15　粮食运输装备

（2）散粮装船设备包括移动式装船机、固定式装船机等。散粮码头适用的装船机一般都是连续性作业，与其配套的设备（如筒仓、顺岸皮带机等）提供连续的物料流，使装船机可连续装船。

（3）散粮运输系统主要功能是将卸船机从船舱中卸下的散粮转运到粮仓进行储存或用于散粮装船的输送，主要包括水平及倾斜输送系统和垂直输送系统。带式输送设备是大型散粮码头常用设备。

固定式袋包装船机和散粮输送系统如图 11-16；粮食装卸及中转输送设备如图 11-17。

a) 固定式袋包装船机

b) 散粮输送系统

图 11-16　固定式袋包装船机和散粮输送系统

3. 运作模式

1）粮食物流园区

粮食物流园区是粮食物流现代化发展的产物，是伴随粮食产业化发展，实现粮食流通上下游环节集聚发展形成的粮食物流枢纽。粮食贸易、流通、物流企业在园区集聚，粮食物流园区具备粮食仓储、运输、中转集散等基础功能，以及粮食加工、粮油批发、竞价交易、信息交流、仓储联运、加工配送等功能，在粮食物流体系中发挥举足轻重的作用。

按照与产销区关系，粮食物流园区可分为产地型、销地型和中转集散型粮食物流园区。产地型一般临近粮食主产区，有一定的集并范围；临近港口、铁路等交通枢纽，便于开展粮食集散;注重与区域内加工厂布局的协同。销地型一般面向粮食主销区,布局在食品加工企业相对集中区域,实现合理运距;多布局在区域中心城市附件,便于开展粮食中转集散。中转集散型粮食物流园区一般位于水运或铁路条件较好地区,为粮食主产区和主销区搭建粮食流通的快速通道,有效解决主产区卖粮。

图 11-17 粮食装卸及中转输送设备

2)粮食贸易企业

粮食贸易企业以市场化运作为主,具有期货与现货市场联动、国际与国内市场联动、经营风险高、资金周转快等特点。大型粮食贸易企业业务一般以粮食收购、储备、中转、销售为一体。例如,全球四大粮商——美国 ADM 公司、美国邦吉公司、美国嘉吉公司和法国路易达孚公司,已在全球形成对上游原料、期货,中游生产加工、品牌,以及下游市场渠道与供应的控制权。此模式下的粮食物流运作,主要开展粮食购销、粮源组织、多式联运、粮食储存和加工配送等活动。伴随互联网的普及和广泛应用,涌现了一批粮食互联网交易平台,提供信息发布、竞价交易、成交签约到履行合同、资金结算等功能。粮食交易平台目前普遍拥有合作的物流企业,线上交易完成后,由指定的物流企业进行线下的分拣、运输、配送等服务。

案例 11-5

加拿大是全球主要粮食生产国,主要生产小麦、大麦、油菜籽和豆类等粮食作物,其中50%以上的粮食用于出口。加拿大的粮食从农场到市场的流通过程全部实现了"四散"化(散装、散运、散卸、散存),国内粮食运输主要依靠散装火车、散装汽车和集装箱,粮食出口则主要通过散粮船舶和集装箱远洋运输。加拿大是最早研究粮食集装箱运输的国家。20 世纪 70 年代,加拿大曼尼托巴大学运输学院院长 Barry prentice 先生首先运用现代物流学理论提出了粮食集装箱运输理论。近年来,加拿大油菜籽和大麦等粮食通过集装箱运输出口,占粮食出口的 5%。

美国是世界上最大的粮食出口国,集装箱运输是美国粮食出口的重要运输方式之一。美国的粮食主产区是中西部内陆,粮食收获后的集装箱运输主要表现为"铁—水"联运或"水—水"联运。以大豆出口运输为例,大豆是美国出口量最大的粮食作物,约占粮食出口总量的50%,伊利诺伊州是美国最大的大豆出口州,集装箱运输量约占出口粮食总量的29%,其中,大豆约占2/3,装载在集装箱中的大豆可以通过铁路或者内河航道运输到港口,然后出口到亚洲或欧洲。

四、冷链物流

1. 概念及特点

冷链物流是利用温控、保鲜等技术工艺和冷库、冷藏车、冷藏箱等设施设备,确保冷链产品在初加工、储存、运输、流通加工、销售、配送等全过程始终处于规定温度环境下的专业物流。冷链物流的服务对象主要包括水果、蔬菜、肉类、水产品、乳制品和疫苗、生物制剂等医药产品等,其作为食品药品的特性,在运输、仓储等过程中必须顾及温度、时间等各种要素,因此需要保证在特定温度状态下流通。

温度是微生物繁殖和化学变化的必要条件,温度变化会直接导致食品变质、药品和疫苗失效等问题。借助温度控制技术保障食品、药品和依托冷链物流的其他各种物品的质量,是冷链物流非常重要的作用。冷链物流能够减少农产品、水产品等流通过程的损耗。例如,水果、蔬菜采摘后经过预冷处理,采用冷链运输后,损耗率可以从20%~30%降低到1%~2%,作用十分显著。同时,冷链物流还能够延长食品的保鲜期。例如,将夏季的应季水果进行冷链储存,可延长至冬天销售,不仅能够更多地满足人们消费需求,还能够带来经济效益。

由于冷链物流是以保证快速消费品和医疗医药行业等对温度控制有特殊要求物品的品质为目的,以保持低温环境为运营核心要求的供应链系统,因此冷链物流系统比一般常温物流系统要求更高,也更加复杂。主要呈现以下特点:

1)品类要求专业的技术装备

冷链物流服务对象覆盖广泛,一是蔬菜、水果、肉类、禽类、蛋类以及水产品等农产品;二是加工食品,如速冻食品、肉禽制品以及冰淇淋、冷饮饮料等;三是医疗、医药用品,如药品、疫苗、血液制品、医疗器械等;四是特殊物品,如工业领域需要特殊温度环境的化学试剂、特殊金属、电子元器件等。不同服务对象的温度、储存环境、冷链设备等均具有不同的要求,因此冷链物流所需的技术、设施、设备专业化要求非常高。全流程的冷链物流所需的设施设备系统投资大,是一个庞大的系统工程。例如,储存蔬菜水果需要的保鲜库、金枪鱼等高端水产品需要的超低温库、疫苗运输专用冷藏车等。

2)利用信息技术实现全程追溯

冷链物流具有精益性、敏捷性的双重特征,从原材料到消费者的整个过程中,参与主体多,且整个过程要求实时监控,因此,需要高度信息技术支撑。尤其是冷链运输和仓储环节的全程温控,对于保障冷链食品药品安全具有重大意义。

3)组织协调性要求高

冷链物流涉及产地预冷、冷冻加工、冷冻储存、冷藏运输及配送、冷链销售等环节,每个环节均要求实现相应的温度要求。要保证冷链不断链,需要各环节主体、设施实现有效协同。冷藏冷冻设备一旦出现问题,上游设备供应商能否及时维修或者紧急调拨替代产品以保持冷链不断,这也是冷链运营能否保持持续性和完整性的关键因素。因此,在冷链运营过程中,冷链各个环节上的供应商和客户之间必须保持最紧密的联系,应对一些突发事件,以保证冷链质量。

2. 主要设施设备

1)冷库

冷库是对肉类、水产品、冷冻食品等在10℃以下进行仓储保管,并具有冷却设备且可以隔热的仓库建筑。按照温度的不同,冷库可分为保鲜库、冷冻库等,本书参考《日本冷库法》,介绍冷库温度带的4种分类方法。

第一类:7等级温度带划分法,包括C3、C2、C1、F1、F2、F3、F4共7个等级,见表11-4。

冷库7等级温度带划分法　　　表11-4

等级	温 度 带	可储存商品
C3	-2~10℃	蔬菜、牛奶、鱼类肉类加工品、鸡蛋、生蛋、芝士、水果、调料
C2	-10~-2℃	鲜鱼类、生肉类、乳制品、咸鱼、干鱼
C1	-20~-10℃	冷冻面包、冷冻鱼类、加工肉类
F1	-30~-20℃	一般冰淇淋、黄油、冷冻食品、冷冻肉类、冷冻蔬菜
F2	-40~-30℃	高级冰淇淋
F3	-50~-40℃	一般枪鱼、一般生鱼片
F4	-50℃以下	高级金枪鱼、高级生鱼片

第二类:3等级温度带划分法,包括SF、F与C共3个等级,见表11-5。

冷库3等级温度带划分法　　　表11-5

等 级	温 度 带	可储存商品
C	冷藏	-20~-10℃
F	冷冻	-40~-20℃
SF	超低温	-40℃以下

第三类:4等级温度带划分法,包括冷藏(-5~5℃)、冰冻(-3~0℃)、冷冻(-3℃)和定温(15℃前后)。

第四类:8等级温度带划分法,包括加温(20℃以上)、恒温(10~20℃)、制冷(-5~5℃)、冰温(-3~0℃)、微冷(-8~-3℃)、冷藏(-20~-10℃)、冷冻(-40~-20℃)、超低温(-40℃以下)。

2)冷链运输装备

公路汽运、水运和铁路运输等主要的冷链运输方式均有专门的运输装备。冷链运输装备主要包括冷藏车、冷藏船和冷藏集装箱。

(1)冷藏车。

公路汽运冷藏车主要由专用车底盘、隔热车厢、制冷设备组成,所以冷藏车又被称之为冷藏保温车。车厢类型可分为封闭式、箱式和半挂式。根据国家标准《道路运输 食品与生物制品冷藏车 安全要求及试验方法》(GB 29753—2013),当室外温度为30℃时,按车厢平均温度可把冷藏车划分成8个种类(A-H),分别对应不同类型的货物运输。这也是我国首次在生产标准方面按厢内平均温度对冷藏车进行分类。

①易腐食品冷藏车(A-F类),见表11-6。

易腐食品冷藏车分类　　　　　　　　　　　表11-6

类　　别	平均温度
A类	0~12℃
B类	-10~12℃
C类	-20~12℃
D类	≤0℃
E类	≤-10℃
F类	≤-20℃

②生物制品冷藏车(G、H类),见表11-7。

生物制品冷藏车分类　　　　　　　　　　　表11-7

类　　别	平均温度
G类	2~8℃
H类(需经GSP认证)	≤-20℃

除了常规货物运输以外,冷藏车也能满足改装需求。例如,运输整猪类的肉挂车;运输医疗垃圾,安装有特殊密封箱的医疗废物转运车等。

(2)专用冷藏车、冷藏船。

在专用冷藏车、冷藏船上安装有制冷装备。例如,铁路冷藏运输的保鲜冷冻冷藏运输车厢、疫苗运输车等;冷藏船的货舱为冷藏舱,常隔成若干个舱室,每个舱室是一个独立的封闭的装货空间,它是远洋渔业和运输中保证易腐食品品质的必要设施。用于捕捞环节的海上冷藏船,船上制冷装置可直接将捕获的鱼类进行冷却、冷冻、加工和储存。

(3)冷藏集装箱。

冷藏集装箱是一种专用的集装箱,本身带有制冷装备,并在内壁敷设热传导率较低的材料,是用以装载冷冻、保温、保鲜货物的集装箱,如图11-18所示。它可以搭载到各种交通工具上,可以进行多种运输方式的衔接转换并且完成"门到门"运输。冷链集装箱可层层叠放在集装箱船货舱中和甲板上,以及火车上或汽车拖车上。冷藏集装箱的特点有:具有良好的隔热性、气密性,货物可不间断地保持在所要求的低温状态;自始至终都处于密闭环境,运输温度稳定,货物污染、损失少,有利于运载货物的安全,可减少损耗;使用中可整箱吊装,装卸效率高、速度快,不同运输工具之间无须货物换装,可用于多种交通运输工具联运;装载容积利用率高,简化包装,营运调度灵活,缩短了整个运输时间,降低了运输费用。

3. 运作模式

根据冷链物流运作主体的不同,冷链物流运作模式可分为以下几种。

1)农产品批发市场、农产品冷链物流园区

农产品批发市场是我国农产品流通的主渠道,70%以上的农产品通过农产品批发市场进入居民消费领域。近年来,以农产品批发市场为基础的农产品物流园区成为冷链物流运作的重要载体。冷链物流设施方面,农产品批发市场依托交易基础,通过建设规模化的冷库设施、整合冷链运力资源,实现冷链物流的集聚集约运行;冷链流通方面,农产品批发市场集聚了大量农产品交易商户,与农户、下一级批发市场、加工企业及物流中心相互联合,创建稳定关系。农产品物流园区能够实现农产品采购、交易、加工、结算、检验检测等功能的集成,有效提高了冷链物流的运行效率。

图 11-18　冷藏运输车和冷链集装箱

2)第三方冷链物流企业 + 冷链配送中心

第三方冷链物流企业通过先进的物流设施、信息技术,通过自建的冷链物流中心形成服务网络,为客户提供生鲜农产品、医药等冷链物流专业化服务。第三方冷链物流企业按照服务的环节又可分为运输型、仓储型和综合型。冷链运输企业以低温运输业务为主,包括冷链干线、支线运输和城市配送;冷链仓储服务商主要提供冷库设施建设、仓储管理和中转等服务;综合型冷链物流企业可提供采购分销、冷链运输、冷链仓储、分拨配送等综合服务功能。例如,国内某大型快递企业的冷运业务,在全国设立了多个冷链区域分拨配送中心,包括冷运零担、仓储、生鲜速配、医药冷链、冷库运营等业务板块。

3)生鲜电商 + 冷链物流 + 终端消费者

伴随电商的快速发展,生鲜电商消费逐步成为常态。大型生鲜电商平台,往往通过自建冷链物流网络或与快递企业深度合作的方式,为消费者提供全流程的冷链物流服务。此模式下,企业在生鲜农产品主产区设立产地仓,开展初级预冷、清洗、包装等处理工作,然后通过区域冷链分拨中心、城市配送仓等到达消费者。部分生鲜电商企业会在城市大型商圈或居住集聚区,建立以前置仓为中心的短链配送体系,由前置仓配送至社区便利店、区域商超或终端自提柜,实现分级配送。

4)流通加工 + 冷链配送中心 + 门店

此模式以肉类、速冻食品、中央厨房等流通加工企业为主。企业整合上游种养殖基地、原料供应商和下游经销商、终端零售门店的能力,自建流通加工和冷链配送中心,通过建立冷链食品加工、流通的质量和服务标准,对农产品的生产、加工及销售的稳定性具有良好的保证,能够有效提高农产品的流通效率和质量,以此满足众多消费者的需求。例如,国内大型肉类连锁零售企业均采用此种模式,临近肉类养殖基地布设低温加工中心,对猪肉、牛肉等进行就近屠宰和加工,通过冷链配送中心的冷藏运输车辆,运送至城市的超市、农产品批发市场等门店。

案例 11-6

大连港是我国沿海规模最大、功能最全、技术最先进的冷链物流枢纽港,也是国内唯一一个集保税港区、专业冷藏船泊位、集装箱码头及冷库群于一个区域内的专业化冷链物流中心。依托大窑湾保税港区冰鲜水产品进口资质,服务功能涵盖水产品、水果、肉类等各货种的保税仓储、国际中转、国际贸易与分拨配送。大窑湾保税港区集聚了毅都、恒浦、獐子岛、中央冷库等冷链物流龙头企业。毅都冷链全球中心仓项目打造面向国际的"一站式"冷链物流平台和冷链食品交易中心,提供保税仓储、国际中转、口岸加工、车船直取、口岸查验等供应链金融及口岸增值服务业务;首农供应链项目以水果进口为主、肉类和水产品为辅,开展从采购到加工、包装、分拨配送的全链条供应链服务,依托大窑湾保税港区建设东北亚香蕉交易中心,年交易量可达 70 万 t 以上。同时,大连港开通了冷链集装箱海铁联运业务,冷藏集装箱班列年发运量约 1800 标准箱,实现了冷藏货物的大批量、全天候运输;开通了国内第一列中俄全冷藏集装箱过境班列。大连港开出了我国首张国际中转水产品原产地证明,极大拓展了国际冷链物流业务。以承载 1 万 t 水产品的散货船为例,货物在韩国釜山冷库存储一个月的物流费用约为 510 万元人民币,而在大连冷库存储一个月的物流费用仅为 185 万元左右;这将极大减少实施国际中转水产品货物企业的成本,提高货物运输效率。

案例 11-7

J 企业是国内领先的冷链装备制造和物联网解决方案服务商,其从单纯的冷链装备硬件制造企业,转型为提供硬件、软件、云计算、大数据服务一体化解决方案的供应商。企业设计研发出一次性数字温度标签、分布式联网监测仪、物联网温度记录仪、深冷检测温度记录仪等。专业的记录仪产品在记录监测温湿度的同时,通过物联网技术对储运生鲜食品的冷藏车进行定位,监测轨迹,确保生鲜冷链不断链,降低生鲜在储运过程中的损耗率。记录仪产品同时适用于医药冷库、医院、实验室、疾控中心的冰箱群等多种应用场景,配合企业的冷链云服务平台和 APP 可实现远程数据查看、历史数据查询、远程报警推送等功能,物品的位置路径、原料溯源、库存盘点、出入库等实现实时化、精准化的管理与控制。其中,冷链云服务平台完成了冷链运输可视化、仓储监控、冷库温湿度监测等诸多冷链物流环节的解决方案的集成。冷链物流云平台运行后,将试用客户的供应链综合成本下降了 20.49%,平均库存周转率由 9.08% 提高到 12.83%,仓库利用率从 70% 提升至 100%。

五、大件物流

1. 概念

大件物流主要是指货运行业对于大型设备的运输。大件货物可以定义为具有超宽、超高、超重等特点的物件。大件物流是一种相对概念,对于物流从业人员来说,一般是以相对质量和体积来衡量的。《超限运输车辆行驶公路管理规定》中,大件货物运输车辆是指有下列情形之一的货物运输车辆:车货总高度从地面算起超过 4m;车货总宽度超过 2.55m;车货总长度超过 18.1m;二轴货车,其车货总质量超过 18000kg;三轴货车,其车货总质量超过 25000kg;三轴汽车列车,其车货总质量超过 27000kg;四轴货车,其车货总质量超过 31000kg;四轴汽车列车,其车货总质量超过 36000kg;五轴汽车列车,其车货总质量超过 43000kg;六轴及六轴以上汽车列车,其车货总质量超过49000kg,其中牵引车驱动轴为单轴的,其车货总质量超过46000kg。

大件货物由于其本身特殊性导致仓储难度较高,如果仓储采用吊车等设备进行装卸车作业,会大大提高成本和增加风险,所以大件货物一般不进行仓储,而是采用车船直取的方式。

2. 运作特点及要求

大件货物除了本身性质的超长、超宽、超高、超重的性质,在运输方面还存在如下特点。

1)载运工具特殊

大件运输方式主要涉及公路、铁路、水路及多式联运。大件货物公路运输主要用超重型挂车作载体,这种超重型车组(即汽车列车)是非常规的特种车组,车组装上大件货物后,质量和外形尺寸大大超过普通汽车列车和国际集装箱汽车列车。所以牵引车和挂车的钢材强度和轮胎负荷必须足够大,行驶平稳性和安全性要高。

公路运输大件货物的设备包括牵引车和挂车。超重型牵引车主要是用于牵引和顶推超重型车辆的驱动车,又称为主车;被主牵引和顶推的从动车便称为挂车。目前,我国公路大件货物运输挂车大致分为以下几类:组合平板挂车、长货挂车、桥式挂车和凹式挂车。大件运输载运工具特点及适用范围见表11-8。

大件运输载运工具特点及适用范围　　　　表11-8

载运工具	载运特点	适用范围
组合平板挂车	以一辆或几辆单体平板车按要求的长度拼装组成的挂车	适用范围广,载运不同质量和外形尺寸的大型物件
长货挂车	以两平板车一前一后根据长货支撑位置要求分开适当距离,各在挂车上平面的中间位置加装一个转盘,由所载运的长件货物把它们连成一体,组成长货挂车车组	适用于载运各种塔状、管状等较长的大型设备
桥式挂车	车组用两组平板挂车前后分开,在挂车上各安装带有转盘的液压举升台,在前后举升台之间用连接构件安装一套强度和刚性都很大的承载桥	适用于载运质量大、平板挂车无法承运的集重货件,如质量在300t以上的发电机定子、变压器、核反应堆壳体等
凹式挂车	用两组平板挂车,前后分开,在挂车之间加装一个超低载货平台,使平台和两辆挂车刚性地连成一体,当挂车升降时,载货平台连同一起升降	适用于装运高度较高的重型工程机械和集重大件

2)道路条件苛刻

大件货物由于其外形尺寸和质量上的特殊性,要求路段必须有足够的宽度、净空、良好的道路线形,路过的桥涵要有足够的承载能力,必要时需封闭路段,让超重型车组单独安全通过。因此必须事先对路线进行勘察,运输前采取必要的工程措施,运输中采取一定的组织技术措施,超重型车组才能顺利通行。

3)技术要求严格

与普通货物运输相比,大件物流作业难度大,车船、机具技术要求高,对物流企业的专业技能要有更高的要求,见表11-9。

大件物流主要技术要求　　　　　　　　　　　　表11-9

运输阶段	技术要求
运输准备	1.道路勘察专业性高,要求道路的弯道、转弯半径、坡度等能够保证大件车组通过,需要鉴别地基承载力; 2.吊装搬卸技术能力高,在运输过程及吊装过程中要严格按照货物吊点及重心点操作,绑扎加固工作要确保货物安全稳固
运输途中	1.桥梁加固技术,如灌浆法修补桥梁裂缝、强梁加固技术、双曲拱桥加固技术、"桥上桥"方案、"桥旁桥"方案、"桥下加固"方案等; 2.驾驶员除了驾驶证和上岗证之外,还要求有操作证,具有牵引车和特种作业车以上的较高的驾驶技术,具有职业素养和修理常识; 3.运输途中要有专业的指导,主要包括大件运输在通过各个公路路段时的指导,如过桥、过隧道等情况

4）安全性要求高

不可解体的大件货物往往是核电、水电和火电等大型工程中最重要的成套关键设备,关系到国家能源基础设施建设和大中型工程建设,也是国民经济建设、国防安全的关键支撑,价格昂贵,需要保证货物完好无缺。因此,大件物流必须要有严格的质量保证体系,任何一个环节都要有专人负责,按规定要求严格执行,经检查合格,才能运行。

5）运输成本较高

公路大件物流产生的主要费用包括运输途中发生的直接费,如过路过桥费用、货物保管费、设备装卸费、保险费、车辆维护费、道路通行费、吊车等辅助车辆费等。大件货物的特殊性使得需要选择特殊的运输车辆进行运输,这些特殊车辆往往燃油成本等很高,因此导致公路大件运输费用很高。除了这些基本费用之外,公路大件物流费用组成中排障费用也占有很大的比例,如桥梁的加固、路基的拓宽等,都需要和相关负责人进行协商得到许可之后进行排障措施实施。由于跨区域运输是大件物流较为突出的特点之一,有时甚至需要跨国境运输,而部分地区的基础性设施无法满足通过需求,需要进行改造,还要投入资金购置相应的运输车辆,这些都加剧了大件物流公路运输的成本。

六、危险化学品物流

1.概念

危险化学品是指具有毒害、腐蚀、爆炸、燃烧、助燃等性质,对人体、设施、环境具有危害的剧毒化学品和其他化学品。危险化学品物流是依托专业的物流设施设备、技术和物流管理信息系统,根据实际需要,完成对危险化学品仓储、包装、装卸与搬运、运输与配送、货物交接、信息处理等基本功能的组织与管理的实物流动过程。

危险化学品物流连接石油、天然气等原料供应、煤化工生产、炼化基地等生产加工企业,以及产业链上数量众多的产品销售企业。作为国民经济重要组成部分的危险化学品,本身具有品种繁多、数量庞大、流动范围广、运输半径大、危险性高的特征,对物流各环节的操作人员、运输工具和配套工具等有严格要求。

2. 运作特点与要求

1) 物流作业要求

危险化学品是特别品类的商品，其储存和保管也必须特别对待。因此，仓库和场地必须符合所储存货物的要求，固体产品堆码应实行分区、分类、按货位管理，不同理化性质的产品不得混垛码放，应符合《仓库防火安全管理规则》的要求，特殊管理的石油化工产品应按国家有关规定存放。

危险化学品的特殊性质对运输作业有专业化、标准化的要求。目前，我国铁路运力主要从事大宗货物运输，在危险化学品运输上铁路货运运力严重不足；在水运方面，我国对危险化学品水运有严格的政策把控，如在长江干线上全面禁止单壳化学品船舶和600t载重以上的单壳油船进入。因此，我国危险化学品内河运输规模较小。对于油气等能源，大多数危险化学品企业建立了规范化的管道。在危险化学品运输的过程中，需要注意选择行驶路线、停车地点的选择、安全行车、行车勤检查、卸货及时清理五个方面。

2) 物流设备要求

运输危险化学品的车辆不宜采用金属车厢，以防止摩擦、振动等引起事故。如必须采用，应落实可靠的防护措施，车辆的栏板应坚实、稳固、可靠，确保在转弯时不会使物品滑动或跌落。采用槽车运送易燃液体时，槽车需要有专业的防火安全设施，如阻火器、呼吸阀；罐体上应设有符合安全要求的安全阀、压力表、液位计、过流阀、紧急切断阀、防静电接地链、着火应急灭火器等防火安全设施，并定期检查，使之随时处于完好状态。

在特殊天气条件下，车辆需装有相应防护措施，如在盛夏装运危险化学品时，应有遮阳措施或其他防护措施，或限定夜间运输。运送遇湿易燃物品应备有油布等防雨设施。

3) 包装环节要求

危险化学品包装的容器、包装标志标识、包装尺寸模数等有别于普通货物。对危险化学品的包装有两方面的特殊要求：一是包装所用的材质应与所装的危险货物的性质相适应；危险品对不同材料的腐蚀、感应强度不同，要求相应的包装材质与之相配，如浓硫酸用铁质容器、火药须用木箱包装；包装与内装物直接接触部分，必要时应有内涂层或进行相应处理，以使包装材质能适应内装物的物理、化学性质，包装材质不得与内装物发生化学反应而形成危险产物或导致削弱包装强度。二是包装应具有抗冲撞、振动、挤压和摩擦的作用；危险品的包装强度，与货物的性质密切相关；性质比较危险的，发生事故危害性较大的，其包装强度要高一些。

3. 发展趋势

1) 物流全程可追溯性

由于危险化学品物流的特殊性，无论是从行业监管还是从企业自身管理角度，通过信息技术实现危险化学品物流全程可视化管理，是行业发展的重要方向。例如，依托GIS、GPS、GPRS等技术实现对运输车辆的全方位监控；依托温度湿度记录仪、RFID等设备的使用，建立智能化仓储系统，提高仓储安全管理水平；依托电子运单，有效监控和管理货物信息。

危险化学品物流全程追溯可以实现相关部门、货主、运输车辆及货物相关信息共享交换和互联，同时有效提高危险化学品运输企业信息化管理水平和安全等级，强化政府部门对危险化学品运输的监管能力，对国家安监管理、危险化学品物流运输、国家生态环保、社会经济、国家安防等都具有重要作用，如图11-19所示。

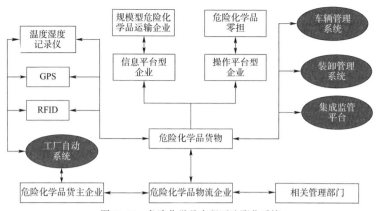

图 11-19　危险化学品全程可追溯化系统

2) 资源集聚化规范化发展

以化工物流园区为载体,危险化学品物流将逐步实现空间集聚化发展。现阶段,国家大力推进危险化学品企业迁入化工园区是安全管理的第一步,对危险化学品物流模式产生新影响,物流企业将以园区为主要载体,通过集聚作用加强园区危险化学品物流服务配套设施的功能性、安全性。港区化工码头、罐区和公路港等将成为危险化学物流园区服务工作的重心。

案例 11-8

某化工品运输公司积极开展"物联网+"物流模式,通过自主研发和技术引进相结合,建立了一整套物流全程管理信息化系统。一是针对在途运输车辆管理的可视化需求,建立了运输可视化管理平台;采用北斗/GPS 双模卫星定位系统、4G 视频系统、DDS(疲劳预警系统)、主动安全系统和 TPMS(轮胎压力监测系统)等,与公司 TMS(物流运输管理信息系统)进行集成,实现运输计划、订单管理、车辆调度、运费结算、车辆及货物监控等流程的全程系统化、智能化、可视化管理。二是针对驾驶过程安全管理,全面应用车辆主动安全系统;防疲劳驾驶系统通过扫描驾驶员瞳孔变化与面部表情判断驾驶员的精神状态,一旦驾驶员真正出现疲劳状态的时候,系统将会自动报警,直至恢复到良好的精神状态,对驾驶员的不专注驾驶、左顾右盼等不良驾驶行为,都有语音报警提醒,可以规范驾驶员的驾驶行为;车辆防撞防偏离系统具备通过车道偏离告警(LDW)、车道保持能力下降报警(LKA)、前向碰撞预警(FCW)、车距检测与警告(HMW)、行车录像及上传、急加速提醒、急减速提醒、急制动提醒、高速过弯提醒等一系列的报警提醒功能,实现事故主动预防,规范驾驶行为,减少安全事故,达到安全、节能、环保的目标。从实施安全管理系统以来,公司超速驾驶率下降68%,疲劳驾驶率下降60%,整体违章率下降48%,抽烟、不系安全带等驾驶员不良行为已经基本杜绝。

第三节　跨境物流

一、跨境物流概述

1. 跨境物流的概念与特点

1) 跨境物流的概念

跨境物流(International Logistics,IL),即国际物流,是指跨越不同国家(地区)之间的物流活动。具体是指当生产和消费分别在两个或两个以上的国家(地区)独立进行时,为了克服生产和消费之间的空间距离和时间距离,对物资(商品)进行物理性移动的一项国际商品贸易或交流活动,从而完成国际商品交易的最终目的。广义的跨境物流不仅包括上述国际贸易物流,还包括国际展览与展品物流、国际邮政物流和援外项目物流等非贸易物流。

2) 跨境物流的特点

跨境物流是不同国家(地区)之间的物流,是国内物流的延伸和进一步扩展,它与国内物流相比较,具有以下特点。

(1) 全球网络布局。

跨境物流是跨国界的物的流通,其市场广阔,故有时称其为国际大流通或大物流。商品、技术、信息、服务、货币、人员、资金、管理经验等生产要素跨国跨地区流动,离不开物流活动这一纽带。全世界共有233个国家和地区,人口约80亿,如此广阔的地域范围和众多的消费群体是任何国家的国内物流所不能企及的。同时,由于种族、习惯和经济水平的差异,各国及各地的需求层次和数量差别较大,因此,跨境物流必须适应的是一个多层次、多维体的需求市场,必须依托全球化布局的通道和网络。

(2) 系统环节复杂。

跨境物流系统同样由运输、储存、包装、装卸搬运、流通加工、检验检疫、通关、配送等子系统所构成,不同国家和地区在物流通信系统设置、法律环境、物流标准和商业现状等方面存在差异,因此不同的子系统所适用的行业法规不一,物流技术和标准也不同。这就使跨境物流的复杂性远高于一国的国内物流,甚至会阻断跨境物流。跨境物流运输距离长、涉及面广、中间环节多,情况复杂多变,面临的政治风险、经济风险和自然风险也明显高于国内物流。

(3) 时效标准要求高。

国际贸易活动竞争十分激烈,进出口货物如不能及时运到目的地,很可能造成重大的经济损失。特别是某些鲜活易腐货物、季节性货物,如果运输迟缓,不能及时上市,所造成的损失更为严重。货物的装运期、交货期被列入贸易合同的条件条款,跨境物流必须严格按照合同规定的时间组织物流运输。由于要适应不同国家和地区的设施,跨境物流需要制订系统内部设施、机械装备、专用工具、信息系统等各个分系统的技术标准。例如,国际集装箱运输采用了标准化集装箱尺寸,大大降低了物流费用,使得集装箱可以在不同的运输方式和不同的国家之间进行高效联运。

2. 跨境物流与国际贸易的关系

跨境物流是伴随国际贸易的发展而产生的,并已成为影响国际贸易发展的重要因素,国际贸易与跨境物流之间存在着非常紧密的关系。

1) 国际贸易促进物流国际化发展

第二次世界大战以后,出于恢复重建的需要,各国积极研究和应用新技术、新方法,促进生产力迅速发展,世界经济呈现繁荣兴旺的景象,国际贸易发展得极为迅速。同时由于一些国家和地区资本积累达到了一定程度,本国或本地的市场已不能满足其进一步发展的经济需要,加之交通运输、信息处理及经营管理水平的提高,出现了为数众多的跨国公司。跨国经营与国际贸易的发展,促进了物资和信息在世界范围内的大量流动和广泛交换,物流国际化成为国际贸易和世界经济发展的必然趋势。

2)跨境物流影响国际贸易竞争力

世界范围的社会化大生产形成国际分工体系,国际间的商品和劳务流动是由商流和物流组成的,国际贸易合约的最终履行是由国际物流活动来完成的。国际贸易的特点决定了跨境物流的环节多、备运期长。在国际物流领域,控制物流费用、降低成本具有很大潜力。对于国际物流企业来说,选择最佳物流方案,提高物流经济性,降低物流成本,保证服务水平,是提高竞争力的有效途径。只有跨境物流做好了,才能将客户需要的商品适时、适地、按质、按量、低成本地送达,从而提高本国商品在国际市场上的竞争能力,扩大对外贸易。

3. 跨境物流的构成要素

1)跨境物流节点

(1)口岸。口岸是指经政府批准设置的供人员、货物和交通工具直接出入国(关、边)境的港口、机场、车站、跨境通道等。按出入国境的交通运输方式划分,口岸分为港口口岸、陆地口岸、航空口岸等。

①港口口岸是国家在江河湖海沿岸开设的供货物和人员进出国境及船舶往来挂靠的通道。它包括港内水域及紧接水域的陆地。港口水域包括进港航道、港池和锚地。港口口岸包括海港港口口岸和内河港口口岸。内河港是建造在河流(包括运河)、湖泊和水库内的港口,为内河船舶及其客货运输服务。

②陆地口岸是国家在陆地上开设的供货物和人员进出国境及陆上交通工具停站的通道。陆地口岸包括国(边)境以及国家批准内地可以直接办理对外进出口经济贸易业务往来和人员出入境的铁路口岸和公路口岸。

③航空口岸又称空港口岸,是指国家在开辟有国际航线的机场上开设的供人员和货物出入国境及航空器起降的通道。

(2)保税仓库和监管仓库,详见第四章第二节中的内容。

(3)保税物流中心,主要是整合、集成、拓展了"保税仓库"和"出口监管仓库"功能,即货物从境外进入中心内实行保税,从境内进入中心享受出口退税,在中心内还能开展如保税仓储、简单加工和增值服务、国际物流配送、进出口贸易、国际中转和转口贸易、物流信息处理等多项业务,海关还赋予其一定的口岸功能。保税物流中心分为A型和B型两类,A型主要由一家企业投资建设并为该企业自有物流服务;B型是由一家或多家投资主体投资建设的公共保税中心,由两家以上大型物流企业入驻运营。

(4)保税港区,将保税区、出口加工区和保税物流园区三者与港口功能集于一身,是在保税区等海关特殊监管区域基础上实现"功能整合、政策叠加"的产物,堪称对外贸易优惠政策的集大成者。保税港区经国务院批准,设立在国家对外开放的口岸港区和与之相连的特定区域内,具有口岸、物流、加工等功能,强调的是保税区域;保税物流中心所处的区域一般要小些,主要是在港口、火车站或机场附近的某些主要物流基地或园区内,主要是为进出口贸易节约成本和提供便利,重点在于强调保税业务。

(5)综合保税区,是设立在内陆地区具有保税港区功能的海关特殊监管区域,实行封闭管理,是目前我国开放层次最高、政策最优惠、功能最齐全的海关特殊监管区域,是国家开放金融、贸易、投资、服务、运输等领域的试验区和先行区。其功能和税收、外汇政策主要包括:

国外货物入区保税，货物出区进入国内销售按货物进口的有关规定办理报关手续，并按货物实际状态征税；国内货物入区视同出口，实行退税；保税区内企业之间的货物交易不征增值税和消费税。综合保税区以国际中转、国际采购、国际配送、国际转口贸易和保税加工等功能为主，以商品服务交易、投资融资保险等功能为辅，以法律政务、进出口展示等服务功能为配套，具备生产要素聚散、重要物资中转等功能。

国务院办公厅于2015年8月印发《加快海关特殊监管区域整合优化方案》（以下简称《方案》），按照要求，现有出口加工区、保税物流园区、跨境工业区、保税港区及符合条件的保税区将逐步整合为综合保税区；新设立的海关特殊监管区域统一命名为综合保税区。逐步统一海关特殊监管区域信息化管理系统，统一监管模式。

2）国际物流线路

（1）国际海运航线。按航程的远近划分，海运航线可以分为远洋航线、近洋航线。远洋航线（Ocean-Going Shipping Line）指航程距离较远，船舶航行跨越大洋的运输航线，如远东至欧洲和美洲的航线。我国习惯上以亚丁港为界，把去往亚丁港以西，包括红海两岸和欧洲以及南北美洲广大地区的航线划为远洋航线。近洋航线（Near-Sea Shipping Line），指本国各港口至邻近国家港口间的海上运输航线的统称。我国习惯上把航线在亚丁港以东地区的亚洲和大洋洲的航线称为近洋航线。

（2）国际航空航线，指国内一点或多点与国外一点或多点之间的航空运输线。

（3）国际货运班列，就是按固定时间发车的跨国货运列车，如一天一班或者几天一班。例如，我国开通的中欧班列线路，分别经阿拉山口（霍尔果斯）、二连浩特和满洲里（绥芬河）出境，通往欧洲和中亚地区。

二、跨境货物运输的主要方式

1. 跨境海洋运输

1）跨境海洋运输的含义与特点

跨境海洋运输是指使用船舶（或其他水运工具）通过海上航道运送货物的一种运输方式。国际贸易总量的70%是通过海洋运输的，从而使海洋运输成为国际贸易中最重要的运输方式。海洋运输与其他各种运输方式相比较具有如下特点：

（1）运输量大。船舶正在向大型化方向发展，巨型客轮已超过8万t，巨型油轮超过60万t，一般的杂货轮也多在6万t以上，其承载能力远远大于其他运输工具。因此，海洋运输具有运量大的优势。

（2）运费低廉。一方面，海上航道天然形成，港口设施一般为政府修建，而公路或铁路运输需要大量初期投资用于修筑公路或铁路，变相地增加了单位运输成本；另一方面，船舶运载量大，使用时间长，运输里程远，与其他运输方式相比，海运的单位运输成本较低。

（3）通过能力强。海洋运输利用天然航道，四通八达，即使遇到政治、经济贸易及自然等条件的变化，也可改变航道驶往目的港。而汽车、火车则要受道路或轨道的限制。因而，海洋运输的通过能力要超过火车、汽车。

（4）速度慢。由于货船体积大，水流阻力高，风力影响大，相对来说，速度慢，不宜用来运输易腐烂的货物。

(5)风险大。海洋运输易受自然条件和气候等因素的影响,故风险较大。

2)海运船舶的组织方式

国际海上货物运输,按船舶的组织方式来划分,有班轮运输和租船运输两种。

(1)班轮运输。班轮运输又称定期船运输,简称班轮,是航运公司提供的一种服务,是指船舶在固定航线和固定港口之间按事先公布的船期表和运费率往返航行,从事客货运输业务的一种运输方式。班轮运输有利于一般杂货和小额贸易货物运输,便于买卖双方按费率表事先估算成本,而且手续简便,方便货主,促进国际贸易的发展,是当今国际货物海洋运输的一种重要方式。

(2)租船运输。租船运输又称不定期船运输,是根据双方协商的条件,船舶所有人(船东)将船舶的全部或一部分出租给租船人使用,以完成特定的货物运输任务,租船人按约定的运价或租金支付运费的商业行为。在国际海运业务中,租船方式主要有定程租船和定期租船两种。定程租船,又称航次租船,是指以航次为基础的租船方式。在这种租船方式下,船方必须按时把船舶驶到装货港口装货,再驶到卸货港口卸货,完成合同规定的运输任务并负责船舶的经营管理以及航行中的一切开支费用,租船人则按约定支付运费。定期租船,又称期租,即租船人在规定的期限内取得船舶的使用权,并负责安排调度和经营管理,船方负责船员的工资、给养和船舶航行与维修。

2. 跨境铁路运输

1)跨境铁路运输的特点

跨境铁路运输是在国际贸易中仅次于海运的一种主要运输方式。其最大的优势是运量较大,速度较快,运输风险明显小于海洋运输,能常年保持准点运营等。其具体特点如下:

(1)涉及面广。每运送一批货物都要涉及两个和两个以上国家、几个国境站。

(2)运输条件高。要求每批货物的运输条件(如包装、转载、票据的编制、添附文件及车辆使用)都要符合有关国际联运的规章、规定。

(3)办理手续复杂。货物必须在两个或两个以上国家铁路参加运送,在办理国际铁路联运时,其运输票据、货物、车辆及有关单证都必须符合有关规定和一些国家的正当要求。需要使用一份铁路联运票据完成货物的跨国运输。

2)跨境铁路运输的组织方式

(1)跨境货运班列。通常指货运五定班列(简称班列),是指铁路开行的发到站间直通、运行线和车次全程不变,发到日期和时间固定,实行以列、组、车或箱为单位报价、包干办法,即定点、定线、定车次、定时、定价的货物列车。

(2)边境口岸换装。根据国际惯例,各国在本国境内设置口岸站(换装站),各自承担进口货物的换装作业。因此,两口岸站间铺设有各自轨距的铁路线路。口岸站一般设有口岸管理委员会、边防检查站、海关、出入境检验检疫局等机构。

案例 11-9 中欧班列

"一带一路"倡议下,中国铁路依托新亚欧大陆桥和西伯利亚大陆桥,在早期探索开行亚欧国际列车的基础上,以重庆、成都、郑州、武汉、苏州、义乌等城市为起点,开行通往德国、波兰等国家的中欧班列,拉开了中欧班列联通亚欧大陆、推动共建"一带一路"发展的大幕。2017年,中国铁路牵头成立中欧班列运输联合工作组、中欧班列运输协调委员会。其中,中欧班列运输联合工作组是历史上首次由中国铁路倡导成立的国际铁路合作机制。2019年，中欧班列运营企业共同签署《推进中欧班列高质量发展公约》。中欧班列作为便利快捷、安全稳定、绿色经济的新型国际运输组织方式，已成为中国参与全球开放合作、共建"一带一路"推动构建人类命运共同体的主要实践。中国秉持以和平合作、开放包容、互学互鉴、互利共赢为核心的丝绸之路精神，坚持共商共建共享原则，与有关国家一道推动中欧班列取得了巨大发展成就。截至2021年底，中欧班列累计开行4.9万列，运输货物443.2万标准箱，通达欧洲23个国家180个城市，物流服务网络覆盖亚欧大陆全境，成为沿线国家广泛认同的国际公共物流产品。

3. 跨境航空运输

1) 跨境航空运输的特点

随着全球性的航空运输网的建立和战后国际贸易的迅速发展，航空运输作为国际贸易运输的一种方式越来越被广泛地采用，在国际贸易运输中所占的比重逐渐增加。概括起来，航空货物运输的主要特征有：

(1) 运送速度快。快捷的交通工具大大缩短了货物在途时间，对于那些易腐烂、变质的鲜活商品，时效性、季节性强的报刊、节令性商品，抢险、救急品的运输，这一特点显得尤为重要。运送速度快，在途时间短，也使货物在途风险降低。因此，许多贵重物品、精密仪器也往往采用航空运输的形式。

(2) 不受地面条件限制。航空运输利用天空这一自然通道，不受地理条件的限制。对于地面条件恶劣、交通不便的内陆地区非常合适，有利于当地资源的出口，促进当地经济的发展。而且，航空运输较公路运输与铁路运输占用土地少，对地域狭小的地区发展对外交通是十分适合的。

(3) 安全、准确。航空公司的运输管理制度比较完善，飞机航行有一定的航期，能够按时到达。如果采用空运集装箱的方式运送货物还能够降低货物的破损率，与其他运输方式比，航空运输的安全性较高。

当然，航空运输也有自己的局限性，主要表现在航空货运的运输费用较其他运输方式更高，不适合低价值货物；航空运载工具——飞机的舱容有限，对大件货物或大批量货物的运输有一定的限制；飞机飞行安全容易受恶劣气候影响等。但总的来讲，随着新兴技术得到更为广泛的应用，产品更趋向薄、轻、短、小、高价值，管理者更重视运输的及时性、可靠性，航空运输的作用也会日益重要。

2) 跨境航空运输的组织方式

(1) 班机运输。班机运输是指在固定航线上飞行的航班，它有固定的始发站、途经站和目的站。班机运输一般是客货混载，因此舱位有限，不能使大批量的货物及时出运，往往需要分期分批运输。一些较大的航空公司，在一些航线上开辟定期的货运航班。

(2) 包机运输。包机运输是指包租整架飞机或由几个发货人(或航空货运代理)联合包租一架飞机来运送货物，分为整包机和部分包机两种形式。

(3) 航空快递。航空快递是由专门从事航空快递业务的公司与航空公司合作，设专人用最快的速度在货主、航空公司、用户之间进行货物的传递。它适用于急需的药品、贵重物品、货样及单证等传送。航空快递业务以运送文件单证和小包裹为主，多由国际性的跨国快递公司运营。

4.跨境公路运输

1)跨境公路运输的特点

跨境公路运输是指国际货物借助一定的工具(一般以汽车为主),沿着公路跨越两个或两个以上国家或地区的移动。公路运输在边境贸易中占有重要地位,在国际公路干线网络密集的欧洲国家间,公路运输的地位很突出,但在洲际运输中,公路运输的地位不及海运,也不及铁路运输。

2)跨境公路运输的组织方式

(1)中欧卡航运输是往来于中国与欧洲国家间的货车航班,由大型货车作为运输工具,从中国装车运送货物到欧洲,是联通中国与欧洲国家的继空运、海运、铁路运输之外的第四种物流通道。相比空运,其价格更低,相比海运和铁路运输,其时效快且稳定性更高。在TIR运输模式下(TIR系统即国际公路运输系统,是建立在联合国《国际公路运输公约》基础上的国际货物运输领域的全球性海关通关运输系统),货物从启运国的发货仓库到运抵国的收货仓库,全程只需要一次装货、施封,沿途无须缴纳过境担保费用,且过境海关原则上不查验,不开箱,通关效率高,运输十分便捷,尤其适合跨境电商等小件商品和体积大、质量小的进出口货物运输,是国际铁路货物运输的有效运力补充。

(2)进出口物资的集疏港(站)运输,是通过公路与国际港口相互衔接,主要为集中与疏散港口吞吐货物服务的运输。它是港口与广大腹地相互联系的通道,为港口赖以存在与发展的主要外部条件。任何现代化港口都必须具有完善与畅通的集疏运系统,才能成为综合交通运输网中重要的水陆空交通枢纽。

(3)国际多式联运的首尾段运输。它是指国际多式联运国内段的运输,即将出口货物由内陆装箱点装运至出运港(站);将进口货物由目的港(站)运至最终交货地的运输。

(4)浮动公路运输。浮动公路运输又称车辆渡船方式运输,这种联合运输的特点是在陆运与水运之间,不需要将货物从一种运输工具上卸下再转换到另一种运输工具上,而仍利用原来的车辆作为货物载体。衔接方式是将整车货物开上船舶,以运达另一港口。而且在转换时,不触碰货物,因而有利于减少或防止货损。

三、跨境电商物流

1.跨境电商物流的定义

跨境电商物流是指位于不同国家或地区的交易主体通过电子商务平台达成交易并进行支付清算后,通过跨境物流送达商品进而完成交易的一种商务活动。

由于电子商务环境下人们的交易主要依靠网络进行,因此客户下单并完成支付后,线下的货物交付就显得尤为重要。它直接关系到电子商务交易能否顺利完成,能否获得消费者的认可。跨境电商物流的主要特点表现为:

1)跨度大、分布广

与一般国际贸易下的跨境物流相比,跨境电商物流的客户分布更加分散、范围更广,它不仅与多个国家(地区)的社会经济活动紧密相连,受买家购买活动的影响,物流订单的地域分布、时间分布更加复杂。

2) 小批量包裹较多

跨境电商和传统的大宗进出口业务存在差异较大，跨境电商物流呈现出小批量、多批次的现象，导致了跨境电商物流的包裹大部分是小批量的包裹快件。

3) 时效性要求高

通过跨境电商交易的商品相比较大宗物品而言，用户对获得商品的时效性要求更高，从而对跨境电商物流的时效性也有了更高的要求。针对这个需求，跨境电商物流的组织方式也出现了一些与传统物流不一样的方式，如海外仓模式通过提前把商品存放到海外仓库，当地用户下单后就可以就近发货，大大提高了时效性。

2. 跨境电商物流的主要模式

由于跨境电商物流链条较长、环节繁多、成本占比高、时效存在不确定性，因此电商卖家对于跨境电商物流产生了多样化的需求，同时也派生了多种跨境电商物流模式。下面是几种常见的跨境电商物流模式。

1) 邮政包裹模式

邮政网络基本覆盖全球，比其他任何物流渠道都要广。这主要得益于万国邮政联盟和卡哈拉邮政组织(KPG)。万国邮政联盟是联合国下设的一个关于国际邮政事务的专门机构，通过一些公约法规来改善国际邮政业务，发展邮政方面的国际合作。万国邮政联盟由于会员众多、会员之间的邮政系统发展很不平衡，因此很难促成会员之间的深度邮政合作。2002年，邮政系统相对发达的美国、日本、澳大利亚、韩国、中国的邮政部门在美国召开了邮政CEO峰会，并成立了卡哈拉邮政组织，后来西班牙和英国也加入了该组织。卡哈拉邮政组织要求所有成员的投递时限要达到98%的质量标准。如果货物没能在指定日期投递给收件人，那么负责投送的运营商要按货物价格的100%赔付客户。这些严格的要求都促使成员之间深化合作，努力提升服务水平。例如，从中国发往美国的邮政包裹，一般15天以内可以到达。

(1) 优势。邮政网络覆盖度高；由于邮政一般为政府主营，有税收补贴，因此价格非常便宜。

(2) 劣势。速度较慢，丢包率高。

2) 国际快递模式

国际快递一般是指由商业快递企业从事的国际快递业务。这些国际快递商通过自建的全球网络，利用强大的信息系统和遍布世界各地的本地化服务，为客户提供更加便捷、快速的物流服务。

(1) 优势。速度快、服务好、丢包率低，尤其是发往欧美发达国家非常方便。例如，使用UPS国际快递从中国寄包裹送到美国，最快可在48h内到达；使用TNT国际快递从中国发送到欧洲一般3个工作日即可到达。

(2) 劣势。价格昂贵，且价格资费变化较大。一般跨境电商卖家只有在客户强烈要求时效性的情况下才会使用，且会向客户收取运费。

3) 专线物流模式

跨境专线物流一般是通过海运和航空包舱方式运输到境外，再通过合作公司进行目的国(地区)的派送。专线物流能够集中大批量到某一特定国家或地区的货物，通过规模效应降低成本。因此,其价格一般比商业快递低。在时效上,专线物流稍慢于商业快递,但比邮政包裹快很多。市面上最普遍的专线物流产品是美国专线、欧洲专线、大洋洲专线、俄罗斯专线等,也有不少物流公司推出了中东专线、南美专线、南非专线等。

(1)优势。集中大批量货物发往目的地,通过规模效应降低成本,价格比商业快递低,速度快于邮政小包,丢包率也比较低。

(2)劣势。运输成本高于邮政小包,且在国内的揽收范围相对有限,覆盖地区有待扩大。

4)海外仓储模式

海外仓储服务是为卖家在销售目的地进行货物仓储、分拣、包装和派送的一站式控制与管理服务,简称海外仓。确切来说,海外仓储服务应该包括头程运输、仓储管理和本地配送三个部分。头程运输是商家通过海运、空运、陆运或者联运将商品运送至海外仓库的过程;仓储管理是商家通过物流信息系统,远程操作海外仓储货物,实时管理库存;本地配送是海外仓储中心根据订单信息,通过当地邮政或快递将商品配送给客户,完成跨境电商物流的"最后一公里"。

(1)优势。用传统外贸方式走货到仓,可以降低物流成本;相当于销售发生在本土,可提供灵活可靠的退换货方案,提高海外客户的购买信心;发货周期缩短,发货速度加快,可降低跨境物流缺陷交易率。此外,海外仓储服务可以帮助卖家拓展销售品类,突破"大而重"的发展瓶颈。

(2)劣势。不是任何产品都适合使用海外仓储服务,最好是库存周转快的热销单品,否则容易压货;同时,这对卖家在供应链管理、库存管控、动销管理等方面提出了更高的要求。

对于跨境电商的卖家来说,首先应该根据所售产品的特点(尺寸、安全性、通关便利性等)来选择合适的物流模式,如大件产品(如家具)就不适合走邮政包裹渠道,而更适合海外仓储模式;其次,在淡旺季要灵活使用不同的物流方式,如在淡季时使用中邮小包降低物流成本,在旺季或者大型促销活动时期采用新加坡邮政甚至比利时邮政来保证时效;最后,售前要明确向买家列明不同物流方式的特点,为买家提供多样化的物流选择,让买家根据实际需求来选择物流方式。

案例 11-10

海外仓是伴随着跨境电商发展起来的跨境物流新业态。2016 年,政府工作报告中明确提出支持企业建设一批出口产品海外仓;2020 年 7 月,海关总署开展跨境电商对企业(B2B)出口试点;2020 年 11 月,国务院办公厅印发《关于推进对外贸易创新发展的实施意见》,指出要促进跨境电商等新业态发展,包括"支持建设一批海外仓"。截至 2021 年,我国海外仓数量超过 2000 个,业务范围辐射全球,其中北美、欧洲、亚洲等地区海外仓数量占比近 90%。

某跨境物流 F 企业是一家以为跨境电商提供海外仓服务的全球供应链综合服务商,服务涵盖跨境物流、电商运营、ERP 软件服务及海外税务咨询等,先后在英国、法国、德国、美国等主流外贸市场中建立了 50 多家自营海外仓,服务超过 3000 家来自全球各地的客户,其中包括各类生产企业、进出口贸易公司、批发商、零售商、国际电商平台及政府机构等。

F 企业为卖家提供跨境电商物流服务的运作流程如下:

(1)F 企业拥有英国、中欧等专线物流服务网络,卖家委托 F 企业将商品运至海外仓储中心。例如,F 企业的中欧专线为跨境卖家直发中高端产品至欧盟各国,全程时效 4~7 天可送达。通过企业物流信息系统可实现对货物的全程跟踪监控,并可查询包裹。

(2)在线远程管理海外仓储。F企业应用物流信息系统,对海外仓的货物库存进行实时管理。根据卖家订单指令进行货物操作,严格按照订单指令对货物进行存储、分拣、包装、配送等操作。

(3)货物本地配送。F企业与境外本土配送服务商形成协作关系,根据订单情况完成跨境电商的"最后一公里"。同时可按照商家的实际需求、产品特性、销售周期和周转频率等,提供一件代发、贴标、退换货等定制化服务。

通过海外仓模式,F企业帮助广大跨境卖家有效降低了物流运营成本,提升物流响应时间,缩短订单周期,还能进行实时的库存管理与监测,缩短到货时间,提升海外买家满意度。

第四节 特殊物流

一、应急物流

1. 概念及特点

应急物流是现代物流新兴的分支领域,属于特种物流,是为应对社会突发公共事件提供物资支援的一种特殊物流。应急物流以追求时间效益最大化和灾害损失最小化为目标,借助现代信息技术,整合采购、运输、储存、储备、装卸、搬运、包装、流通加工、分拨、配送、信息处理等各种功能。其在降低突发性事件对社会的不良影响、最大限度挽回人民生命和减少财产损失、协调救援资源方面,具有重要作用。

应急物流可分为军事应急物流和非军事应急物流两种。非军事应急物流还可以细分为灾害应急物流和疫情应急物流;灾害(含险情)应急物流又可分为自然灾害应急物流和人为灾害应急物流,前者如台风、海啸、地震、洪水等,后者如人为因素造成的交通事故、矿难、火灾等;疫情应急物流可分为人群疫情和动物疫情,前者如COVID-19、SARS、流行脑炎、急性甲型肝炎、霍乱等,后者如禽流感、疯牛病、口蹄疫等。

应急物流体系的建设是一个系统工程,整个应急物流系统包括了指挥体系、采购体系、仓储体系、运输体系、配送体系等子体系,各体系对保证应急物资及时准确传送、提高应急保障效果都起到关键作用,每个子体系的各个环节中都有各类需要通过标准来规范或协调的问题,并且不同的子体系或各流程之间也需要通过标准来协调统一。

应急物流与普通物流一样,由流体、载体、流向、流量、流程、流速等要素构成,具有空间效用、时间效用和形质效用。但应急物流又具有区别于普通物流的其他特点:

(1)突发性。由突发事件所引起的应急物流最明显的特征就是突然性和不可预知性。其时效性要求非常高,必须在最短的时间内,以最快捷的流程和最安全的方式来进行应急物流保障。而普通的物流运行机制已经无法满足这样的需求,所以必须要有一套应急的物流机制来组织和实现物流活动。

(2)不确定性。应急物流的不确定性,主要来自突发事件的不确定性,人们无法准确地估计突发事件的持续时间、影响范围、强度大小等各种不可预期的因素,使应急物流的内容随之变得具有不确定性。而且在应急物流活动中,许多意料之外的变数可能会导致额外的物流需求,甚至会使应急物流的主要任务和目标发生重大变化。

(3)弱经济性。应急物流的最大的特点就是一个"急"字。在一些重大险情或事故中,平时物流的经济效益原则将不再作为一个物流活动的中心目标加以考虑,因此应急物流目标具有明显的弱经济性,甚至在某些情况下成为一种纯消费性的行为。

(4)非常规性。应急物流本着特事特办的原则,许多平时物流的中间环节将被省略,整个物流流程将表现得更加紧凑,物流机构更加精干,物流行为表现出很浓的非常规色彩。甚至在某些情况下应急物流还会带有明显的行政性或强制性色彩。

除此之外,应急物流还具有多主体参与性、流量的不均衡性、社会公益性和弱准备性等特点。正是这些特点使得应急物流与普通物流产生了一些根本性的差别,见表11-10。

应急物流与普通物流的比较　　　　　　　　表11-10

构成要素及效用	普 通 物 流	应 急 物 流
流体	一般性物品,品种繁多,来源较单一(一般为所有者)	救灾类物资,包括救生设备、生活物品、医疗器械及药品等
载体	固定的设施与场所	固定与机动相结合
流向	由用户需求决定,预先安排	救援地、目标预先不确定
流速	物流活动完成时间稳定	完成时间波动性大,或延长,或缩短
流量	稳定	特种物资流量剧增,普通物品减少
流程	合理化、正常安排	路线改变,甚至利用非常规通道
持有效用	普遍性,针对有能力用户	弱化甚至去除持有效用,面对所有需求用户
形式效用	针对潜在用户	针对所有需求用户
空间效用	分布确定	分布不确定
时间效用	合理安排	要求紧迫

2. 应急物流运作要求

1)建立柔性高效的应急物流管理指挥协调机制

应急物流是国家应急管理工作的重要组成部分。建立应急物流系统,需要社会的参与和支持,面对突发性的灾害或公共卫生事件,政府必须建立应对的指挥中心,起到协调和调用各种资源的作用。在社会突发公共事件发生时,其根据制度安排,建立起科学的决策流程和完善的指挥机制,要及时提出应对灾害的解决方案;组织筹集相应的救灾物资和救灾款项并加以管理;根据灾情需要,联系商品生产单位抓紧时间进行生产;采取一切可实施方案,消除对救灾不利的人为因素和非人为因素。

2)建立完备有效的应急物流预案

建立健全突发事件应急物流预案是打造应急物流体系的重要内容。《中华人民共和国突发事件应对法》第十七条对制定相应的突发事件应急预案的权责主体和程序层级进行了明确。要建立覆盖各层级各行业各单位的应急预案体系,形成政府各层级突发事件总体应急预案和各部门专项应急预案,实现应急预案全风险、全过程、全系统、全时空覆盖。

应急物流预案应区分自然灾害、事故灾难、公共卫生事件、社会安全事件等不同类型,设定特别重大、重大和一般等不同级别,考虑地域环境、背景条件的差异,以增强预案的可行性、科学性和有效性。平时要建立应急物流运作流程手册并加强突发事件应急反应队伍和预备队伍的建设,按照预案实施应急演练和信息化建设。对可能参与突发事件应急处理的公务人员、各类专业人员要定期进行相关知识、技能和防护培训,定期组织有关部门对应急反应队伍和预备队伍知识掌握、技能熟练程度、实战应对能力等方面进行评估,并根据评估结果调整管理策略,优化人员结构。面对突发事件应立即启动应急预案,紧急建立全省统一、联通全国的应急物流指挥体系,充分利用社会物流平台体系功能,开展物资调配、集散分拨和精准配送服务。

3)完善应急物资储备与管理体系

应急物资储备是应对突发灾害的有效途径。根据突发事件的类型,应急物资主要有四类:第一类是救生类,包括救生艇、救生圈、救生衣、探生仪器、破拆工具、安防救生设备、顶升设备等;第二类为生活类,包括衣被、毯子、方便食品、救灾帐篷、饮水器械、净水器以及其他的基本生活物资;第三类为医疗类,包括防疫所需的口罩、防护服、呼吸机、红外体温计,各类急救药品,医疗器械等;第四类是建设类,包括灾后重建所需的建材原料及设备等。相应的应急物资需求方主要包括:一是医院,需要充足的医疗物资保障救助工作不间断;二是灾区群众,需要大量生活必需品保障基本生活;三是工程项目,需要各类建设物资以及时开展救援项目。

近年来,我国逐步探索建立了政府、企业、社会共同合作的主体多元化的物资储备模式。全民参与、降低储备成本、提高应急效率,是应急物资储备管理的方向。

(1)政府实物储备。政府实物储备是指国家和各地方政府将应急物资以实物形式储存在政府储备库中,当灾害来临时,政府可以随时调用这些物资进行救援。政府储备库中的应急物资对于突发事件具有重要意义,是灾害初期最主要、最直接、最可靠的物资来源。政府储备的快响应、强保障奠定了其在应急储备体系中的基础保障地位。例如,应急救援所用的生命探测仪、灭火器、潜水服、救生衣等,这类物资在灾后的需求紧急程度高,但在日常生活中需求小,适合政府实物储备,政府需要组织专业的部门储备这些物资,能保障这类物资在第一时间运送到灾区进行救援。

(2)协议企业实物储备。协议企业实物储备是指政府通过与相关企业签订储备协议来保障应急物资的生产、供给,企业需要根据协议内容生产应急物资,并代政府存储,当灾害来临时,企业需要将应急物资交给政府调配。企业自身存储着大量物资,代政府储备应急物资可以扩大存储规模,利用规模效益降低储备成本。同时,企业可以利用日常生产的物资实现应急物资的更新,以保障应急物资的品质,提高物资使用效率。例如,各类食品、矿泉水、药品等食品药物类消耗性物资,生产周期和保质期较短,在灾后需求大且消耗快,政府可以和生产、药品企业签订储备协议。避免因物资过期导致的浪费,也能在灾后第一时间将物资运往灾区。

(3)协议企业生产能力储备。协议企业生产能力储备是政府与生产救灾物资的企业签订相关协议来保障灾后应急物资的供给,企业会根据协议内容预留一些生产能力,当灾害来临时,利用这些生产能力迅速生产应急物资供政府调用。企业在灾后能够源源不断地将生产能力转化为应急物资,对长期救灾具有重要作用。协议企业生产能力储备的优势可以弥补前两种储备模式的不足，但生产能力转化为物资需要一定的周期，对于突发事件前期的救援帮助不大，因此不能过分依赖于生产能力储备。

应急物资的储备和积累是一个长时间、多阶段、可持续、不断变化的过程。国家应鼓励企事业单位、社会组织、家庭等参与物资储备，将政府储备与企商业储备（协议储备）、实物储备与生产综合能力储备、分散储备与集中储备、社会化储备和专业化储备有机结合，实现集中管理、统一调拨、统一配送，强化提升应急物资保障能力。

4）建立协同联动的应急物流运行网络

加强应急物流队伍建设是打造应急准备体系的核心内容。政府应充分发挥物流市场主体的网络和运行优势，建设一支专常兼备、反应灵敏、作风过硬、本领高强的应急物流队伍。应急物流网络的建立，需要基于不同地区灾害事故风险状况，测算应急物资储备需求，科学合理规划布局应急物资储备，坚持集中与相对分散相结合，根据道路状况、工业布局、居民分布等情况合理规划，准确选址应急物资收集中心和配送中心等应急物流节点，优化配送线路，保证区域全覆盖。发挥铁路运输的主干作用、航空运输的补充作用和公路运输的延伸集散作用，对救灾情况下的公路、铁路、航空线路等的征用、维护、抢修作出明确规定，保障救灾物资运送的畅通、高效运作。同时，各应急物流节点应接入到信息平台系统中，实时掌握数据动态并实现信息共享；要加强枢纽点之间的联动作用，在调度指挥中心的统筹安排下，最大限度地利用物流资源，保证应急物资调配合理，运输畅通。

5）打造互联互通的应急物流信息平台系统

应急物流的特点是要求快速传递信息、快速响应、及时准确配送物资。因此，应急物流需要充分运用信息技术，构建基于政府、军队、社会、企业等多领域融合的应急物流大数据平台和网络，将各级基层政府储备、委托管理、协议单位的物资整合建立应急物资数据库，使其涵盖应急物资生产储备、捐赠分配、交通运输、分发配送、应急需求等各方面信息，实行动态管理。同时，实现卫生防疫、交通、物流、物资供应、医疗等应急供应链上下游企业的信息共享，并能在突发事件中迅速对接并激活社会常态物流体系，形成透明互通、反应迅速、高效协同的"云防控"应急系统。

案例 11-11

2019 年 12 月，新冠肺炎疫情在武汉爆发，国内外各种应急援助物资源源不断运抵武汉。由于疫情的突发性，缺少应急物流的相应预案，物资分发通道阻滞，抗疫一线人员的物资保障不停"告急"，急需快速打通"最后一公里"。随后，受武汉新冠肺炎防控指挥部的指派，武汉本土某民营企业协助武汉市红十字会，正式入驻武汉国际博览中心红十字会防控物资仓库，负责武汉市红十字会捐赠物资的物流运营管理。该企业应用其自主研发的云仓管理软件进行商品、货位、库存、出入库等管理；药品、器械、重点器械产品类库存交市卫健委负责；非药品类交市发改委负责进行货物的分配。外地捐赠物资到达武汉后经过三步入库，整个过程变得井然有序：第一步是按照物资的类别进行分类，共分为医药、器械、非医药、个人捐赠和定向捐赠 5 大类；第二步是对商品名称、规格、批号、数量、捐赠方向等信息进行登记，市场监督管理局人员进行质量验收，交通局人员负责计量；第三步则是在登记及核验完成后对物资分门别类堆码、入库。在出库环节，企业则根据武汉市防控指挥部下达的指令将物资进行分拣出库，此后相关物资会经由邮政公司完成装车配送，以此形成物流体系的闭环。对于防护服、护目镜、口罩、手套、胶鞋等6类医用物资因当时一线的需求吃紧,被列入了紧急物资范畴。针对这部分医用物品,实现"2个小时完成入库到出库全流程"的高速运转。自此,武汉的应急物资储存、分发和配送通道得以打通。

二、废弃物物流

1. 概念及特点

废弃物物流(Waste Logistics),是指将经济活动或人民生活中失去原有使用价值的物品,根据实际需要进行收集、分类、加工、包装、搬运、储存等,并分送到专门处理场所的物流活动。废弃物经过处理后返回自然界,形成废弃物流。废弃物物流不能直接带来经济效益,但的确是对城市物流有重要意义的子系统。

一般所指的废弃物有两类:一类是中间废弃物,这种废弃物中还有可再生回收利用的部分,在本书中将其纳入回收物流的内容;另一类是最终废弃物,即在现阶段技术和经济条件下完全不能再一次全部或部分适用,即基本或完全丧失使用价值的废弃物。

2. 废弃物分类及物流处理方式

1)按废弃物物理形态分类

按照废弃物的物理形态,可将废弃物分为固体废弃物、液体废弃物和气体废弃物,相应的处理方法也有所不同。

(1)固体废弃物。

固体废弃物一般是指在社会生产、流通和消费等一系列活动中产生的相对于占有者来说一般不具有原有使用价值而被丢弃的以固态和泥状存在的物质。由于固体废弃物具有固定的形状和质量,可以比较方便地进行粗略的包装,并进行装卸、运输。对于这种废弃物一般采用垃圾处理设备处理,主要可将其运至指定地点焚烧、掩埋或堆放。在长期的陆地处置过程中,由于本身固有的特性和外界条件的变化,必然会因在固体废弃物中发生的一系列相互关联的物理、化学和生物反应导致对环境的污染,因此,还必须对其进行最终的安全处置。其主要做法有如下几种:

①区别对待、分类处置、严格管制有害废弃物。固体物质种类繁多,其危害环境的方式、处置要求及所要求的安全处置年限均各有不同。因此,应根据不同废弃物的危害程度与特性,区别对待、分类管理,对具有特别严重危害的有害废弃物采取更为严格的特殊控制。这样,既能有效地控制主要污染危害,又能降低处置费用。

②最大限度地将有害废弃物与生物圈相隔离。固体废弃物,特别是有害废弃物和放射性废弃物最终处置基本原则是合理地、最大限度地使其与自然和人类环境隔离,减少有毒有害物质进入环境的速度和总量,将其在长期处置过程中对环境的影响减至最低程度。

③集中处置。对有害废弃物实行集中处置,不仅可以节约人力、物力、财力,还有利于监督管理,同时也是有效控制乃至消除有害废弃物污染危害的重要形式和主要的技术手段。在现实中,世界上通用的几种固体危险性废弃物的最终处理方法有土地安全掩埋、焚烧、储藏等。同样,在采取不同方式处理固体危险性废弃物时,应根据其性质和特点而选择处理方式。

(2)液体废弃物物流。

液体废弃物也被称为废液,其形态是各种成分液体混合物。液体废弃物主要来自生产部门和消费部门,即工业废水和生活废水。液体废弃物中蕴含着大量对环境不利的物质,若汇入水源中,就会对其造成污染。相比较而言,在排放时就进行处理要比水域受污染后再处理简单得多。所以,企业应在废水排放过程中进行处理,后再将其直接排入外面水域中。在实际中,这种废弃物物流通常采用管道方式。这就需要在各城区大力投资兴建地下管道设备,使得液体废弃物能畅通无阻地到达指定目的地。

(3)气体废弃物物流。

气体废弃物俗称废气,主要是工业企业,尤其是化工类型工业企业的排放物,其次是生活和交通中产生的废气。废气中的硫氧化物、氮氧化物、碳氧化物、碳氢化合物、臭氧等都是大气污染物。鉴于气体废弃物对环境的危害如此之大,如何在气体废弃物未扩散到大气中时进行净化处理就显得十分必要。气体废弃物在常温下是以气体状态存在的,没有固定的形状,且时刻处在快速的运动之中,一旦与外部空气相接触,马上就会扩散到大气当中,由此带来空气污染。而且,被污染后的空气很难恢复原来的纯净。正是因为气体废弃物的这个特点,这种废弃物物流在现实中往往在封闭式的管道系统中经过处理后再向空气排放。

2)按废弃物不同来源分类

按照废弃物的来源不同,可以将其分为生产废弃物、流通废弃物和消费废弃物,同样也需要采用不同的处置方法。

(1)生产废弃物物流。

生产废弃物也被称为生产垃圾,它通常是指那些在生产行业中被再生利用之后再也没有使用价值的最终废弃物。生产废弃物来源于不同行业。第一产业的最终废弃物基本上为农田杂屑,大多不再收集,而由生产者自行处理,自然也就很少有物流的问题,主要问题在于农业中喷洒的残余农药,若不进行处理,很可能会威胁人体健康和污染环境。第二产业的最终废弃物则因行业不同而各异,其物流方式也大不相同,多数采取向外界排放或堆积场堆放或是焚烧、掩埋等,对含有放射性物质或有毒物质的工业废物,还要采取特殊的处理方法。第三产业的最终废弃物主要是生活垃圾和基本建设产生的垃圾,这类废弃物种类多、数量大、物流难度大,大多采取就近掩埋的办法处理。例如,建筑垃圾一般属于无毒无害物质,尽管数量庞大,但它不会造成严重环境污染,但仍会占用地方,影响市容市貌。

(2)流通废弃物物流。

流通废弃物就是在流通过程中产生的相对于现在来说没有使用价值的废弃物,大多数时候表现为废气。流通废弃物也被称为是流动污染源,因为流通废弃物几乎都是在运动时产生的。由于现代经济的发展,人们生活水平的提高,再加上汽车制造工业的不断发展,流通废弃物已经成为污染的一大来源。世界各国都把控制流通中产生的废气作为保护环境的一大措施,尤其是汽车排放的尾气,现在各国都在大力推行环保能源,以减少污染来源。由于流通废弃物是在流动中产生的,因此只能在生成废气的那一刹那进行净化处理。所以,流通废弃物物流在现实中很少,仅有极少数被回收利用。

(3)消费废弃物物流。

消费废弃物,即通常所说的生活垃圾。在城市中,生活垃圾排放点极为分散,需要采用专门的小型装运设备来进行储存和运输。装运设备应该特制成能防止散漏的半密封的形状,以保证安全。

消费废弃物是直接由消费者所抛弃的。消费者认为不能再使用的物品，很可能是企业进行生产的某种原材料，因此，消费废弃物在进行物流处理前应该首先区分该废弃物能否回收，能否进行循环利用，然后再根据不同物质的特性决定如何处理。在实践中，处理废弃物往往是由国家环卫部门进行统一规划、统一处理。一般情况下通过垃圾运输车将所有垃圾运往就近的垃圾处理场所，然后再通过一系列技术手段进行分拣，将能够循环利用的物质和无法再利用的物质分别堆放，再分别对这两种物质进行不同的处理，即将能够再利用的物质经过简单处理后送往需要的企业，而将无法再利用的物质进行最终处理，或焚烧，或掩埋，或就地堆放。

3) 按废弃物性质分类

按照废弃物的性质不同，可以将其分为危险性废弃物和一般性废弃物。

(1) 危险性废弃物物流。

危险性废弃物，即它的数量或浓度达到一定程度时会对环境和人体健康产生危害的废弃物质及其混合物，它有两个最主要的特点，一是危险性，二是废弃性。危险性废弃物的种类很多，我国针对危险物品专门发布的《国家危险废物名录》中列示了具有危险性的废弃物品类目录，主要包括各种医药废物、农药废物、有毒有机化合物、各种重金属化合物等。鉴于危险性废弃物对整个环境、社会存在着巨大的潜在危险性，如果管理不当，会对人体健康和生态环境造成严重的危害。因此，处理好危险性废弃物就成为回收物流的一个重要环节。

(2) 一般性废弃物物流。

相对于危险性废弃物来说，一般性废弃物就是指单纯的废弃物，并不会对人类或是人们生活的环境造成危害或是存在潜在的危险性。但要全面考虑清楚该类物质是否无害，这也是一项复杂的工作。由于该类废弃物并没有危害性，而且又缺乏经济效益，因此对该类物质只需进行简单的物流处理。例如，对农业生产过程中产生的农田杂屑，几乎可以不进行处理，而对纸制类物品进行回收再利用。

案例 11-12

德国是世界上在环境保护领域处于领先地位的国家之一，在经济合作与发展组织（OECD）国家中，其环境指标名列榜首。德国在固体废弃物管理方面坚持预防为主、产品责任者合作原则，着眼于避免不必要的废弃物的产生。在严格执法的基础上，鼓励来自工商企业界的自愿承诺，形成了一套完善的富有特色的固体废弃物管理体系，并为许多周边国家所借鉴。德国采用基于封闭物质循环思想的废弃物管理，于1972年颁布了《废弃物管理法》，从而第一次在全国范围内对废弃物处理进行统一规范。这一法律规定了各类废弃物收集和处理的国家标准，它在随后的10年里随着技术的进步而不断得到修正。1986年，德国从法律上确定了废弃物管理的优先顺序:避免、再循环、处置。这要求各部门在生产和消费中把避免废弃物产生放在首位。如果废弃物无法避免，则要考虑将其再进行再循环的部分，才可以焚烧或填埋。1996年，新的《封闭物质循环与废弃物管理法》生效。这一法律的核心思想是促使生产者对其产品的整个生命周期进行负责，即"从摇篮到墓地"的管理。生产者的责任从产品的设计和生产开始，包括运输、销售、售后服务，直到产品的生命终结而进行的废弃物处理，必须贯彻始终。与此同时，消费者也有义务在产品使用的过程中避免废弃物的产生，并在产品报废后使其返回循环过程。只有确实无法进行再循环的废弃物方可采用迄今最安全的方法来处置。从1999年开始,所有在一定规模以上的企业必须进行自己的物质生命周期循环分析,这一新举措显著地促进企业内部以及企业之间的物质再循环,从而基本实现封闭物质循环的目标。新的法律给企业带来了压力和挑战,它促使企业界尽快改进生产设计和工艺流程,并带来整个德国产业界的革命。

复习思考题

1. 阐述第三方物流的概念、特征以及价值体现。
2. 举例说明第三方物流的服务运作模式有哪些?不同运作模式的特点是什么?
3. 第四方物流有什么特点?第三方物流与第四方物流的区别与联系体现在哪些方面?
4. 阐述钢铁物流不同环节的特点和运作要求。
5. 为什么说汽车生产物流是最复杂、组织难度最大、物流管理最繁重的专业物流?
6. 粮食物流的特点是什么?查阅相关资料,谈一谈我国国内粮食物流的通道布局和主要线路有哪些?
7. 冷链物流的专业性体现在哪些方面?以生鲜农产品为例,如何做到从产地到餐桌的全程冷链"不断链"?
8. 阐述大件物流的定义与特点,应如何设计大件运输方案?
9. 从网络布局、服务主体、服务要求等方面,比较跨境电商物流与传统一般国际贸易物流有哪些区别?
10. 对于一个城市来说,应急物流体系的构建需要考虑哪些方面?试用本章知识提出你所在城市的应急物流体系的规划方案。

第十二章 企业物流

【导入案例】
　　H集团作为世界著名的家电跨国企业,在初创时期经历了与其他第三方物流服务合作未成功后,以传统物流为基础建立了自营第三方物流系统,来进一步提高物流效率、满足社会更高的要求。1999年,H物流有限公司成立。它主要依靠H集团的先进管理理念以及H集团的强大资源网络构建H物流的核心竞争力,为全球客户提供最有竞争力的综合物流集成服务,成为全球最具竞争力的第三方物流企业。H物流有限公司主要经营范围有物流运输、仓储保管、物流方案设计等。近年来,通过资源的整合与优化,H物流对内优化集团的供应链,对外大力开展社会化的物流业务,实现了从"企业物流"到"物流企业"的转型。H物流希望凭借自己高品质的服务为所有企业建立起高效的供应链体系,成为我国最大的、客户首选的第三方物流增值服务提供商。
　　H物流经流程再造后,物流职能、运作理念、管理模式都发生了变化。物流职能方面,H物流从外包物流转型为自营物流。传统物流的主要功能是运输和仓储,现有物流职能则已形成规模,能够实现统一采购,生产销售配送,物流信息技术处理和物流服务等诸多内容。运作理念方面,改变以企业的产品生产为价值取向的传统物流理念,采取以企业的顾客为中心,更加强调物流运作的客户服务导向性的现代物流理念,提倡"用专业的心,做专业的事"。H物流流程再造后,经济收益得到了显著提高。H物流采用了SAP公司的ERP系统和BBP(电子商务采购平台)系统,对企业进行流程改造。经过近几年的实施,其现代物流管理系统不仅很好地提高了物流效率,而且将电子商务平台扩展到了包含客户和供应商在内的整个供应链管理,极大地推动了集团电子商务的发展。

第一节　企业物流概述

一、企业物流的概念及分类

　　企业物流(Enterprise Logistics)是指生产和流通企业围绕其经营活动所发生的物流活动。它是和"社会物流"这个名词相对应的,是以企业经营为核心的物流活动。具体来说,企业物流是企业在生产运作过程中,物品从供应、生产、销售以及废弃物的回收及再利用过程中,所发生的包括运输、储存、装卸、搬运、包装、流通加工、配送和信息处理等在内的物流活动。根据物流活动在企业经营中所处的环节,可以把企业物流分为采购物流、生产物流、销售物流、回收物流等。

1. 采购物流

　　采购物流(Purchase Logistics)是指包括原材料等一切生产物资的采购、进货运输、仓储、库存管理、用料管理和供应管理,也称为原材料采购物流。它是生产物流系统中相对独立性较强的子系统,是企业为保证生产节奏,不断组织原材料、零部件、燃料、辅助材料供应的物流活动,这种活动对企业生产的正常、高效率进行发挥着保障作用,与生产系统、财务系统等生产企业各部门以及企业外部的资源市场、运输部门有密切的联系。企业采购物流不仅要实现保证供应的目标,而且要在低成本、少消耗、高可靠性的限制条件下组织采购物流活动,因此其复杂程度大。

2. 生产物流

生产物流(Production Logistics)是指生产企业内部进行的涉及原材料、在制品、半成品、产成品等的物流活动。生产物流和社会物流的本质不同,即生产物流最本质的特点,不是如同社会物流一样"实现时间价值和空间价值的经济活动",而主要是实现加工附加价值的经济活动。对生产物流概念的理解有三个方面:

(1)生产物流的边界。起点是原材料、外购件的投入,终点是产成品仓库,以及在这中间的一个个节点上发生的加工、搬运、仓储等活动。

(2)它是与生产过程密切联系的。在对生产过程的管理上采用什么样的管理技术,就要求有相应的物流手段与它相对应。

(3)生产物流既包括物料在空间上的布局,也包括时间上的组织。它是生产物料在空间和时间上的运动过程,是生产系统的动态表现。

3. 销售物流

销售物流(Distribution Logistics)是指企业在销售商品过程中所发生的物流活动。销售物流活动带有极强的服务性,为满足买方的要求,销售往往以送达用户并经过售后服务为终止,因此,销售物流的空间范围很大。在这种前提下,企业销售物流的特点是通过包装、送货、配送等一系列物流实现销售,这就需要研究送货方式、包装水平、运输路线等,并采取各种诸如少批量、多批次、定时、定量配送等特殊的物流方式达到目的。

4. 回收物流

回收物流(Returned Logistics)指不合格物品的返修、退货以及周转使用的包装容器,从需方返回到供方所形成的物品实体流动。即企业在生产、供应、销售的活动中总会产生各种边角余料和废料,这些东西的回收是需要伴随物流活动的。如果回收物品处理不当,往往会影响整个生产环境,甚至影响产品的质量,占用很大空间,造成浪费。

二、企业物流发展趋势

1. 集成化

物流从初级阶段向高级阶段发展,是从分散的物流功能走向集成的物流功能,从孤立的技术走向集成的技术,从基于岗位责任制的组织走向基于供应链机制的集成管理,因此物流高级化发展的核心概念是"集成"。

物流集成发展的具体形式是一体化物流,具体体现为:一是业务过程的集成,即一体化物流服务功能,如仓储、运输、物流网络设计、订货管理等多个业务过程的集成;二是技术的集成,即形成协调的技术体系,其中最重要的是信息技术集成、运输技术设备的协调和配合;三是管理的集成,现代企业物流应该充分整合社会上的有效资源,这就要求其自身对管理理念、业务流程、基础资源和系统软硬件进行整合,借助技术对企业内部和外部、上游和下游进行全面的集成;四是企业文化、组织结构、管理与技术的集成,这几个部分之间都是相互联系的。

2. 整合化

经济全球化把物流管理提高到一个前所未有的高度。企业可以利用各国、各地区的资源优势,分散生产和销售。这样,现代企业的物流就能延伸到上游供应商和下游消费者在内的各关联主体。企业产成品中,除了涉及核心技术的零部件是自己生产的之外,其他大多数零件、原材料、中间产品都是由供应商提供的,企业这种少库存或零库存的实现需要一个强大的物流系统。例如,戴尔公司每天要求美国联合邮包服务公司从它在奥斯汀的工厂运走电脑,并从索尼在墨西哥的工厂运走同样数量的显示器,再由美国联合邮包服务公司将电脑和显示器连夜配套送交顾客,戴尔则通过网络对全程的物流服务实行即时的管理和监控。物流社会化使企业可利用的物流资源成级数倍增长,经过整合的虚拟物流资源减少了企业自身的基建成本,提高了物流设施的利用率,优化了资源配置,节约了物流费用。

3. 敏捷化

企业的资源、生产、销售分布在全球市场上,市场的瞬息万变要求企业提高快速反应能力,使物流信息化、网络化成为企业实现其物流管理一个必不可少的条件。物流信息系统增强了物流信息的透明度和共享性,使企业与上下游节点形成紧密的物流联盟。企业通过数字化平台及时获取并处理供应链上的各种信息,提高对顾客需求的反应速度,实现敏捷物流服务。如海尔集团应用CRY(客户关系管理)和BBP(电子商务采购平台)加强了与全球用户、供应链资源网的沟通,实现了与用户的零距离。

4. 协作化

在工业化高度集中的今天,企业只有依靠核心技术才能在竞争中存得一席之地。而任何企业的资源都是有限的,不可能在生产、流通各个环节都面面俱到。因此,企业将资源集中到主营的核心业务,将辅助性的物流功能部分或全部外包不失为一种战略性的选择。

第二节 采 购 物 流

一、采购物流的内容

采购物流在不同的组织里,其重点有所不同。在加工制造型企业中,采购基本上是采购原材料、零部件、毛坯料以及半成品。在零售企业中,采购的一般是商品,而不是采购原材料和零部件,而且商品也有销售包装和配套说明书。在政府、企事业单位采购中,采购的重点是日常用品,如笔纸、电脑等。

二、采购物流的组织

企业的采购物流有三种组织方式:第一种是委托社会销售企业代理采购物流方式;第二种是委托第三方物流企业代理采购物流方式;第三种是企业自供物流方式。

1. 委托社会销售企业代理采购物流方式

企业作为用户,在买方市场条件下,利用买方的主导权力,向销售方提出对本企业进行供应服务的要求,作为向销售方面进行采购订货的前提条件。实际上,销售方在实现了自己生产的和经营的产品销售的同时,也实现了对用户的供应服务,以此占领市场。这种供应服务是销售方企业发展的一个战略手段。

其优点是采购企业可以充分利用市场经济造就的买方市场优势,对销售方即物流的执行方进行选择和提出要求,有利于实现企业理想的采购物流设计。销售方的物流水平可能有所欠缺,因为销售方毕竟不是专业的物流企业,有时候很难满足企业采购物流高水平化、现代化的要求。

2. 委托第三方物流企业代理采购物流方式

在企业完成了采购程序之后,由销售方和本企业之外的第三方去从事物流活动。当然,从事物流活动的第三方,应当具有专业性,而且有非常好的服务水平。第三方所从事的采购物流,主要向买方提供服务,同时也向销售方提供服务,在客观上协助销售方扩大市场。

由第三方从事企业采购物流的最大好处是:能够承接这一项业务的物流企业,必定是专业物流企业,有高水平、低成本、优服务从事专业物流的条件、组织和传统。不同的专业物流公司,瞄准物流对象的不同,有自己特有的形成核心竞争能力的机器装备、设施和人才,这就使得采购企业有广泛选择的余地,进行采购物流的优化。在网络经济时代,很多企业要构筑广域的或者全球的供应链,这就要求物流企业有更强的能力和更高的水平,这是一般生产企业不可能做到的,从这个意义上来讲,需要依靠从事物流的第三方来做这一项工作。

3. 企业自供物流方式

由企业自己组织所采购的物品的本身供应的物流活动,这在卖方市场的市场环境状况下,是经常采用的采购物流方式。

其主要优点是本企业在组织供应的某些种类物品方面,可能有一些如设备、装备、设施和人才方面的优势,这种情况下,由本企业组织自己的采购物流也是可行的。在新经济时代,这种方式虽不能完全否定,但会分散企业精力,不利于集中精力发展企业核心竞争能力。

第三节　生　产　物　流

一、生产物流的特点

生产物流作为企业整个物流体系的中间环节,发生于企业内部,活动范围相对企业供应物流和销售物流较小。它具有以下特点。

1. 价值实现特点

企业生产物流与社会物流的一个最本质不同之处,也即企业物流最本质的特点,主要不是实现时间价值和空间价值的经济活动,而主要是实现加工附加价值的经济活动。除了在全国或者世界范围内布局的巨型企业外,企业生产物流一般是在企业的小范围内完成。因此,生产物流空间距离的变化不大,在企业内部的储存与社会储存目的也不相同,这种储存是对生产的保证,而不是一种追求利润的独立功能,因此,其时间价值不高。

企业生产物流伴随加工活动而发生,实现加工附加价值,也即实现企业主要目的。所以,虽然物流空间、时间价值潜力不高,但加工附加价值却很高。

2. 功能要素特点

企业生产物流的主要功能要素也不同于社会物流。一般物流功能的主要要素是运输和储存，其他是作为辅助性或次要功能或强化性功能要素出现的。企业物流的主要功能要素则是搬运活动。许多生产企业的生产过程，实际上是物料不停的搬运过程，在不停搬运过程中，物料得到了加工，改变了形态。即使是配送企业和批发企业的企业内部物流，实际上也是不断搬运的过程，通过搬运，商品完成了分货、拣选、配货工作，完成了大改小、小集大的换装工作，从而使商品形成了可配送或可批发的形态。

3. 物流过程特点

企业生产物流是一种工艺过程性物流，一旦企业生产工艺、生产装备及生产流程确定，企业物流也因而成了一种稳定性的物流，物流便成了工艺流程的重要组成部分。由于这种稳定性，企业物流的可控性、计划性便很强，一旦进入这一物流过程，选择性及可变性便很小。对物流的改进只能通过对工艺流程的优化，这方面和随机性很强的社会物流也有很大的不同。

4. 物流运行特点

企业生产物流的运行具有极强的伴生性，往往是生产过程中的一个组成部分或一个伴生部分，这决定了企业物流很难与生产过程分开而形成独立的系统。在总体伴生性的同时，企业生产物流中也确有与生产工艺过程可分的局部物流活动，这些局部物流活动有本身的界限和运动规律，当前企业物流的研究大多针对这些局部物流活动而言。这些局部物流活动主要是仓库的储存活动、接货物流活动、车间或分厂之间的运输活动等。

5. 智能制造和定制生产对生产物流的影响特点

1) 智能制造与智能物流无缝集成应用

随着智能制造和智能物流的发展，两者逐渐集成应用。智能制造细分领域可以分为机器人、无人机、无人驾驶、3D打印、虚拟现实、智能物流、智能家居等，如图12-1所示。

图 12-1 智能制造细分领域

智能物流系统将工厂内的智能识别设备(如 RFID、传感器等)、智能物流装备、信息控制系统(如 MES 等)有效串联，应用于从采购、生产、仓储到发货等全部作业环节。因此，智能物流系统是智能制造企业提高生产效率、订单交付能力、库存周转水平三大智能制造关键指标的重要支撑,也是保证产品品质、提升制造企业竞争力的核心。智能制造与智能物流无缝集成如图 12-2 所示。

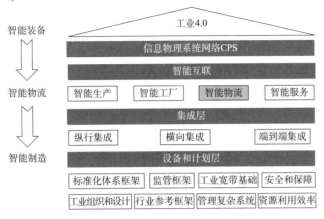

图 12-2 智能制造与智能物流无缝集成

2)定制生产与物流密切结合

定制生产就是按照顾客需求进行生产,以满足网络时代顾客个性化需求。由于消费者的个性化需求差异性大,加上消费者的需求量又少,因此,企业实行定制生产在管理、供应、生产和配送各个环节上,都必须适应这种小批量、多式样、多规格和多品种的生产和销售变化。

为适应这种变化,现在企业在管理上采用 ERP(企业资源计划系统)来实现自动化、数字化管理,在生产上采用 CIMS(计算机集成制造系统),在供应和配送上采用 SCM(供应链管理)。

二、生产物流的组织

生产物流的组织和生产过程是同步进行的。伴随着生产过程的空间组织和时间组织,生产物流也存在着如何进行合理的空间和时间组织的问题。

1. 生产物流的空间组织

生产物流的空间组织是指企业内部各生产阶段或生产单位的组织及其空间位置的安排,目标是如何缩短物流在工艺流程中的移动距离。

生产物流的空间组织是相对于企业生产区域而言的,通常要考虑以下 5 个问题:包括哪些经济活动单元,每个单元需要多大空间,每个单元空间的形状如何,每个单元在设施范围内的位置,生产物流空间组织的目标是如何缩短物料在工艺流程中的移动距离。一般有 3 种专业化组织形式,即工艺专业化组织形式、对象专业化组织形式和成组工艺组织形式。

1)工艺专业化组织形式

工艺专业化组织形式也称工艺原则或功能生产物流体系,是将同类设备和人员集中在一起对企业生产的各种产品进行相同工艺加工的生产物流组织形式。其特点是按加工工艺的特点划分生产单位,是同类型的设备、同工种的工人、同一加工方法完成产品某一工艺过程加工。它通过工艺导向布局进行空间安排,目的是为了尽量减少与距离相关的成本,如图 12-3 和图 12-4 所示。

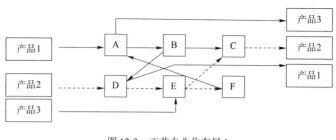

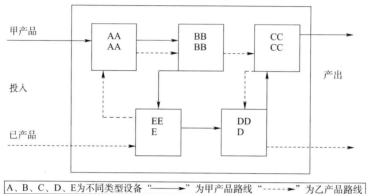

图 12-3 工艺专业化布局 1

图 12-4 工艺专业化布局 2

其优点是对产品品种的变化和顺序的变化适应能力强,生产系统的可靠性较高,工艺及设备管理较方便;机器设备重复少;有利于工人提高技术水平;某部设备发生损坏,或人员不足时,也便于调剂,不至于影响或延误生产任务的完成。

其缺点是物料在加工过程中半成品往返和交叉运输多,路线复杂、物料库存量相对较大,储运费用增加;生产周期长,在制品的资金占用量增加;车间(工序)间的联系与协作关系复杂,不便于管理。

其适用范围是:企业生产规模不大、生产专业化程度低、产品品种不稳定的单件小批量生产。

2) 对象专业化组织形式

对象专业化组织形式也称产品专业化原则或流水线,是按加工产品为对象划分生产单位,通过固定制造某种部件或某种产品的封闭车间,其设备、人员按加工或装配的工艺过程顺序布置,形成一定的生产线来完成物料流动,如图 12-5 所示。汽车制造厂、发动机分厂(车间)、电动机车间等的生产物流都是这种组织形式。

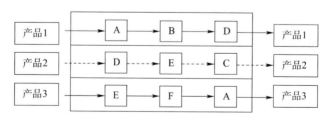

图 12-5 专业对象化布局

其优点是布置符合工艺过程,物流畅通,减少搬运次数;生产计划简单,易于控制;可以使用专业设备和机械化、自动化搬运方法。

其缺点是设备发生故障时引起整个生产线中断；产品设计变化将引起布置的重大调整；生产线速度取决于最慢的机器；设备的维修和保养费用高。

其适用条件是：在企业专业方向已经确定，产品品种比较稳定，生产类型属于大批量生产，设备比较齐全，能有充分负荷的条件下，适宜于按产品专业化组织生产物流。

3）成组工艺组织形式

成组工艺组织形式是结合了上述两种形式的特点，按成组技术原理，把完成一组相似零件的所有或极大部分加工工序的多种机床组成机器群，以此为一个单元，并根据其加工路线在其周围配置其他必要设备进行加工的生产物流组织方式。它有两种形式：一种是在对象专业化基础上，采用工艺专业化原则建立生产单位，如齿轮车间又分车工工段、磨工工段等；另一种是在工艺专业化基础上，采用对象专业化原则建立生产单位，如装配车间又分变速器工段和总装工段等。

按成组工艺形式组织生产的主要优点是可以大大地简化零件的加工流程，减少物流迂回路线，在满足品种变化的基础上有一定的批量生产，具有柔性和适应性。其缺点是需要较高的生产控制水平以平衡各单元之间的生产流程；若单元间流程不平衡，需中间储存，增加了物料搬运，班组成员需掌握所有作业技能，减少了使用专用设备的机会。

2. 生产物流的时间组织

生产物流的时间组织指一批加工对象在生产过程中，各生产单位、各道工序之间在时间上的衔接和结合方式。要合理组织生产物流，不仅要缩短物料流程的距离，而且还要加快物流流程的速度，减少物料的成批等待，实现物流的节奏性、连续性。通常一批物料有3种典型的移动组织方式，即顺序移动方式、平行移动方式和平行顺序移动方式。

1）顺序移动方式

顺序移动方式是指当一批生产加工对象在上道工序完成全部加工后，整批地转到下道工序进行生产加工的方式，其移动方式如图12-6所示。

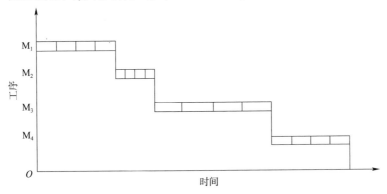

图12-6 顺序移动方式

一批零件在顺序移动方式下加工周期的计算公式为：

$$T_O = nt_1 + nt_2 + nt_3 + \cdots nt_m = \sum nt_i (1 \leq i \leq m) \tag{12-1}$$

式中：T_O——此批零件在顺序移动方式下的加工周期；

n——零件批量；

t_i——零件在第 i 工序的单件工时；

m——工序数目。

2）平行移动方式

平行移动方式是指每个产品或零件在上道工序加工完后，立即转到下道工序加工，使各个零件或产品在各道工序上的加工平行地进行的方式，如图12-7所示。

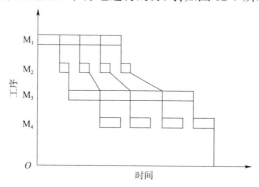

图 12-7 平行移动方式

平行移动方式下零件批量加工周期的计算公式为：

$$T_p = t_1 + t_2 + \cdots + nt_{tL} + \cdots t_n = t_1 + t_2 + \cdots + t_n \cdots + (n-1)t_L \quad (12-2)$$
$$= \sum t_i + (n-1)t_L \,(1 \leq i \leq m)$$

式中：T_p——平行移动方式下零件批量加工周期；

t_L——最长的单件工序时间。

3）平行顺序移动方式

平行顺序移动方式是指一批零件或产品既保持每道工序的平行性，又保持连续性的作业移动方式。该方式下，一批零件在前一道工序还未全部加工完毕，就将已加工好的一部分零件转到下一道工序加工，并使下道工序能连续地加工完该批零件的方式。其具体做法是：若后道工序单件加工时间比前道工序单件加工时间长，则前道工序往后道工序按件运送；若后道工序单件加工时间比前道工序单件加工时间短，后道工序的最后一个零件只能等到前道工序所有零件加工完毕后，才能开始加工，则后道工序的第一个零件加工时间可从最后一个零件的加工时间依次向前倒推确定，如图12-8所示。

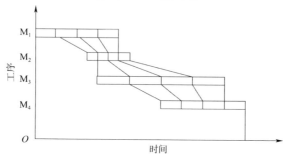

图 12-8 平行顺序移动方式

计算公式为：

$$T_{pO} = n\sum t_i - (n-1)\sum t_{sj}\,(1 \leq i \leq m, 1 \leq j \leq m-1) \quad (12-3)$$

式中：T_{pO}——平行顺序移动方式下的零件加工周期；
t_{sj}——每相邻两工序中较短的工序单件时间。

顺序移动、平行移动、平行顺序移动这3种不同的移动组织方式的比较见表12-1。

3种移动方式比较 表12-1

移动方式	顺序移动	平行移动	平行顺序移动
优缺点	1.管理简单，设备不停歇，可充分负荷； 2.有等待现象，加工周期长	1.周期最短； 2.零件等待少，设备有停歇； 3.运输频繁，管理复杂	两者结合，扬长避短
选择策略	小而轻；单件小批；加工时间短，调整时间长；工艺专业化	大且重；大量大批；加工时间长，调整时间短；对象专业化	小而轻；大量大批；加工时间长，调整时间短；对象专业化

除上述两种组织形式，生产物流组织还包括规划和设计组织架构和人员岗位。要完成生产物流的组织工作，必须选择合理的生产物流组织结构并明确工作岗位人员的职责，以保证生产物流优化和通畅。

案例 12-1

某汽车企业开创了汽车大规模定制设计的先河，实现了"工业设计＋定制化平台＋智能柔性生产"的融合发展，定制化设计平台与智能车间、供应链无缝衔接。在自建平台之外，企业在制造方面形成了 CVDP 商用车产品开发体系、SCPS 精益生产体系、TS16949 质量管理体系，以及零部件采购供应体系和市场营销体系、信息管理体系。通过制造的标准化、精益化、柔性化、模块化，企业的无锡基地已经实现了多车型混线生产与制造系统的极度柔性化。从用户下单、零件生产、配件物流、整车安装，直至成品验收的每个环节，都采用了智能生产技术。零件生产采用精准匹配、定制化生产的模式，零件供应商根据企业发布的零件订单（带有整车 VIN 码）进行生产。这意味着，供应商每生产一个零件，都对应着一辆整车，对用户而言，从零件开始即为定制化。通过 VIN 号也可以快捷查询到车辆零件的信息，从而保证了售后车辆维修的高效便捷。到了物流环节，不同型号的智能配料车锁定订单后，自动行驶在车间内固定路线上，并配合捡料员分拣不同订单的专属零件，实现专件专拣。

第四节 销售物流

一、销售物流的特点

1. 系统化和一体化

企业销售物流是企业为保证本身的经营效益，伴随销售活动，不断将产品转给用户的物流活动。它是订货处理、产成品库存、发货运输、销售配送等物流活动的有机统一，体现出系统化和一体化的特征。

2. 连接性、纽带性

企业销售物流是连接生产企业和用户的桥梁，是企业物流中除供应物流之外与社会物流相联系的另一个衔接点。销售物流是企业物流活动的一个重要环节，它以产品离开生产线进入流通领域为起点，以送达用户并经售后服务为终点，它与社会销售系统相互配合共同完成企业的分销和销售任务。

3. 服务化、敏捷化

企业销售物流从满足用户的需求出发,实现销售和完成售后服务,因此,企业销售物流具有很强的服务性。在现代社会中,市场环境是一个完全的买方市场,只有满足买方要求,卖方才能最终实现销售。在这种市场前提下,销售往往以送达用户并经过售后服务才算终止。企业销售物流的服务性表现在要以满足用户的需求为出发点,树立"用户第一"的观念,要求销售物流必须快速、及时,这不仅是用户和消费者的要求,也是企业发展的要求,是在为销售服务。

二、销售物流的组织

在生产产品达成交易后,企业需要及时组织销售物流,使产品能够及时、准确、完好地送达客户指定的地点。为了保证销售物流的顺利完成,实现企业以最小的物流成本满足客户需要的目的,企业需要合理组织销售物流。销售物流的组织主要包括产品包装、产品储存、销售渠道选择、产品发送、信息处理这几个方面。

为了保证销售物流的顺利完成,实现企业以最小的物流成本满足客户需要的目的,企业需要合理组织销售物流。销售物流的组织主要包括产品包装、产品储存、销售渠道选择、产品发送、信息处理几个方面。

1. 产品包装

包装可视为生产物流系统的终点,也是销售物流系统的起点。包装具有防护功能、仓储功能、运输功能、销售功能和使用功能,是组织销售不可缺少的环节。因此,在包装材料和包装形式上,除了要考虑物品的防护和销售外,还要考虑储存、运输等环节的方便及包装材料及工艺的成本费用。包装标准化、轻薄化以及包装器材的回收利用等,也是要重点考虑的问题。

2. 产品储存

保持产品的合理库存水平,及时满足客户需求,是产品储存最重要的内容。客户对企业产品的可得性非常敏感,缺货不仅使客户需求得不到满足,而且还会提高企业进行销售服务的物流成本。尤其是在企业推出新产品或搞促销时,或是在用户急需产品而企业不能立即供货的时候更是如此。产品的可得性是衡量企业销售物流系统服务水平的一个重要参数。

为了避免缺货,企业一方面可以提高自己的存货水平,另一方面可以帮助客户进行库存管理。当一个客户的生产线上需要成百上千种零部件时,其供应阶段的库存控制是非常复杂的,在这种情况下,企业帮助客户管理库存就能够稳定客源,便于与客户的长期合作。随着通信技术的发展,企业可以为客户进行自动化库存控制,包括计算机化的订单处理和库存监控。另外,企业可以在客户附近保持一定数量的库存以降低客户的储存空间,甚至帮助客户实现"零库存"——企业直接从客户处得到订单,然后由供货商直接把货物运送给客户。

3. 销售渠道选择

销售渠道的结构有以下几种:

(1)生产者—消费者。该销售渠道最短。

(2)生产者—批发商—零售商—消费者。该销售渠道最长。

（3）生产者—零售商或批发商—消费者。该销售渠道介于以上两者之间。

影响销售渠道选择的因素有政策性因素、产品因素、市场因素和生产企业本身因素。生产企业对影响销售渠道选择的因素进行研究分析以后，结合本身的特点和要求，对各种销售渠道的销售量、费用开支、服务质量经过反复比较，找出最佳销售渠道。

4. 产品发送

无论销售渠道如何，也无论是消费者直接取货，还是生产者或供应者直接发货给客户，企业的产品都要通过运输才能够到达客户指定的地点。运输方式的选择需要参考产品的批量、运送距离和地理条件等因素。

对于第一种销售渠道，运输形式有两种：一是销售者直接取货；二是生产者直接发货给消费者。对于第二、三种销售渠道，除采用上述两种形式外，配送也是一种较先进的形式，可以推广。

由生产者直接发货时，应考虑发货批量大小问题，它将直接影响到物流成本费用，要遵循发货批量达到运输费用与仓储费用之和最小的原则。所以，配送是一种较先进的形式，在保证客户需要的前提下，不仅可以提高运输设备的利用率，降低运输成本，还可以缓解交通堵塞，减少车辆废气对环境的污染。

合理运输是指：运输速度快，及时满足客户需要；运输手段先进，运输途中的商品损坏率低；运输途径合理，路程最短；运输线路合理，重复装卸和中间环节少；运输工具使用得当，适合商品的特性；运输时间合理，商品能够在指定的时间送达指定的地点；运输安全系数高，无商品丢失和损坏。

5. 信息处理

在物流领域中，信息是供应链管理的逻辑载体，它既包含在供应链的每一"环"内部，也存在于"环"与"环"的衔接中。只有制造、物流、运输和销售这些"环"紧密地联动起来，才能达到高效、低耗、精确的目标，这也是强化企业竞争力之所在。作为供应链重要一"环"的销售物流，把握好信息的采集、控制、产生和传递也是非常重要的。因为大量的信息动态存在于销售活动的"流入—加工—流出"循环当中，必须选择、提炼其中最有价值、最关键的内容为企业所用。还要把加工后的信息传递给物流活动中的其他参与者，从而形成高效率的强大推动力。

要处理好各种信息，就必须完善销售物流系统的信息网络，加强信息协作的深度和广度，并建立与社会物流沟通和联系的信息渠道；同时，还要建立订货处理的计算机管理系统及顾客服务体系。

随着企业间的竞争日益加剧，产品优势日渐缩小，销售物流的组织已成为增强企业竞争优势的重要因素。销售物流组织的合理化作为企业新的竞争力，逐渐成为整个企业成功运作的关键。

第五节　回收物流

一、回收物资的处理技术

废旧物资回收的目的是将其经过修复、处理、加工后再次反复使用。因此，研究物品复用的技术是回收物流的基础和前提。一般来说,在对废旧物资进行回收时采用的技术方法有以下几种。

(1)通用回收复用。对于通用化、标准化的同类废旧物资,通过统一回收后,按品种、型号分类,达到复用标准后再进行通用化处理。

(2)原厂回收复用。由废旧物资原生产厂家进行该类废旧物资的回收、分类和复用。采用这一回收方式的典型例子有钢铁厂的废钢铁回收再利用。

(3)外厂代用复用。本厂过时的、生产转型及规格不符合标准的废旧物资由外厂统一回收,由外厂按降低规格、型号、等级进行分类或按代用品进行分类,经过相应的加工处理后复用。

(4)加工改制。由专门部门统一回收需改制的废旧物资。该部门将废旧物资按规格、品种分类后,经过拼接等加工处理并验收合格后复用。

(5)综合利用。对于那些工业生产的边角余料、废旧纸、木制包装容器等,由专门部门统一回收,经过综合加工成合格产品恢复使用。

(6)回炉复用。对需回炉加工的废旧物资进行统一回收,交由各专业生产厂家进行再生产性的工艺加工和重新制造,经验收合格后复用。废玻璃、废布料、废锡箔纸等废旧物资的回收可采用这一类处理技术。

二、回收物流的典型应用

1. 以废钢铁为代表的破碎、分选回收利用

废钢铁是企业再生资源的重要组成部分,它是生产建设产生的废料,但又是生产建设的重要原材料。随着企业生产和基本建设规模的不断扩大,企业产品的废钢铁在不断增加,因此有必要对其进行很好的回收和利用,使之转化为新的生产要素。

1)企业废钢铁的回收渠道

企业废钢铁的回收渠道主要有3个方面。

(1)企业生产性回收。它是指钢铁生产企业的废钢铁的回收,炼钢过程中的铸余、钢水罐底、边沿残钢等回收率为4%~8%;铸钢、铸铁过程中产生的氧化铁皮、切头、切尾、切边和废次材料等坯轧材的回收,占轧材回收总量的15%~20%。

(2)机械加工生产企业和基本建设单位的废钢铁的回收。在机械加工过程中产生的料头、料尾、边角料、钢屑、氧化铁皮等,占回收总量的20%~25%;基本建设单位在施工建设过程中产生的边角余料、切头、切边等,占回收总量的2%~3%。

(3)社会回收。社会回收指非生产性的其他回收,是指因社会各种机械设备的更新改造而报废的钢铁及家庭报废的钢铁器具。另外还有车船、钢轨、武器设备、工程机械、钢铁建筑等报废的钢铁。

2)企业对废钢铁的加工利用

(1)企业对废钢铁的回收加工。企业对废钢铁的回收加工主要经过气割、剪切、破碎、打包压块、分选等过程。

①气割是指用氧气切割各种重型设备、大型构件、构筑件的折角,如废旧船舶、车厢折角、汽车解体等。气割可以根据用途的不同,有目的地切出各种有用的可用件。

②剪切是按不同的使用要求,将废旧钢铁剪切成不同尺寸的钢件,供使用单位使用或回炉冶炼。

③破碎是对机械加工切削下来的长螺旋状切屑,用破碎机进行破碎或落锤破碎、爆炸破碎等。

④打包压块是为满足废旧钢铁回炉冶炼对材料的工艺要求,将废钢屑或轻薄料打成紧密块件,使之便于运输,又符合冶炼要求。

⑤分选是将各类繁杂的废钢铁,根据用途、材料和化学性质等进行分类、挑选、剔除杂质,从而用于直接使用或冶炼回炉。

(2)企业对废钢铁的再利用。废钢铁的用途很广,它是炼钢、铸造、制造农具及小五金产品的重要材料。废钢铁在炼钢过程中主要是用于回炉。利用废钢铁炼钢,可以缩短炼钢时间,增加熔炼容积,降低原材料消耗,而且所炼的成品钢材成本低、质量好。废钢铁也是铸造的重要材料,铸造需要的废钢铁的数量由铸造任务和废钢比共同确定。一般铸件配用20%,回炉铁配用30%,铸钢件配用90%左右。

2. 以废旧包装为代表的修复、改制回收利用

一般废旧物资的回收利用是将废旧物资改作其他用途或通过回炉加工成新的材料。而包装的回收和利用则是对原物再次使用,重新用来包裹产品并且还有可能连续回收、重复使用多次。不能利用的废包装可看成一般废旧物资不再列入废旧包装中。

1)企业废旧包装的回收渠道

企业废旧包装的回收渠道可以概况为四个方面。

(1)通过商业部门回收。商业部门主要经销大量生活资料商品,是企业废旧包装回收的主要渠道。例如,各级百货商店、纺织品公司、五金交电公司、副食品公司及零售商店等,都有较大的废旧包装回收潜力。

(2)通过生产资料产品销售部门回收。这些部门主要是经营各级生产资料的机电设备公司、轻化工材料公司、建筑材料公司、交通配件公司等,大都有废旧包装。

(3)通过社会废旧回收公司或回收队伍回收。如各种杂乱玻璃瓶、塑料瓶和其他棉、麻、金属制品包装等。

(4)通过生产企业回收。可以由企业设立专门的回收门市部,在固定的时间、地点专门回收各种产品包装;或者企业定期定点或预约时间上门回收;或者企业与销售部门或使用部门对口交回,对一些大宗的专用包装,如平板玻璃专用箱、电缆盘、周转包装等都可以采用这种渠道。

2)企业废旧包装的利用途径

企业废旧包装的利用途径主要有三种形式。

(1)社会回收旧包装的复用。社会回收的旧包装经过适当的修复加工,按一定的途径供应使用部门,如供给轻纺、化工等工业产品的包装,供给商业批发部门发运商品用的包装等。

(2)企业对回收旧包装的复用。一是原企业复用或同类企业通用,二是旧包装异厂代用。

(3)企业对旧包装的修复和加工改制。企业对一些不能直接复用的旧包装,经过一系列的修复和加工改制后可继续使用。

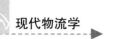

3. 再制造物流

再制造就是通过必要的拆卸、检修和零部件更换等，将废旧产品恢复如新的过程。而再制造物流是具有不确定性的，这也增加了管理的难度，因此有必要优化控制再制造生产活动的各环节，以降低生产成本，保证产品质量。

再制造物流一般应包括回收、初步拆解、分类和储存、包装与运输、再制造加工、再制造产品的销售与服务等环节。

1）回收

回收是指顾客将所持有的产品通过有偿或无偿的方式返回收集中心，再由收集中心运送到再制造工厂。

2）初步拆解、分类和储存

对回收产品进行初步拆解和测试分析，并根据产品结构特点以及各零部件的性能确定可行的处理方案，主要评估回收产品的可再制造性。对回收产品的评估，大致可分为以下三类：产品整机可再制造、产品整机不可再制造、产品核心部件可再制造。对回收产品的初步拆解、分类与储存，则可以避免将无再制造价值的产品输送到再制造企业，从而减少不必要的运输，降低运输成本。

3）包装与运输

回收的废旧产品一般较脏会污染环境，为了装卸搬运的方便，并防止产品污染环境，要对回收产品进行必要的捆扎、打包和包装。

由于再制造生产的时效性不是很强，因此，可以利用新产品销售的回程车队运送回收产品，以节约运输成本。

4）再制造加工

再制造加工包括产品级和零部件级的再制造，最终形成质量等同或高于新品的再制造产品和零部件。其过程包括恢复尺寸及性能、技术改造、再加工、替换、再装配等步骤。

5）再制造产品的销售与服务

再制造产品的销售与服务指将再制造产品送到有此需求的用户手中并提供相应售后服务，一般包括销售、运输、仓储等步骤。影响再制造产品销售的主要因素是顾客对再制造产品的接纳程度，因此在销售时必须强调再制造产品的高质量，并在价格上予以优惠。

案例 12-2

通过对能源的循环利用，苹果公司将 iPhone 8 的碳迹减少 6%。iPhone 8 由铝和其他材料制成。此外，内部天线和接收中使用的塑料 35% 来自回收物，从而减少对有限资源的依赖。在 2018 年秋季发布会上，苹果推出 100% 可回收铝材料制成的新款 MacBook Air，再生材料在苹果产品线的使用上进一步扩大。iPad 和 Apple Watch 的机身首次 100% 使用再生铝制造。iPhone11 的新 Taptic Engine 使用由稀土矿物质制成的磁铁，还集成了用于蓄电池的可回收铝制底盘和钴。2016 年，苹果公布了第一代回收机器人 Liam，后来为了进一步推进循环利用领域的研究，又发布了 Liam 的升级款 Daisy。新款回收机器人 Daisy 能够以每小时 200 部的速度拆解 15 种不同的 iPhone 机型，回收更多重要材料以供重复利用。所有材料经过 Daisy 回收后，将会重新投入制造环节循环利用。苹果敦促消费者在购买新 iPhone 时换旧 iPhone。进入 Apple Store 购买新手机的人中有超过 1/3 或更多的是换旧手机。对于客户来说,这是获得新设备信誉的一种有吸引力的选择,它为 Apple 提供了稳定的 iPhone 流,以进行拆卸并(希望在将来)回收新的内部产品。

复习思考题

1. 企业物流包含哪些环节？其在企业发展中的地位和作用是什么？
2. 阐述企业采购物流、生产物流、销售物流、回收物流的特点和作用。
3. 采购物流的组织方式有哪几种？分别有哪些优势和不足？
4. 与传统生产组织方式相比,智能制造对企业生产物流的发展提出了哪些新需求、新变化和新挑战？举例说明汽车整车制造企业与连锁零售企业的销售物流有哪些不同？
5. 回收物流有哪些典型应用？做好回收物流对社会的可持续发展有什么影响？
6. 选择某一企业案例进行研究,分析企业在物流组织优化后,对降低企业成本、提高运作组织效率的作用和经验启示。

参考文献

[1] 王之泰.新编现代物流学[M].北京:首都经济贸易大学出版社,2018.
[2] 舒辉.物流学[M].北京:机械工业出版社,2015.
[3] 张亮,李彩凤.物流学[M].北京:电子工业出版社,2018.
[4] 崔介何.物流学[M].北京:北京大学出版社,2003.
[5] 汝宜红,田源.物流学[M].北京:高等教育出版社,2019.
[6] 黄辉,周继祥.物流学导论[M].重庆:重庆大学出版社,2020.
[7] 徐旭.物流学概论[M].南京:南京大学出版社,2017.
[8] 刘助忠.物流学概论[M].北京:高等教育出版社,2015.
[9] 王能,王彬.现代物流概论[M].北京:电子工业出版社,2016.
[10] 张莉莉,姚海波,熊爽.现代物流学[M].北京:北京理工大学出版社,2020.
[11] 尤西·谢菲.物流集群[M].岑雪品,王微,译.北京:机械工业出版社,2015.
[12] 学习贯彻习近平新时代中国特色社会主义经济思想 做好"十四五"规划编制改革工作系列丛书编写组.构建现代物流体系[M].北京:中国市场出版社,中国计划出版社,2020.
[13] 中华人民共和国国家标准 GB/T 18354—2021,物流术语[S].北京:中国标准出版社.2021.
[14] 毛海军,张永.物流系统规划与设计[M].南京:东南大学出版社,2016.
[15] 毛海军.江苏物流创新典型案例[M].南京:东南大学出版社,2019.
[16] 汪晓霞.城市物流配送管理[M].北京:清华大学出版社,北京交通大学出版社,2012.
[17] 吕枫.共同配送运作模式及其成本分摊问题研究[D].长春:吉林大学,2011.
[18] 白世贞,曲志华.冷链物流[M].北京:中国物资出版社,2020.
[19] 翁心刚,安久意,胡会琴.冷链物流[M].北京:中国财富出版社,2016.
[20] 邓建新,闵浩,张琦,等.协同配送的效益评价体系构建[J].物流技术,2016,35(06):1-5.
[21] 章威,谢振东,周英武,等.区域物流公共信息平台建设设计与实现[M].北京:人民交通出版社,2012.
[22] 朱杰,李俊韬,张方风.物流公共信息平台建设与运营模式[M].北京:机械工业出版社,2014.
[23] 张鸿涛.移动互联网[M].北京:北京邮电大学出版社,2017.
[24] 佟平.国家信息化与信息化工具[M].西安:西安电子科技大学出版社,2017.
[25] 邓良."双业联动"视角下的中国物流业发展战略研究[D].北京:首都经济贸易大学,2012.

[26] 樊敏.城市群物流产业效率问题研究[D].天津:南开大学,2010.
[27] 胡云超.城市物流可持续发展研究[D].北京:北京交通大学,2013.
[28] 邓萍.供应链环境下的港口群物流联动模式与实证研究[D].武汉:武汉理工大学,2013.
[29] 宋伯慧.基于大物流要素理论的物流系统研究[D].北京:北京交通大学,2013.
[30] 孙鹏.基于复杂系统理论的现代物流服务业与制造业协同发展研究[D].长沙:中南大学,2012.
[31] 邢虎松.区域物流合作理论及应用研究[D].北京:北京交通大学,2014.
[32] 高秀丽.物流业与区域经济协调发展研究[D].广州:华南理工大学,2013.
[33] 杨春河.现代物流产业集群形成和演进模式研究[D].北京:北京交通大学,2008.
[34] 高卉杰.需求不确定下物流服务供应链整合运作研究[D].北京:北京科技大学,2017.
[35] 赵放.制造业与物流业的空间协同集聚及其增长效应研究[D].天津:南开大学,2012.
[36] 曹小华.中国物流业市场绩效实证研究[D].北京:北京交通大学,2012.
[37] 杨帆.中国现代物流业对区域经济的影响分析[D].长春:吉林大学,2011.
[38] 徐忠,孙国锋,姚前.金融科技:发展趋势与监管[M].北京:中国金融出版社,2017.
[39] 袁晓宝,刘雅婷,陈妮,等.绿色包装材料研究进展[J].包装工程,2022,43(07):1-11.
[40] 骆温平.第三方物流[M].北京:高等教育出版社,2019.
[41] 张旭辉.第三方物流[M].北京:北京大学出版社,2017.
[42] 林慧丹.第三方物流[M].上海:上海财经大学出版社,2010.
[43] 闫国庆.第四方物流[M].北京:清华大学出版社,2011.
[44] 陈静.我国第四方物流企业经营模式研究[D].北京:中国农业大学,2006.
[45] 韩伟.我国发展第四方物流的组织模式研究[D].苏州:苏州大学,2006.
[46] 潘悦,杨学存.数字化赋能汽车物流发展[J].现代营销(经营版),2021(08):116-117.
[47] 颜静.长久物流提供超值服务的汽车物流[J].物流技术与应用(货运车辆),2010(05):104-105.
[48] 宋敏,张召翠.后疫情时代加强我国应急物流系统标准化建设的思考[J].标准科学,2022(03):37-41.
[49] 李知臻.基于"藏粮于技"下粮食物流体系的完善分析[J].黑龙江粮食,2021(10):82-83.
[50] 许菱,熊能品,谭波.基于物流流通加工环节的农产品包装问题探究[J].物流科技,2016,39(10):20-23.
[51] 项寅.考虑社会环境及需求特征的应急物资储备模型[J].管理工程学报,2022:1-12.
[52] 李颜峰.汽车产业物流供应链这样来造就[J].中国储运,2021(03):52-53.
[53] 潘悦,杨学存.数字化赋能汽车物流发展[J].现代营销(经营版),2021(08):116-117.
[54] 陈巧莹,何榕芳,黄燕,等.以深圳百果园为例 条码技术在农产品冷链供应链中的应用[J].条码与信息系统,2018(05):28-29.
[55] 周艺.新冠肺炎疫情背景下对物流发展的思考[J].中国储运,2022(03):105-106.
[56] 张晓生.应急物流的保障机制与体系的建立[J].中小企业管理与科技(上旬刊),2011

(06):195.

[57] 彭翰宇,李宇飞.整车仓储一体化优化——基于C公司调查分析[J].现代营销(信息版),2019(07):39-41.

[58] 胡元,帅宇红.整车物流运输多式联运与路径优化研究[J].交通运输工程与信息学报,2019,17(01):13-18.

[59] 陆薇,宋秀丽,高深.汽车企业物流与供应链管理及经典案例分析[M].2版.北京:机械工业出版社,2013.

[60] 钱煜昊,王晨,王金秋.中国粮食物流体系现代化建设策略[J].西北农林科技大学学报(社会科学版),2022,22(02):27-35.

[61] 轩慧慧.重大疫情视角下应急物流体系建设及保障机制[J].财富时代,2022(03):156-158.

[62] 鲍尔索克斯D.J.,克劳斯D.J.,林国龙,等.物流管理:供应链过程的一体化[M].北京:机械工业出版社,1999.

[63] 董千里.物流运作管理[M].北京:北京大学出版社,2015.

[64] 鲍香台.运输组织学[M].南京:东南大学出版社,2009.

[65] 孙韬.跨境电商与国际物流机遇、模式及运作[M].北京:电子工业出版社,2017.

[66] 张如云.国际物流[M].北京:机械工业出版社,2022.

[67] 陈璇.跨境电商物流[M].北京:机械工业出版社,2022.

[68] 王鸿鹏.国际集装箱运输与多式联运[M].2版.大连:大连海事大学出版社,2010.

[69] 张庆.物流管理[M].北京:科学出版社,2006.

[70] 杨霞芳.国际物流管理[M].上海:同济大学出版社,2015.

[71] 瞿丹.企业物流管理[M].上海:大连海事大学出版社,2014.

[72] 赵启兰.企业物流管理[M].北京:机械工业出版社,2011.

[73] 孔继利.企业物流管理[M].北京:北京大学出版社,2012.

[74] 董千里.现代企业物流管理[M].北京:首都经济贸易大学出版社,2008.

[75] 王仲君,王臣昊.物流学导论:概念、技术与应用[M].2版.镇江:江苏大学出版社,2018.

[76] 孙家庆,唐丽敏.供应链物流学[M].大连:大连海事大学出版社,2016.

[77] 刘胜春,李严锋.第三方物流[M].沈阳:东北财经大学出版社,2019.

[78] 马成林.我国大城市地下物流系统关键技术研究与应用[M].哈尔滨:东北林业大学出版社,2016.

[79] 马成林,李洋.物流设施规划与设计[M].哈尔滨:东北林业大学出版社,2020.

[80] 庞燕,夏荣辉,马成林,等.集装箱运输与多式联运[M].北京:中国商务出版社,2021.

[81] 熊静,张旭,喻钢.物流信息管理[M].北京:国防工业出版社,2017.

[82] 李伯民,李瑞琴.现代包装设计理论与方法[M].北京:电子工业出版社,2010.

[83] 潘永刚,余少雯,张婷.重新定义物流:产品、平台、科技和资本驱动的物流变革[M].北京:中国经济出版社,2019.